国家社科基金抗日战争研究专项工程（项目批准号16KZD020）、教育部人文社会科学研究规划基金项目（项目批准号18YJAGJW002）的阶段性研究成果

国家社科基金抗日战争研究专项工程"世界反法西斯战争（含中国抗战）档案资料收集整理及研究"（16KZD020）项目资助出版

第二次世界大战与战后世界和平的奠基

卞秀瑜 著

World War II and Laying Foundations
for Postwar World Peace

WUHAN UNIVERSITY PRESS
武汉大学出版社

图书在版编目(CIP)数据

第二次世界大战与战后世界和平的奠基/卞秀瑜著. —武汉:武汉大学出版社,2021.5(2022.4 重印)

ISBN 978-7-307-22132-1

Ⅰ.第⋯ Ⅱ.卞⋯ Ⅲ.第二次世界大战 Ⅳ.K152

中国版本图书馆 CIP 数据核字(2021)第 020589 号

责任编辑:蒋培卓 责任校对:李孟潇 版式设计:马 佳

出版发行:**武汉大学出版社** (430072 武昌 珞珈山)

(电子邮箱:cbs22@ whu.edu.cn 网址:www.wdp.com.cn)

印刷:武汉邮科印务有限公司

开本:720×1000 1/16 印张:19 字数:271 千字 插页:1

版次:2021 年 5 月第 1 版 2022 年 4 月第 2 次印刷

ISBN 978-7-307-22132-1 定价:76.00 元

序　言

　　第二次世界大战(简称二战)是人类历史上最重大、影响最深远的事件之一，战火遍及亚洲、欧洲、非洲、大洋洲等各大洲，人类为之付出了惨重的代价。大战给世界造成了巨大的人员伤亡和财产损失。其中，世界各国军队和民众伤亡超过 1 亿人，仅中国伤亡人数就超过了 3500 万。面对这样一场人类历史上空前的战争浩劫，为了重新赢得和平与光明，包括中国在内的世界爱好和平的国家结成世界反法西斯同盟，同德日意法西斯轴心国集团及其仆从国进行了殊死的搏斗并取得了最终的胜利。反法西斯的第二次世界大战的胜利，为世界重新赢得了进步，赢得了和平，赢得了发展。这一胜利不仅推动着 20 世纪世界历史从战争与动荡的旧时期过渡到战后和平与发展的新时期，而且使世界历史整体发展从征服与掠夺的旧时期进入到平等与依存的新时期。

　　卞秀瑜博士的《第二次世界大战与战后世界和平的奠基》一书认为，第二次世界大战爆发的一大根源在于第一次世界大战(简称一战)后确立的凡尔赛-华盛顿体系。第一次世界大战结束后，战胜国建立了帝国主义重新分割世界、维护战胜国利益的凡尔赛-华盛顿体系。然而，各主要战胜国所谓的"和平"计划，实质上只是为了一己私利争夺或掠夺战败国的计划，是维护本国安全的计划。这从根本上决定了凡尔赛-华盛顿体系存在着严重的隐患。这些隐患连同该体系存在的其他问题，共同导致了凡尔赛-华盛顿体系维和机能的脆弱性，由此造成并助长了德、意、日法西斯势力的膨胀，最终导致了第二次世界大战的爆发。从 1918 年 11 月一战结束到 1931 年 9 月

1

二战爆发，其间仅仅维持了 13 年的短暂和平。而二战后至今已 75 年有余，世界总体上保持了无世界大战的整体和平局面。二战何以能开创战后世界和平的新时代？该书从历史学的角度对这一问题进行了系统而新颖的探讨。

基于对战争与和平问题的深刻思考，出于对战后世界和平的强烈希冀，美、英、苏、中等反法西斯盟国在战时就开始了对战后世界和平的思考与规划，这些思考与规划继承并发扬了历史上人类和平思想的精华，反映了当时经历了两次世界大战后，世界人民对和平的渴望。战争后期，盟国加快了关于对战后世界安排的步伐，形成了雅尔塔体系下的战后世界格局和国际秩序。二战的最终胜利，摧毁了法西斯战争势力，奠定了战后世界和平的坚实基础，建立了战后国际新秩序。因此，二战结束 75 年来，战后世界和平得以维系。冷战结束后至今，二战塑造的战后世界秩序的主体框架仍然存续，并在继续发挥维护战后世界和平的积极作用。卞秀瑜博士的《第二次世界大战与战后世界和平的奠基》一书，从历史学的角度对第二次世界大战对战后世界和平的影响做了系统研究，对帮助我们增强对和平的理性认知、缔造更高质量的世界和平、构建人类命运共同体和建设持久和平的和谐世界等，都有重要的现实意义。当今世界正经历百年未有之大变局，保护主义、民粹主义思潮明显抬头，逆全球化态势明显上升，大国竞争明显回归。个别国家甚至逆历史潮流而动，一再否认甚至美化侵略历史，图谋破坏、颠覆世界人民以巨大牺牲所取得的反法西斯战争胜利成果。这必定会遭到各国人民的反对而失败。

第二次世界大战与战后世界和平的奠基是一个很有难度的课题。卞秀瑜博士在攻读博士学位期间，在我的建议下，毅然接下了这一研究课题。这部著作是他多年持之以恒的研究成果。这是一部开拓性的著作。该书的写作、论证运用了大量的一手原始档案、文献和二手中英文专著、期刊论文，可见作者对该书的写作付出了大量精力。围绕该书主旨，各章节框架的设置遵循了历史唯物主义的原理，体现了严密的逻辑性。当然，任何一项新课题的研究都不可能没有瑕疵，这部著作也不例外。如：一是该书论述了对战后世界和平产生重要影响的战败国德国和日本的改造问题，但限于外语语种的限制，对战败国改造有关内容缺少深入的论证，相应的论述也缺少更多的史料支撑；二是该书论述了战时盟国关于战后和平的思考和设想，主要从美、苏、英三大反法西斯主导国的角度进行，对战时中国等其他国家以及民间的和平思想的阐述尚不充分。以上两点是该书尚需充实、改进之处。但瑕不掩瑜，该书是对第二次世界大战与战后和平构建的关系论证属于开拓性研究，难能可贵。希望作者再接再厉，有更多的新作问世。

胡德坤

2020 年 9 月 11 日

于武汉大学珞珈山

目　　录

附录

第一章 引言

一、研究缘由及意义

(一)"和平"及其相关概念的界定

本书以第二次世界大战与战后世界和平的奠基为对象，需要首先就"和平"及"世界和平"等相关概念加以界定。

对"和平"概念的统一界定并不容易。各国的和平研究者在和平研究①过程中，大都提出过自己对和平的理解。对于和平的不同理解，在一定程度上反映了和平研究所达到的水平。概括起来，西方学者对和平的定义大致有两种不同的说法。

西欧、北美学派主要采用传统的观点，认为所谓和平就是不存在战争、敌对和暴力的状态。法国学者、和平研究传统学派的代表人物雷蒙

---

① 和平研究(Peace Research)，又称和平与冲突研究(Peace and Conflict Research)或和平学(Peace Study)，其概念错综复杂，难以把握。迄今为止，在学术界尚未形成统一共识。韩洪文认为，所谓和平研究，是一门受二战影响、战后首先在西方兴起的以危机、冲突、暴力、战争、和平和发展等为研究对象的新的学科，其运用科学方法，积极认真地对相关问题展开深入细致的探索和研究工作。其目的除了在学术上展开探讨以辨明真伪外，主要在于制定和平计划、引起社会关注以影响决策者的态度和政策。和平研究的范畴包括危机研究、暴力研究、冲突研究、战争研究，以及裁军研究、非军事化研究和发展研究等。此处关于"和平研究"的界定和各国研究者对"和平"概念的理解，参考了韩洪文的《20世纪的和平研究》(当代中国出版社2002年版)前言，特此感谢。

德·阿伦（Raymond Aron）认为，和平是"两个敌对的政治团体之间不存在通过暴力方式表现出的持续猜疑的状态"①。持类似观点的主要代表人物还有美国的博尔丁夫妇（Kenneth & Elise Boulding）、加拿大的纽科姆夫妇（Alan & Hanna Newcombe）等。博尔丁还提出"广泛的和平"的概念，认为社会上存在的一切与战争无关的人类活动都可以被看作"和平"。其中甚至包括工业、商业、文化、文学、艺术、教育等。按照这种观点，博尔丁重新界定了人类历史。他认为，在数千年的人类历史中，只有10%~15%的人类活动同战争及战争准备有关，此外全属于和平的范畴。因此，他得出结论认为，"人类历史就是和平史"。②

对这一传统观点，著名的和平研究学者约翰·加尔通（John Galtung）博士代表北欧学派对此发起了挑战。他们认为，这种和平只能被称为"消极的和平"。加尔通认为，世界和平应该是无直接暴力和间接暴力状态下的和平。只有这种和平才是"积极的和平"。③

加尔通强调，暴力可以分为两种：当暴力的主体是特定的人或集团时，这是一种很容易被觉察到的直接暴力，这就构成了人为暴力；当暴力的主体无法确定，社会结构的不公正又成为阻碍人自我实现，甚至导致死亡、肉体伤害、精神痛苦等与直接暴力相同的结果时，这就说明存在一种间接暴力，也就是"结构暴力"。他认为，不管是资源分配上的不公正，还是权力分配上的不公正，都属于结构暴力的社会不公正。结构暴力既存在于国际社会体系，又存在于国内社会体系。同时，结构暴力既在发达国家中存在，又在发展中国家存在。

战争、冲突这些直接暴力使人类直接遭受巨大灾难，而结构暴力对世界和平的潜在威胁也直逼直接暴力，而且结构暴力在特定条件下可能会演

---

①　Raymond Aray, *Peace*, *Needs and Utopia*, Duntroon：Mimeo Royal Military College, 1984, p. 2.

②　K. E. Boulding, *Stable Peace*, Austin, Texas：University of Texas Press, 1978, pp. 15-17.

③　John Galtung, *Peace and Social Structure*：*Essays in Peace Research*, Vol. 3, Copenhagen；Ejlers, pp. 484-501.

变成导致直接暴力的前提或条件。加尔通同时指出，在国际社会体系层面，发达国家通过世界的中心和外缘的结构来实现在经济、政治、文化等诸多方面的霸权主义。因此，国际社会结构暴力的根源就是这一结构状态。第三世界国家政治上的极权与动荡、经济上的低度开发、文化上的相对落后及其在国际社会中所处的弱势地位，在相当程度上源于国际社会层面的结构暴力。和其他许多和平研究者一样，加尔通认为结构暴力的适用范围很广。它有时不仅可以指"心理暴力"，有时甚至可以指一切"社会不公正现象"。①

对加尔通的和平观，学者们有不同的看法。一些人批评他无限扩大了和平研究的领域，无法解决任何实际问题。但同时，不少学者对加尔通的和平观持积极肯定态度。加尔通的和平观尽管在和平研究领域里褒贬不一，但客观上确实拓宽了和平研究的思路，拓展了和平研究的范围，使人类对和平的理解提升到了新的高度是值得肯定的。

国内学术界少有学者对和平的概念加以明确的界定，一般只把和平理解为"无战争状态"，或者是"两次战争之间的间歇"。华东师范大学李巨廉教授认为，当代的"和平"应是积极的和平、公正的和平、广泛的和平、民主的和平以及理性的和平。② 这一提法较为全面地概括了当代"和平"广义的基本内涵，在国内学术界尚属首次。

结合国内外学者对和平概念的不同理解，笔者认为，可对其加以广义和狭义之界定。就广义而言，和平首先是人类不懈追求的最基本理想之一，是人们希望减少、避免和彻底消除战争及战乱以求安定与祥和的最朴素愿望。其次，和平作为战争与暴力的对立物，是指不存在战争、暴力和武装冲突的一种现实状态。最后，社会上存在的与战争无关的人类活动也可以看作"和平"，其中包括工业、商业、文学艺术、文化教育等，甚至也

---

① John Galtung, "Violence, Peace and Peace Research", *Journal of Peace Research*, No. 3. 1969, p. 171.

② 李巨廉:《战争与和平——时代主旋律的变动》，学林出版社 1999 年版，第 322-324 页。

包括人心理的平和，人际关系、整个社会、自然界乃至人与自然的和谐。就狭义而言，和平是指实际存在的没有战争、武装暴力和冲突的社会状态。

本书中"和平"基本上是就其狭义而言的，指没有战争、武装暴力和冲突的社会存在状态。基于此种理解，本书所谓的"战后世界和平"，是指第二次世界大战结束后至今，在和平成为不可逆转的时代主题的背景下，虽然局部战争与冲突时有发生，但并没有导致或引发世界大战，世界总体上保持的无世界大战的整体和平局面。

正如胡德坤、韩永利教授所言，反法西斯的第二次世界大战是世界历史从 20 世纪前半期的战争与动荡时代向战后和平与发展时代转换的重大转折点。第二次世界大战变更了时代主题，改变了世界战争与和平力量的对比，规定了战后局部战争的历史走向。① 本书正是将战后世界和平的奠基置于第二次世界大战的历史背景之下，来考察第二次世界大战对战后世界和平的影响。

(二) 研究缘由及意义

第二次世界大战是人类历史上最重大、影响最深远的事件之一。人类为之付出了沉重的代价，但也因大战的胜利赢得了进步，赢得了和平，赢得了发展。第二次世界大战的胜利不仅推动着 20 世纪世界历史从战争与动荡时期过渡到和平与发展时期，而且使世界历史从征服与掠夺的旧时期进入平等与依存的新时期。第二次世界大战之所以能够成为世界历史发展进程中的伟大转折点，首先是与其开启的战后世界和平时代分不开的，可以说，第二次世界大战为战后世界和平奠定了基础。

本书以"第二次世界大战与战后世界和平的奠基"为题，从历史学的角度系统考察第二次世界大战对战后世界和平的影响，具有重要的学术意义

① 胡德坤、韩永利：《第二次世界大战与战后世界和平》，《武汉大学学报》(哲学社会科学版)2004 年第 4 期，第 511 页。

和现实意义。

首先，本书有助于拓展和深化对第二次世界大战史的研究。战后以来，国内外关于第二次世界大战史的研究成果可谓汗牛充栋。但是关于第二次世界大战对战后世界和平影响方面的研究尚显欠缺。第二次世界大战的爆发及其导致的惨烈后果，使各国人民更充分地认识到战争灾难之巨大和世界和平之可贵。出于首先缔造和维护战后国际和平与安全的目的，战时，反法西斯同盟国即着手战后和平的思考与筹划。相关大国分别从各自的国家战略和国家利益出发，希望即将创建的战后和平能够最大限度地符合和利于维护本国的国家利益。同时，出于其他的目的与考虑，相关大国又就战后和平的相关问题做出了设想和安排。这一系列过程中，大国间的分歧与矛盾在所难免。大国有关战后世界和平的规划由设想逐步变为现实，正是这些分歧和矛盾逐步得到协调、解决的结果。战后世界和平的奠基，首先，归功于第二次世界大战期间各大国以维护战后世界和平为目的的业已实现的战后安排。从战后世界和平奠基的角度考察第二次世界大战对战后世界的影响，为二战史的研究提供了一个新的视角。

其次，从第二次世界大战的角度以史学的方法来考察和平问题，也将进一步丰富国内外和平学（Peace Study）①的研究，拓宽其研究视角，充实其研究方法。国内和平学起步较晚，研究人员和研究领域有待进一步充实和拓展。希望本书能够为国内尚处于发展阶段的和平学做一点力所能及的尝试性工作。作为一门首先在西方兴起的以危机、冲突、暴力、战争和平和发展等为研究对象的新学科，和平学的研究领域一般以国际政治理论、社会学、历史学等为中心，旁及经济学、心理学、人类学、数学、医学、统计学、精神病学以及物理、化学、生物学等许多学科。它没有固定的学科体系，采用跨学科的研究方法，其很大一部分工作是在搜集资料和探求人们对和平与战争的认识，不少研究仅仅是纯理论性研究。本书从二战着

① 即狭义的"和平研究（Peace Research）"，又称"和平与冲突研究（Peace and Conflict Research）"。

5

眼，研究战后世界和平与二战之间的内在联系，希望能够为和平学这一新兴学科增加一份历史厚重感，拓展、丰富其研究视角与方法，充实其研究领域和内容。

再次，本书有助于深化国内外对广义的战争和平问题的研究、特别是关于中国对世界和平贡献的研究。国内外关于和平问题的研究，更多地从国际政治、国际关系、国际法或军事学等学科角度来进行，对和平问题系统的历史的考察相对比较缺乏，以第二次世界大战为着眼点从史学的角度考察和平问题的研究更为缺乏。就笔者所掌握的资料来看，迄今为止国内外尚无从第二次世界大战的角度历史地、系统地考察和平问题的专著问世。希望本书能够在这方面作些尝试性的补充。众所周知，中华民族历来是热爱和平的民族，追求和平与和谐是中国人民为之不懈奋斗的崇高目标之一。中华民族不仅为世界和平事业作出了卓越的贡献，而且正在为人类的持久和平不懈努力。然而，从历史的角度探讨中国对世界和平的贡献的研究则不能不说缺乏。这种状况与中国对人类和平事业的所做出的贡献是非常不相称的，无疑也是学术研究中的缺憾。本书希望能在这一方面有所贡献。

同时，本书也具有较强的现实意义：

第一，本书可以进一步增强人们对和平的历史认知，有助于缔造、维护更加积极的世界和平。战后75年来，虽然世界维持了无世界大战发生的整体和平局面，但局部战争和冲突时有发生，有时甚至相当激烈。冷战结束后，世界矛盾错综复杂，有些矛盾还相当尖锐。恐怖势力、极端势力、分裂势力在一些地区还很猖獗。同时，随着科技的发展，战争的破坏作用也在与日俱增，对人类的生命和整个世界的威胁越来越大。

不能不警惕的是，在当今和平与发展的时代主题下，个别国家、某些团体和个人的保守主义、政治右倾化和军国主义阴魂不散，有时相当嚣张，甚至有愈演愈烈之势。世界并不安宁，战争威胁并没有消除，这就要求我们更加珍惜来之不易的世界和平。本书有助于人们进一步增强对和平重要性的理性认知，使之更加懂得如何创造、维护更加积极的和平局面。

第二，本书可以为当前构建人类命运共同体和建设持久和平、共同繁荣的和谐世界提供积极的历史借鉴。面对冷战后纷繁多变的国际形势，中国率先提出了构建和谐世界的战略目标。2005 年 4 月 22 日，时任国家主席胡锦涛在亚非峰会上首次提出构建和谐世界的战略理念；同年 9 月 15 日，他在联合国成立 60 周年首脑会议上作了题为《努力建设持久和平、共同繁荣的和谐世界》的重要演讲，强调："世界各国应该加强合作，把握机遇，应对挑战，共同为建设一个持久和平、共同繁荣的和谐世界而努力。"①

中国关于建设和谐世界的倡议，充分表达了中国人民渴望建立持久和平和共同繁荣的和谐世界的美好愿望，以及为之不懈奋斗的坚定信心和决心。然而，面对纷繁复杂的国际形势，各种不安定因素甚至冲突和战乱时有发生，和谐世界理念所主张的人类持久和平的目标能否顺利实现，怎样才能顺利实现，这些都需要积极向历史寻求借鉴。

中国共产党第十八届全国人民代表大会以来，国家主席习近平进一步在一系列讲话中多次提出构建人类命运共同体的理念。2017 年 10 月 18 日，习近平总书记在十九大报告第十二部分以"坚持和平发展道路，推动构建人类命运共同体"为标题，专门论述构建人类命运共同体的理念。习近平总书记强调指出："我们呼吁，各国人民同心协力，构建人类命运共同体，建设持久和平、普遍安全、共同繁荣、开放包容、清洁美丽的世界。"②习总书记接着用五个"要"系统阐述了怎样构建人类命运共同体，即要相互尊重、平等协商，坚决摒弃冷战思维和强权政治；要坚持以对话解决争端、以协商化解分歧；要同舟共济，促进贸易和投资自由化便利化；要尊重世界文明多样性；要保护好人类赖以生存的地球家园。

---

① 胡锦涛：《努力构建持久和平、共同繁荣的和谐世界》，《人民日报》2005 年 9 月 19 日第 1 版。

② 习近平：《决胜全面建成小康社会 夺取新时代中国特色社会主义伟大胜利——在中国共产党第十九次全国代表大会上的讲话》，人民出版社 2017 年版，第 58-59 页。

人类命运共同体思想还专门写进了党的十九大修改通过的《中国共产党章程》，其中特别强调指出："维护世界和平，促进人类进步，推动构建人类命运共同体，推动建设持久和平、共同繁荣的和谐世界。"①本书希望能够为构建人类命运共同体和建设和谐世界提供一些借鉴。

总之，就学术意义而言，本书有助于拓展和深化对第二次世界大战史的研究，有助于丰富国内外和平学的研究，拓宽和平学的研究视角和方法，有助于深化国内外对战争与和平问题的研究、特别是关于中国对世界和平贡献的研究。就现实意义而言，本书有助于进一步增强人们对于和平重要性的理性认知，使之更加懂得如何珍视、维护和创造更加和平安定的局面，同时也尽可能为当前构建人类命运共同体和建设持久和平、共同繁荣的和谐世界提供某种历史的参考或借鉴。

二、国内外研究综述

和平问题是学术研究领域的一个重大课题，但学术界对其研究总体上还尚显薄弱，国内的研究相对更为不足。关于第二次世界大战对战后世界和平的系统影响，就作者所掌握的资料来看，迄今国内外尚无专著问世，相关研究的文章也颇为少见。在此仅就相关成果作概要介绍。

（一）国内研究综述

国内无论是狭义的和平研究即"和平学"的研究，还是广义的（战争）和平问题的研究都相对比较缺乏，从第二次世界大战的角度论述世界和平问题的专著则没有，相关的文章也很有限。

中国的和平研究可以说起步于 2001 年。此后，国内陆续出版了一些和平学译著和著作，取得了一些代表性成果。2003 年以来，南京大学历史系世界史专业教师翻译出版了国内第一本和平学学术专著《暴力之后的正义

---

① 《中国共产党第十九次全国代表大会文件汇编》，人民出版社 2017 年版，第 75 页。

与和解》([英]安格鲁·瑞格比著，刘成译，译林出版社 2004 年版），在《国外社会科学》《南京大学学报》《学海》杂志上陆续发表了多篇有关和平研究的论文，并组织出版和平学资料读本《和平档案》四卷本①。2004 年，时任侵华日军南京大屠杀遇难同胞纪念馆馆长、南京社科院国际和平研究所所长朱成山组织翻译的《和平学入门》由南京出版社出版。2006 年另一本和平学编著《和平之望——当代世界贫富问题与社会公正》（刘金源、费明艳、刘金霞编著，南京出版社 2006 年版）出版。韩洪文在 2002 年出版的博士论文《20 世纪的和平研究——历史性考察》（当代中国出版社 2002 年版），是当时国内学者有关和平学的一部力作，该书比较全面地介绍了和平学的主要内容。

国内关于（战争）和平问题的有限的专著中，从历史学的角度进行系统深入研究的则更为缺乏。其中，对这一问题进行系统的历史的研究的当属李巨廉的《战争与和平——时代主旋律的变动》（学林出版社 1999 年版）。该书从人类历史发展的总体高度，对战争与和平的历史运动作了宏观的考察。时间跨度从远古到当代，但重点放在 20 世纪。作者认为，20 世纪是人类战争历史运动发展到顶点的世纪，出现了前所未有的无限化总体战争——世界大战，同时也是人类争取和平的斗争大发展的世纪，和平开始成为世界的主旋律。回顾 20 世纪战争与和平的曲折变化，作者认为，第二次世界大战结束后，战争发展史上一直没有占据主导地位的制约与控制战争的因素已经开始上升到了主导地位，和平与发展成为当今时代的主流，这是人类战争历史运动的重大转折。最后作者得出结论：人类战争的走向消亡，最终不在于意识形态，不在于道德规范，甚至不在于政治制度和国际秩序的改造，而在于物质生产的发展。从根本上说，只有社会生产力发

① 分别是洪霞编著：《和平之途——当代世界移民问题与种族关系》，南京出版社 2006 年版；刘成、金燕、魏子仁编著：《和平之困——20 世纪战争与谈判》，南京出版社 2006 年版；王宇博、张嵩：《和平之殇——人类历史上的战争灾难》，南京出版社 2006 年版；熊伟民：《和平之声——20 世纪的反战反核运动》，南京出版社 2006 年版。

展水平达到极高的程度，物质财富能够充分满足人们的需要，整个人类社会生活获得了飞跃提高，战争才会走向消亡，人类永久和平才会到来。①

李巨廉的《血碑：震撼全球的两次世界大战》(西苑出版社 2000 年版)，是又一从史学角度探讨战争与和平问题的专著。该书通过对 20 世纪爆发的两次世界大战的回顾，论述了两次世界大战的源起、所造成的巨大破坏，以及由局部战争走向全球战争以至无限化总体战争顶峰的过程等问题。作者认为，导致战争与维护和平的因素从来都不是单一的。和平与发展、和平与民主、和平与世界的公正和平等，都是不可分割的。关于 20 世纪下半叶没有发生世界大战的原因，作者认为最具根本性的是两个因素：第一是毁灭性热核武器发展所产生的制约作用；第二是日趋加强的世界整体性发展所产生的制约作用。②

黄光耀的《负重的和平鸽——20 世纪人类追寻和平的艰难历程》(重庆出版社 2000 年版)，系统回顾了整个 20 世纪人类追求和平的历程，并就今后的世界和平问题及中国对世界和平的贡献作了相应的论述。作者认为，追求和实现和平的手段和方法多种多样，以斗争求和平、以革命求和平都曾经在国际舞台上被世界人民特别是无产阶级所惯用。而当今世界，决定和平与战争的关键因素则是发展，只有以发展求和平，通过发展经济，实现共同繁荣，人类才能获得较长时期的公平合理的和平。③

黄光耀的《联合国与世界和平》(重庆出版社 2004 年版)，通过对历史与现实的纵向考察以及理论和实践的综合分析，探讨了联合国与世界和平的互动关系。该书认为，在维护世界和平与安全方面，联合国已经或正在发挥关键性作用。联合国通过其空前的普遍性和很高的权威性，利用多种和平解决争端的方法和手段特别是维和行动，为缓解地区冲突、解决各种

---

① 李巨廉：《战争与和平——时代主旋律的变动》，学林出版社 1999 年版，第388-389 页。

② 李巨廉：《血碑：震撼全球的两次世界大战》，西苑出版社 2000 年版，第 291-293 页。

③ 黄光耀：《负重的和平鸽——20 世纪人类追寻和平的艰难历程》，重庆出版社 2000 年版，第 272 页。

国际争端、维护和缔造和平做出了独特的贡献；通过裁军活动形成了空前的裁军浪潮，对制约和限制超级大国核军备竞赛的速度、促进核裁军、防止核战争有不可忽视的重要作用；冷战结束后，世界进入充满变数也充满希望的时期，联合国以新的姿态迎接新的时代，开始了全新的和平努力。同时作者指出，强调并充分重视联合国在维护世界和平与安全方面的巨大作用，并不意味着联合国在这方面所向披靡、无所不能。联合国功能的发挥远不是理想的，它的现实同它的宗旨、同世人的期待还有很大差距。①

彭训厚等主编的《第二次世界大战与人类持久和平》（重庆出版社2007年版），是2005年在重庆召开的世界反法西斯战争胜利60周年纪念·学术研讨会论文集。书中收录了与会学者关于战争与和平问题的几篇文章。杨和平的《第二次世界大战与战后和平》，从《巴黎非战公约》的价值认同、联合国与世界和平、"和平解决国际争端"原则、有限化战争、战争的变异与和平的未来等方面论述了第二次世界大战对战后和平的影响。文章认为，第二次世界大战是战争与和平历史运动的一个坐标。战后和平的方方面面无不关涉对第二次世界大战的"参照"。1928年的《非战公约》因第二次世界大战而获得了价值认同；第二次世界大战"打"出来的联合国是战后和平的根本保障；第二次世界大战后更加规范和完善的"和平解决国际争端"是战后和平的重要支撑。但是，"有限化战争"与"战争的变异"表明，要真正实现和平还需要一个遥远的过程。②

徐蓝的《第二次世界大战的起源及影响》也涉及了第二次世界大战对战后世界和平的影响。作者指出，第二次世界大战确立的雅尔塔体系具有相当的历史进步性，对战后世界产生了积极的影响。首先，雅尔塔体系以建立和维持战后世界和平为主要目标；其次，雅尔塔体系所提倡的和平、民

---

① 黄光耀：《联合国与世界和平》，重庆出版社2004年版，第215-216页。
② 杨和平：《第二次世界大战与战后和平》，《西华师范大学学报》（哲学社会科学版）2006年第5期，第59页。

主、独立原则，对战后世界的和平、民主、独立、发展有着很大的作用。①
另外，徐蓝在其他文章中也表达了关于战争与和平问题的同样或类似的观点，如《战争与和平：两次世界大战的比较研究》(收入齐世荣、廖学盛主编：《二十世纪的历史巨变》，人民出版社 2000 年版)、《从两次世界大战看二十世纪的战争与和平》(《光明日报》，2001 年 5 月 8 日，第 B03 版)、《雅尔塔遗产：和平与发展的空间》(《世界知识》2000 年第 16 期)等。其中，《战争与和平：两次世界大战的比较研究》一文中，作者通过对两次世界的起源、目的及后果与影响的比较分析，进一步得出结论认为，人类通过战争，特别是 20 世纪的两次世界大战，逐渐学会了如何相处。首先，在约束人类行为准则的国际法方面，对禁止使用武力作出了越来越明确的规定，从而使避免战争本身成为这一系列规定的最终目标。其次，开始学会处理国际争端的一种既古老又全新的方法——通过外交手段实行必要的妥协。②

国内有些史学专著从不同侧面论及战争与和平问题。如步平和王希亮合著的《战后 50 年日本人的战争观》(黑龙江人民出版社 1999 年版)、王希亮的《战后日本政界战争观研究》(社会科学文献出版社 2005 年版)、刘炳范的《战后日本文化与战争认知研究》(中国社会科学出版社 2003 年版)等。王希亮认为，日本战后围绕战争责任和历史认识所出现的倒行逆施，无一不同日本当局的意识、决策、政治走向相关。③ 刘炳范则指出，以文学为代表的战后日本文化并没有对法西斯军国主义发动的侵略战争进行真正的反思、批判，战后日本政治、教育、文学、戏剧、宗教等领域都在不同程度和不同形式上存在着淡化、模糊、歪曲、否认、美化侵略战争的战争认

---

① 彭训厚、苑鲁、谢先辉主编：《第二次世界大战与人类持久和平》，重庆出版社 2007 年版，第 428 页。

② 齐世荣、廖学盛主编：《二十世纪的历史巨变》，人民出版社 2000 年版，第 358-362 页。

③ 王希亮：《战后日本政界战争观研究》，社会科学文献出版社 2005 年版，序言第 8 页。

知理念。① 这些研究较为深入地考察了相关国家及其社会各界人士的战争和平观,从不同侧面诠释了当前国际社会存在的某些和平问题的根源。

需要特别提到的是与本书相关的一组史学论文和专著。首先是胡德坤、韩永利的《第二次世界大战与战后世界和平》(《武汉大学学报》(哲学社会科学版)2004 年第 4 期)。文章认为:反法西斯的第二次世界大战,是世界历史从 20 世纪前半期的战争与动荡时代向战后和平与发展时代转换的重大转折点。第二次世界大战与战后世界整体和平之间存在着内在联系。二战后保持了半个多世纪的无世界大战的局面,是因为二战变更了时代主题,改变了战后世界和平与战争力量的对比,规定了战后局部战争的走向。文章进一步指出,二战促进了世界经济构架的革命性改变,强化了抑制世界性战争的因素,提供了战后国际关系中可资借鉴的共同发展的模式,催生了以维护世界和平为目标的全球性国际组织,促进了人类在战争与和平理念上的创新和政策实践,奠定了东方文明复兴并在国际关系中产生重大影响的基础。

另外两篇文章是胡德坤的《论反法西斯的第二次世界大战对战后世界的影响》(《武汉大学学报》(哲学社会科学版)1995 年第 4 期)和胡德坤、韩永利的《中国抗战与第二次世界大战为战后世界的和平与发展开辟了道路》(《当代韩国》2005 年第 3 期)。两篇文章中,作者就第二次世界大战与战后世界和平问题发表了与前文类似的一些观点。这三篇文章有关第二次世界大战和战后世界和平的一些观点,也不同程度和各有侧重地体现在下面的几本专著和编著中:胡德坤的《中日战争史(1931—1945)》(武汉大学出版社 2005 年版)、胡德坤和韩永利主编的《第二次世界大战与世界历史进程》(武汉大学出版社 2002 年版)、胡德坤和韩永利合著的《中国抗战与世界反法西斯战争》(社会科学文献出版社 2005 年版)、胡德坤和罗志刚合著的《第二次世界大战与战后世界性社会进步》(湖北人民出版社 1993 年版)

---

① 刘炳范:《战后日本文化与战争认知研究》,中国社会科学出版社 2003 年版,第 2 页。

和胡德坤和罗志刚主编的《第二次世界大战史纲》(武汉大学出版社 2005 年版)。这些论文和专著是国内也是国外仅有的、专门或部分涉及第二次世界大战与战后世界和平问题研究的得力之作。其相关观点、研究视角和行文思路等都对本书具有重要的参考价值,为本书提供了很好的借鉴和启示。

胡德坤、罗志刚的《第二次世界大战与战后世界性社会进步》,是国内系统研究第二次世界大战影响的最早的专著。该作从二战与发展中国家的兴起、社会主义超出一国范围形成世界体系、二战与战后资本主义世界的变化、二战与战后世界的和平与发展等方面论述了二战对战后世界进步的推动作用,认为二战是战后世界性社会进步的动力和前提。其中,专著从两极世界格局与战后和平以及战后和平与发展成为世界历史潮流的角度,论及了二战与战后世界和平的问题。

胡德坤、韩永利主编的《第二次世界大战与世界历史进程》,是 2001 年 10 月中国第二次世界大战史(武汉)学术讨论会论文集。其中有关战争与和平问题的有这样几篇文章。一是徐蓝的《雅尔塔体系、冷战与世界多极化趋势的发展》。作者指出,作为对第二次世界大战结束后的和平安排,雅尔塔体系带有强权政治的烙印,雅尔塔体系具体运作的最直接、最有影响的后果,即美、苏对峙下的冷战。雅尔塔体系具有相当的历史进步性,对战后世界产生了积极的影响。雅尔塔体系所提倡的和平、民主、独立的原则,对战后世界的和平、民主、独立、发展有着极大的作用。从一定意义上说,它决定了战后世界和平与发展的主题。作者进一步指出,50 多年来世界无大战,这无疑引起了人们对战争与和平问题的进一步思考。正是这种相互依存的国际经济关系,形成了抑制新的世界大战爆发的重要因素。各国人民与政府的维护和平的意识都上升到了空前的高度,成为制约大战爆发特别是核战争的基本因素。①

---

① 胡德坤、韩永利主编:《第二次世界大战与世界历史进程》,武汉大学出版社 2002 年版,第 335-336 页。

　　赵文亮的《民族主义与 20 世纪的战争》认为，第二次世界大战使人类对战争与和平问题的观念发生了重要的变化，对民族主义走向极端所造成的危害性也有了更加理智的认识。① 刘保庭等的《第二次世界大战使人类社会走向控制战争的时代》，从二战将人类社会战争推向了难以控制的巅峰、战后有限战争逐步代替了世界大战和人类社会走向控制战争时代三方面论述了二战对战后世界和平的影响。②

　　关于战争与和平问题，有些学者从军事学的角度进行了研究和探讨。代表性的有：马德宝的《现代战争与和平基本问题研究》(国防大学出版社2002 年版)、肖永亮的《战争控制问题研究》(国防大学出版社 2002 年版)、孙党恩的博士论文《战争遏制论》(军事科学院 2006 年博士论文，张世平研究员指导)、吴鑫的硕士论文《论第二次世界大战与战后战争制约机制》(军事科学院 1999 年硕士论文，支绍曾研究员指导)等。这些学者主要从战争的动因及根源、国际秩序与国际和平、多元文化与国际和平、安全观与和平、战争控制与和平、战争制约机制与和平等方面论述如何控制战争以保持和平的问题。

　　其中，吴鑫从第二次世界大战对战后战争制约机制的影响视角论及了战后和平的问题。他认为，战争制约机制是人类社会为了制止或控制战争的需要，在国家、国际组织和人民行为的基础上，在影响战争存在和发展诸因素的相互作用中形成的结构模式、行为规则及其运行。战争制约机制随着战争的发展而不断发展。二战是战争制约机制发展的重大转折点，对战后战争制约机制产生了重大影响。第一，二战使战争制约因素发生重大改变，为战后战争制约机制的形成、发展和逐步完善奠定了基础。第二，二战带来了战后战争制约机制结构形式的调整，新的结构成为其发挥作用的功能保证。第三，二战的惨重损失使战后战争制约机制强调"不战"这一

----

① 胡德坤、韩永利主编：《第二次世界大战与世界历史进程》，武汉大学出版社2002 年版，第 86-96 页。
② 胡德坤、韩永利主编：《第二次世界大战与世界历史进程》，武汉大学出版社2002 年版，第 129-136 页。

最高准则，并在此基础上逐步形成制约战争的行为规则。①

也有一些学者从国际政治或国际法的角度对和平及其与之相关的问题进行了研究。如门洪华的《和平的纬度：联合国集体安全机制研究》(上海人民出版社 2002 年版)、李森的《论核时代战争与和平的若干问题》(华东师范大学 1997 年博士论文，姜琦教授指导)、常欣欣的《后冷战时期的和平——一种经济、政治和文化分析》(中共中央党校 2001 年博士论文，张中云教授指导)、商景龙的《战争、和平与国际秩序》(南京政治学院 2006 年博士论文，严高鸿教授指导)、叶兴平的《和平解决国际争端》(武汉测绘科技大学出版社 1994 年版)、陈汪杰的《关于联合国集体安全机制的国际法问题研究》(北京大学 1999 年博士论文，邵津教授指导)等。他们多就有关和平问题的某一方面或某一侧面，从各自学科的角度对其进行较为深入的研究。

(二) 国外研究综述

就笔者掌握的资料，国外迄今尚无关于第二次世界大战与世界和平方面的专著或论文问世。但相对而言，国外学术界无论对狭义的和平研究②还是广义的战争与和平问题的研究，都比国内起步要早，研究也较为深入。

西欧国家的和平研究最早发端于 19 世纪末。北美稍早些，开始于美国内战后期。不过，在第二次世界大战之前，除了反战俱乐部外，大学还没有成立和平研究机构。和平研究基本停留在学者讲座和学生兴趣小组的层面上。③ 1948 年，经"兄弟会"资助，世界第一个和平研究机构在美国曼彻

---

① 吴鑫：《论第二次世界大战与战后战争制约机制》，军事科学院 1999 年硕士论文，第 1-15 页。

② 本部分中关于国外和平研究现状的综述参考了刘成的《西方国家和平研究综述》(《国外社会科学》2005 年第 2 期)，特此感谢。

③ 刘成：《西方国家和平研究综述》，《国外社会科学》2005 年第 2 期，第 25-26 页。

斯特学院成立。1959 年，国际和平研究所（International Peace Research Institute）在挪威奥斯陆成立。著名学者、和平研究之父约翰·加尔通（Johan Galtung）担任该所所长。同时，世界第一本和平研究期刊《和平研究杂志》（*Journal of Peace Research*）由该所创办。

军备竞赛、核裁军和战争问题是早期和平研究主要关注的对象。其研究目的就是防止战争的爆发。最传统的和平研究领域是武器控制、管理和战争防御。1942 年，赖特（Quincy Wright）最早通过现代社会科学的研究方法，把战争问题从其他社会问题中抽取出进行了系统性研究。1960 年，理查森（Lewis F. Richardson）适用数学模型的方法，研判、预测战争各方武器竞赛的终止时间。1979 年，辛格（David Singer）对有关战争的数据开展了较为全面的采集与分析。[1]

有效防止核战争和大国之间的战争冲突，是冷战时期和平研究的一大主要课题。和平研究在冷战时期因此得到了较为快速的发展。作为一种对时局的回应，为积极应对可能增加彼此怀疑甚至敌意的超级大国的外交和国防政策，这一时期的和平研究大多聚焦于国际冲突和核毁灭问题，努力寻求一种可供选择的能有效化解危机的方式方法。

和平研究的热门领域之一是冲突的分析与转化。20 世纪 60 年代，拉帕波特（Anatol Rapaport）和他的助手提出了一种防范、化解冲突的理论。尽管其理论分析存在一定缺陷，但他们对冲突各方相互作用过程的研究起到了很好的示范作用。[2] 20 世纪 80 年代初，米切尔（Christopher Mitchell）和克里斯伯格（Louis Kriesberg）提出了防范冲突升级和化解冲突的原动力概念。[3] 1987 年，伯顿（John W. Burton）将商业管理和其他领域内的交易理

[1] David P. Barash & Charles P. Webel, ed. , *Peace and Conflict Studies*, London: Sage Publications Ltd, 2002, pp. 125-128.

[2] Ho-Won Jeong, *Peace and Conflict Studies: An Introduction*, England: Ashgate Publishing Ltd, 2002, pp. 211-215.

[3] Diana Francis, *People, Peace and Power: Conflict Transformation in action*, London: Pluto Press, pp. 18-23.

论(bargaining theories)运用到和平研究中。① 格鲁姆(A. J. R. Groom)在1990年指出,即使在严重冲突的情况下,冲突行为依然存在着共同的利益;它并不是人类的固有天性,而是对所处社会环境感知的一种回应。②

1969年,加尔通提出了结构性暴力的概念。其中,暴力和贫穷被归因于压制性的社会和经济条件。加尔通认为,和平包括直接和平、结构和平和文化和平三个方面。和平因此被定义为"采用非暴力方式创造性地解决冲突的转换"。③ 1974年,人权问题开始进入和平研究的主要领域。国家的持续发展,作为当时提升许多贫穷国家人民生活水平的一种新战略,越来越受到民众的广泛认同。一些学者认为,国际体系的政治和经济结构理应对国家间的不平等负有不可推卸的责任。1974年,森哈斯(D. Senhaas)通过对资本主义的剖析,认为富人对穷人的剥削从根本上源于一种结构性的制度。他强调,尽管非殖民化运动在战后蓬勃发展,但是,那些先前的殖民地国家不仅本土文化依然受到不断侵蚀,经济上也依然受到剥削。④

1989年,通过对有关妇女遭受暴力问题的研究,布罗克-乌特勒(B. Brock-Utre)将有关妇女遭受的歧视和不平等纳入结构性暴力概念范畴。之前,博尔丁(E. Boulding)从父权制角度对人类不平等的权力关系进行了研究。不少学者认为,在当今男性主导的价值体系范围内,文化暴力不同程度地表现在各种社会层面。一些女性和平研究者甚至明确地指出,战争起源来于人类社会的等级制度。⑤ 1991年,西格尔(Lynne Segal)对当代女权

---

① A. Curle, *Another Way: Positive Response to Contemporary Violence*, Oxford: Jon Carpenter Publishing, 1995, p. 237.

② Martin Ceadel, *Thinking about Peace and War*, Oxford: Oxford University Press, 1987, p. 229.

③ Johan Galtung, "Violence, Peace, and Peace Research", *Journal of Peace Research*, Vol. 6, 1969, p. 36.

④ E. Bono, ed., *Conflict: A Better Way to Resolve Them*, New York: Penguim, 1987, p. 315.

⑤ John Paul Lederach, *Building Peace: Sustainable Reconciliation in Divided Societies*, Washington, D. C.: United States Institute Peace Press, 1999, p. 134.

运动进行了研究，认为应当重视女性在今后和平建设中的地位与作用。①

和平研究者也越来越关注地球环境恶化对人类社会的影响。1994 年，孔卡(K. Conca)指出，生态灭绝导致了生态环境的破坏，因为生态环境系统直接影响着人类的生存，所以人类是破坏所有生物赖以生存的支撑系统的仅有的罪魁祸首。② 冷战结束后，像苏联区域和非洲的一些国家，内部冲突日益突出。所以，和平研究的重点就从国际政策转移到国家内部问题方面。和平研究关心的主题包括国家内部的民族、宗教、部落、派系、身份认同等。③

挪威国际和平研究所所长约翰·加尔通的《和平论》(陈祖洲等译，南京出版社 2006 年版)和大卫·巴拉什(David P. Barash)与查尔斯·韦伯(Charles P. Webel)合著的《积极和平——和平与冲突研究》(刘成等译，南京出版社 2007 年版)，这两部著作是和平研究比较常用的参考书，同时也是国际和平研究领域具有代表性的作品。

加尔通称自己写《和平论》目的，就是要"系统地为和平研究、和平教育以及和平行动奠定理论基础"，所以说这是一部和平学的奠基之作。④ 他提出了四大理论：和平理论、冲突理论、发展理论和文明理论，即现在和平学理论涵盖的全部范围。同时，和平学理论中的不少内容融入了国际关系、社会学、心理学、经济学及文化研究等领域的学术养分，并积极加以重新建构。

《积极和平——和平与冲突研究》是国外大学和平研究专业学生的必读

---

① Andrew Rigby, *Justice and Reconciliation : After the Violence*, London : Lynne Rienner, 2001, pp. 253-259.

② Ian M. Harris, "A Portrait of University Peace Studies in North American and Western Europe at the End of the Millennium", *International Journal of Peace Studies*, Vol. 3, No. 1, January, 1994, p. 27.

③ D. P. Fry & K. Bjorkqvist, *Cultural Variation in Conflict Resolution : Alternatives to Violence*, Mahwah, NJ : Lawrence Eribaum Associates, 1997, pp. 73-85.

④ [挪]约翰·加尔通著，陈祖洲等译：《和平论》，南京出版社 2006 年版，中译本序。

书，也当今国际和平研究领域最具权威性和代表性的著作之一。该书包括和平诺言与战争问题、战争原因、构建消极和平、建设积极和平四大部分。和平诺言与战争问题部分，作者分别论述了和平的含义、和平运动、战争的含义、核武器的特别意义等。对于战争原因部分，作者分别从个人层面、群体层面、国家层面、决策层面、意识形态、社会和经济层面进行了论述。构建消极和平部分，作者分别从外交谈判和冲突化解、通过力量达到和平、裁军和武器控制、国际组织、国际法、世界政府、道德和宗教等视角，论述了达至消极和平的途径。建设积极和平部分，作者从人权、生态福祉、经济福祉、非暴力、个人转化与未来等角度，论述了建设积极和平的途径。①

概言之，国外传统的和平研究主要涉及诸如集体安全、外交、谈判、战略管理、军备控制等问题，重点关注有关条约缔结、联盟体系、威胁理论、霸权国家间战争等。新的和平研究的主题，则越来越注重研究个人与国家内部集团之间的相互作用，逐步超越了民族与国家的界限，越来越强调个人、社区和非政府组织的作用。

国内已出版的译著中，也有一些分别从国际政治、国际关系、历史学或国际法等学科视角研究和平问题及其相关问题的专著，主要有：入江昭（Akira Iriye）的《20 世纪的战争与和平》（李静阁等译，世界知识出版社2005 年版）、卡列维·霍尔斯蒂（Kalevi J. Holsti）的《和平与战争：1648——1989 年的武装冲突与国际秩序》（王浦劬译，北京大学出版社2005 年版）、猪口邦子的《战争与和平》（刘岳译，经济日报出版社1991 年版）、汉斯·摩根索（Hans J. Morgenthau）的《国际纵横策论——争强权、求和平》（上海译文出版社1995 年版）、鲍林的《告别战争：我们的未来设想》（吴万仟译，湖南出版社1992 年版）、吉田裕的《日本人的战争观：历史与现实的纠葛》（刘建平译，新华出版社2000 年版）、田中正俊的《战中战后：

---

① ［美］大卫·巴拉什、查尔斯·韦伯著，刘成等译：《积极和平——和平与冲突研究》，南京出版社 2007 年版，第 1-8 页。

战争体验与日本的中国研究》（罗福惠等译，广东人民出版社 2005 年版）、约翰·纽豪斯的《核时代的战争与和平》（军事科学院外国军事研究部译，军事科学出版社版 1989 年版）、格劳秀斯（Hugo Grotius）的《战争与和平法》（坎贝尔英译，何勤华等译，上海人民出版社 2005 年版）等。

　　入江昭的《20 世纪的战争与和平》，是国际上战争与和平研究领域比较有影响的著作之一。作为一位文化国际主义者①和著名的国际关系史专家，入江昭独树一帜地从文化的角度切入国际关系和美国对外关系史的研究，并倡导以文化国际主义来建构国际秩序。该书旨在从社会文化角度来理解战争与和平，以便给人类解决面临的战争与和平问题提供一种新的思路；并不是描述 20 世纪战争与和平的历史，而是考察 20 世纪人类关于战争与和平的思想，即战争观与和平观。入江昭指出，战争与和平既是一种国际关系现象，又是一种国内现象。各国的社会文化动向以及每个人的心理状态，都是造就通向战争或和平的内在条件。20 世纪战争与和平观的特征就是通过将外在现象与内在条件相互联系来理解战争。②

　　入江昭还总结了全球化时代出现的四个世界的图景。第一是传统的主权国家的"国家间的世界"，第二是由跨国家的经济活动制造出的"世界"，第三是广义上的文化交流构筑的"世界"，第四是正在兴起的由国际性的非政府组织创造的"世界"。"如果 21 世纪是一个和平的世纪，那么它不仅是由国家间的均势或经济上的相互依存性或是由思想技术层面上的全球化带来的，而由通过超越国境的个人或集团的网络结构带来的可能性会更大。"③入江昭认为，第四个世界正在变得越来越重要，并且将对国际关系

---

　　①　所谓文化国际主义，入江昭界定为：旨在通过思想和人员的交流，通过学术合作或通过有助于跨国家理解的种种努力把各国家和人民连结在一起，建立一个更有序和更和平的世界的各种各样的活动。参见［日］入江昭著，李静阁等译：《20 世纪的战争与和平》，世界知识出版社 2005 年版，代译序。

　　②　［日］入江昭著，李静阁等译：《20 世纪的战争与和平》，世界知识出版社 2005 年版，第 1-8 页。

　　③　［日］入江昭著，李静阁等译：《20 世纪的战争与和平》，世界知识出版社 2005 年版，第 170-174 页。

产生巨大、深远的影响。

国际关系知名学者、加拿大不列颠哥伦比亚大学教授卡列维·霍尔斯蒂的《和平与战争：1648—1989 年的武装冲突与国际秩序》，是国际政治、国际关系研究的名著。同时，该书具有较强的历史感，在写作风格上体现为历史描述与科学分析的有机结合，可以看作研究和平与战争问题的准历史学著作。霍尔斯蒂试图从一个新的角度切入和平问题的研究，他提出三个相互关联的问题：是什么样的争议问题引发了冲突？战争态度是如何改变的？为了控制和预防国际冲突和危机，人们做过什么样的努力，采取过什么样的措施？据此，他勾勒出自己的研究框架。霍尔斯蒂认为，1648 年后，与经济利益密切相关的经济活动越来越经常地引发严重的外交问题和频繁的战争。随着时代的发展，决策者开始认识到为经济理由而战是得不偿失的，经济作为战争根源的相对重要性有了显著的下降。而与此同时，民族独立、意识形态类问题却在战争的原因中占据着越来越大的比重。同时，决策者的战争态度对战争的爆发以及形式有着重大的影响。①

对于历史上重要的和约谈判与建立国际秩序的努力，霍尔斯蒂进行了较为详尽的描述并归纳出八个能够保证和平的国际秩序的前提条件：治理体系、合法性、吸收、威慑体制、冲突解决的程序与机构、关于战争的公式、和平变迁的程序、对未来问题的预期。据此，他认为 1648 年以来历史上的每一次和平都存在某些方面的缺陷，并对和平秩序的保持有着重要的影响。② 通过对历史上和平协议的考察，霍尔斯蒂归纳出大致三类调停人的策略。(1)以惩罚与优势来实现和平的策略，其用意在于防止过去的战争重演，对于解决刚刚发生过的战争而言是有针对性的，但过于保守，对未来不具有预见性。(2)通过均势实现和平的策略，比较平实，它理解国际政治的动力，承认国际社会的变迁，并试图为主权国家体系

---

① [加]卡列维·霍尔斯蒂著，王浦劬译：《和平与战争：1648—1989 年的武装冲突与国际秩序》，北京大学出版社 2005 年版，第 1-22 页。

② [加]卡列维·霍尔斯蒂著，王浦劬译：《和平与战争：1648—1989 年的武装冲突与国际秩序》，北京大学出版社 2005 年版，第 292-296 页。

的永久化确立一个根本性的基础规则。但它没有更高的理想，不能满足合法性的要求。(3)通过变革来实现和平的策略，其从普遍意义出发，认为侵略、扩张、竞争与战争是国际关系的基本问题。要解决之必须建立一个全新的世界秩序，通过世界舆论、诺言、正义等自动实现和平。霍尔斯蒂认为，从当前来看，一种可行的办法应当是均势策略与变革策略的结合。①

日本学者猪口邦子的《战争与和平》，是一部研究战争与和平问题的政治学著作，其用着眼于现代的问题意识来研究作为国家的对外暴力行为的战争。该书共分四部分。第一部分"战争的构造"系统地论述国家与战争的历史关系、国家军事化与战争动员的构架以及战争从开始到结束的整个过程。第二部分"战争的一般理性"论述有关战争发生的一般性理论。首先，宏观地阐述战争与世界经济循环的关系以及战争与大国兴衰潮流的关系；然后通过统计学的方法，对战争的频率、规模等各种倾向进行整理，系统地分析引发战争的主要因素。第三部分"在暴力与和平的狭缝中"主要研究人们为了防止战争而进行的种种尝试，即探索可以加强和平的制度性措施和难以诉诸战争的构造性变革。② 该书为读者提供了有关战争与和平这一主题的丰富知识以及精锐的分析，是关于战争与和平问题研究的政治学力作之一。

著名的国际政治学者、国际关系理论大师汉斯·摩根索的名著《国际纵横策论——争强权、求和平》，分析了国际上流行的一整套维护和平的办法，并展开了深入的理论分析。作者认为，均势可以实现和平但不能使和平永驻人间；国际法是一种弱法，对维护世界和平作用有限；国际道德与世界舆论促进世界和平的功效微乎其微；可以通过外交求得和平。摩根索强调，外交是一种艺术，是用说服、妥协和武力威胁三种手段交

---

① ［加］卡列维·霍尔斯蒂著，王浦劬译：《和平与战争：1648—1989 年的武装冲突与国际秩序》，北京大学出版社 2005 年版，第 303-306 页。

② ［日］猪口邦子著，刘岳译：《战争与和平》，经济日报出版社 1991 年版，编者献辞。

相使用的艺术。第一，外交必须放弃用意识形态来决定一个国家的对外政策；第二，外交的目标应该根据国家利益来界定并须以足够的实力予以支持；第三，外交必须从其他国家的观点注视政治舞台；第四，各国在所有对它们非最重大的争论问题上必须愿意妥协。只有在这四项原则的指导下，外交才能成为实现世界和平的调解工具，它是实现世界和平的唯一可行的出路。在这点上，摩根索简直完全否定了均势、国际法等因素的作用。①

日本著名学者吉田裕的《日本人的战争观：历史与现实的纠葛》，曾一度在史学界和媒体中引起了较为强烈的反响。该书考察了战后历史中日本人战争观的嬗变，并着重探索了战争的侵略性和加害性在战后日本社会中没有被充分认识到的原因、以及规定战后日本人战争观的主要历史因素。吉田裕认为，造成这种状况的原因和因素中，首要的是与十五年战争②的状况及结束方式有关的诸因素。"这场战争中日本战争力量的骨干部分直接为美国的巨大军事力量所破坏，十五年战争以这样的形势终结了。因此，单以日本力量不能使中国屈服的历史事实和中国抗战所象征的亚洲地区的民族主义在迫使日本陷于失败境地方面发挥的积极作用，往往被忘记。"③其次，这要在独特的战后处理方式与状况中寻找。如，战后美国的单独占领、冷战把日本纳入西方阵营的政治性考虑优先原则、战争最大受害者亚洲国家国际地位低及由此导致的要求被忽视等。④

日本著名史学家田中正俊的《战中战后：战争体验与日本的中国研究》一书中，作者结合自己亲身经历对日本对外侵略战争作了深刻反省。田中正俊把第二次世界大战的经验区分为战争体验和战场体验，并且分别从高

---

① 徐晓明：《世界和平的主要方案——汉斯·摩根索的世界和平观研究》，华东理工大学学报（社科版）2001年第3期，第62页。

② 即从1931年侵华开始时直到1945年战败投降的整个日本对外侵略战争。

③ ［日］吉田裕著，刘建平译：《日本人的战争观：历史与现实的纠葛》，新华出版社2000年版，第224-225页。

④ ［日］吉田裕著，刘建平译：《日本人的战争观：历史与现实的纠葛》，新华出版社2000年版，第226-227页。

级将领、前线官兵、一般百姓与被侵略国家人民的不同角度给以深刻的审视。田中的战争反省并非局限于政府和军队责任者，而且追踪到日本民族根深蒂固的劣根性。他说"近代日本人对亚洲各民族的压迫和摧残，决不仅是加害其他民族的问题，它首先是日本人自身历史的内在人性侮辱问题。成为问题的南京大屠杀，不过是堕落颓废了的日本民族人性侮辱的结果而已，问题本来在于日本人本身"。①

格劳秀斯的《战争与和平法》是一部国际法经典名著，也是一部关于战争与和平问题研究的经典之作。亲眼目睹欧洲三十年战争的可怕搏斗及其造成的巨大破坏，格劳秀斯试图寻找一种能够指导并处理战争问题的伟大原则，他深切地意识到必须创建一个调整各国之间关系的法律体系，该书便是他这种思想和智慧的结晶。《战争与和平法》的灵感来自格劳秀斯对和平的热爱，然而他不是一味谴责使用武力并视所有战争为非正义和不必要。他试图发现在什么时候、如何做、通过什么来使战争能够合法地进行。关于如何来缔造和维护和平，格劳秀斯认为，可以通过军事条约以及其他各种方法来确保和平的实现。②

国外英文原版著作中，对于和平及相关问题的史学研究比较缺乏，与第二次世界大战相关的和平问题研究则更缺乏。就笔者所掌握的资料而言，相关的代表性著作主要有：赫伯特·菲斯的《丘吉尔、罗斯福、斯大林：他们进行的战争与寻求的和平》（Feis, Herbert, *Churchill, Roosevelt, Stalin: The Way They Waged and the Peace They Sought*, Princeton, New Jersey: Princeton University Press, 1957.）和《战争与和平之间：波茨坦会议》（Feis, Herbert, *Between War and Peace: the Potsdam Conference*, Princeton, New Jersey: Princeton University Press, 1960.）、罗宾·埃蒙德兹的《三巨头：和平与战争中的丘吉尔、罗斯福和斯大林》（Edmonds, Robin,

---

① [日]田中正俊著，罗福惠等译：《战中战后：战争体验与日本的中国研究》，广东人民出版社2005年版，第145-156页。

② [荷]格劳秀斯著，坎贝尔英译，何勤华等译：《战争与和平法》，上海人民出版社2005年版，第1-15页。

The big three : Churchill, Roosevelt, and Stalin in peace and war, New York : Norton, 1991.)、基思·塞恩斯伯里的《战争中的丘吉尔与罗斯福：他们进行的战争与希望缔造的和平》(Sainsbury, Keith, *Churchill and Roosevelt at War: The War They Fought and The Peace They Hoped to Make*, Macmillan Press Ltd, 1994.)、斯蒂芬·施莱辛格的《创建：联合国的创立——大国、秘密代理、战时同盟与敌人以及它们寻求和平世界的故事》(Schlesinger, Stephen C. , *Act of Creation: the Founding of the United Nations: A Story of Superpowers, Secret Agents, Wartime Allies and Enemies, and Their Quest for a Peaceful World*, Boulder, Colorado: Westview Press, 2003.)、罗伯特·希尔德布兰德的《敦巴顿橡树园：联合国的起源与寻求战后安全》(Hilderbrand, Robert C. , *Dumbarton Oaks: the Origins of the United Nations and the Search for Postwar Security*, Chapel Hill: University of North Carolina Press, 1990.)、路易斯·霍尔本编著的《联合国家的战争与和平目标, 1939 年 9 月 1 日—1942 年 12 月 31 日》(Holborn, Louise W. , ed. , *War and Peace Aims of the United Nations*, *September* 1, 1939-*December* 31, 1942, Boston: World Peace Foundation, 1943.)、威廉·纽曼的《缔造和平, 1941—1945：战时会议外交》(Neumann, William L. , *Making the peace*, 1941-1945 : *the diplomacy of the wartime conferences*, Washington, D. C. : Foundation for Foreign Affairs, 1950.)等。

赫伯特·菲斯的《丘吉尔、罗斯福、斯大林：他们进行的战争与寻求的和平》，是一本大量使用档案、会议记录、回忆录等第一手资料的史料性著作。作者共分 14 个时间段，较为详细地论述了整个第二次世界大战期间分别以丘吉尔、罗斯福和斯大林为代表的英、美、苏三大盟国之间的合作、分歧、矛盾和较量。其中涉及三大国关于战后和平安排的某些问题。赫伯特·菲斯的又一著作《战争与和平之间：波茨坦会议》，是《丘吉尔、罗斯福、斯大林：他们进行的战争与寻求的和平》的续篇。该书共分"胜利时刻""紧张时刻""考验时刻"和"高潮：波茨坦会议"四个部分，围绕第二次世界大战末期的重要会议——波茨坦会议前后的相关问题进行了集中论述。

罗宾·埃蒙德兹的《三巨头：和平与战争中的丘吉尔、罗斯福和斯大林》，是一部关于第二次世界大战战时三大盟国领袖之间关系的以叙述见长的外交史著作。其以战时若干重大会议和事件为线索，分时段论述了三巨头之间的交往，其中附带涉及了有关战争与和平的相关问题。

基思·塞恩斯伯里的《战争中的丘吉尔与罗斯福：他们进行的战争与希望缔造的和平》，是一部研究第二次世界大战战时丘吉尔与罗斯福之间合作关系的史学专著。该书论述了战时两巨头在关乎战争与和平的若干重大问题上的主张，并分析了造成分歧和差异的原因。作者认为，在形成共同的政治目标并使之顺利实现方面，丘吉尔与罗斯福之间的合作是不尽如人意的。他们两人在观点上有分歧，并且几乎解决每个问题的方式都不一样。"也许可以这样说，丘吉尔希望恢复一个旧的世界，而罗斯福致力于建设一个新的世界。"同时作者强调，"两人在实现各自的主要长期目标方面都失败了，区别在于，罗斯福因没有活到亲眼看到自己希望的落空而比丘吉尔幸运"。①

斯蒂芬·施莱辛格的《创建：联合国的创立——大国、秘密代理、战时同盟与敌人以及它们寻求和平世界的故事》，是一部主要从美国的角度论述联合国创立的史料性著作，其中涉及美国关于战后世界和平安排的若干问题。作者强调了美国对联合国的创建和世界的和平与安全所做的贡献，他认为美国设计了联合国的主体、编纂了《联合国宪章》、精心筹划并确保了旧金山联合国制宪会议的成功召开。②

罗伯特·希尔德布兰德的《敦巴顿橡树园：联合国的起源与寻求战后安全》，是一部研究敦巴顿橡树园会议的史学专著，其论述了会议上美、

---

① Keith Sainsbury, *Churchill and Roosevelt at War：The War They Fought and The Peace They Hoped to Make*, Macmillan Press Ltd, 1994, pp. 182-184.

② Stephen C. Schlesinger, *Act of Creation：the Founding of the United Nations：A Story of Superpowers, Secret Agents, Wartime Allies and Enemies, and Their Quest for a Peaceful World*, Boulder, Colorado：Westview Press, 2003, Introduction.

英、苏三大国在创立维持战后和平的国际组织(联合国)问题上的分歧、妥协与不足。作者认为，随着战争结束的日益临近，传统的民族主义正取代阻止下一次战争的爆发而成为影响战后决策的主导因素。这意味着，相较于创建新的国际组织以维持未来世界的和平而言，三大国越来越看重本国自身安全的维护、国家利益的保护和享受战争胜利带来的成果。①

路易斯·霍尔本编写的《联合国家的战争与和平目标，1939 年 9 月 1 日—1942 年 12 月 31 日》，是关于第二次世界大战初期联合国家战争与和平目标的资料汇编，其中包括联合国家的一些重要宣言、声明、领导人演讲及重要政党、教派的声明和政策。

威廉·纽曼的《缔造和平，1941—1945：战时会议外交》，可以说是一本小册子式的篇幅较短的论文。但它却对从大西洋会议直到雅尔塔会议，第二次世界大战期间盟国召开的所有重要会议及其讨论的主要问题进行了概要式的论述，并得出了自己的结论。作者认为，第二次世界大战没能实现 1941 年 8 月罗斯福和丘吉尔所声称的希望和目标。罗斯福试图积极完善威尔逊式的和平，他的和平目标是将德国降为一个其边界划分同时满足美、英、苏三大国战略需要的主要的农业国。无论在方式上还是结局上二者有何不同，但一样的是，罗斯福和威尔逊都没能有效解决国际和平问题。②

相对于严肃的历史的研究而言，国外对和平及其相关问题的有限研究中，较多地是从国际政治、国际关系、国际法等学科角度进行的一些研究，如：小查尔斯·凯格利和格雷戈里·雷蒙合著的《从战争到和平：国际政治中的重大决策》(Kegley Jr. Charles W. & Raymond, Gregory A., *From War to Peace：Fateful Decisions in International Politics*, Beijing：Peking

---

① Robert C. Hilderbrand, *Dumbarton Oaks：The Origins of the United Nations and the Search for Postwar Security*, Chapel Hill：University of North Carolina Press, 1990, pp. 245-248.

② William L. Neumann, *Making the peace*, 1941-1945：*the diplomacy of the wartime conferences*, Washington, D. C.：Foundation for Foreign Affairs, 1950, p. 9.

University Press, 2003.)、戴维·齐格勒的《战争、和平与国际政治》(Ziegler, David W., *War, Peace, and International Politics*, New York： Addison-Wesley Educational Publishers Inc, 1997.)、米勒的《诺曼·安吉尔和战争无益性：和平与公众思维》(Miller, J. D. B., *Norman Angell and the Futility of War：Peace and the Public Mind*, the Macmillan Press Ltd, 1986.)、穆罕默德·阿瓦德·奥斯曼的《联合国与强制和平：战争、恐怖主义与民主》(Osman, Mohamed Awad, *The United Nations and Peace Enforcement：Wars, Terrorism and Democracy*, Burlington, VT：Ashgate Publishing Company, 2002.)、阿戈什蒂纽·扎卡里亚斯的《联合国与国际维和》(Zacarias, Agostinho, *The United Nations and International Peacekeeping*, London：Tauris Academic Studies, 1996.)、威廉·杜尔希编著的《联合国维和机制的演变：个案研究与比较分析》(Durch, William J. , ed. , *The Evolution of UN Peacekeeping：Case Studies and Comparative Analysis*, New York ： St. Martin's Press, 1993.)、怀特的《联合国与维护国际和平及安全》(White, N. D. , *The United Nations and the Maintenance of International Peace and Security*, Manchester ： Manchester University Press, 1990.)、奈杜的《集体安全与联合国：联合国安全机制的界定》(Naidu, M. V. , *Collective Security and the United Nations：A Definition of the UN Security System*, London：Macmillan, 1975.)、约翰·墨菲的《联合国与国际暴力的控制：一种法律和政治的分析》(Murphy, John F. , *The United Nations and the Control of International Violence：A Legal and Political Analysis*, Totowa. New Jersey：Allanheld, Osmun Publishers, 1982.)、詹姆斯·萨特林的《联合国与维持国际安全：即将面临的挑战》(Sutterlin, James S. , *The United Nations and the Maintenance of International Security：A Challenge to Be Met*, Westport, Conn：Praeger, 2003.)、斯蒂芬·希尔的《维持和平与联合国》(Hill, Stephen M. , *Peacekeeping and the United Nations*, Aldershot：Dartmouth, 1996.)、龙尼·利普舒茨的《权威之后：21 世纪的战争、和平与全球政治》(Lipschutz, Ronnie D. , *After Authority：War, Peace and Global Politics in the 21st Century*, New

York：State University of New York Press，2000.）等。

小查尔斯·凯格利和格雷戈里·雷蒙合著的《从战争到和平：国际政治中的重大决策》，是一部研究战争与和平问题的国际政学著作。与多数学者的出发点不同，该书作者不是研究战争的发生而是研究战争的结束，力图通过研究不同战争结果对战后和平的影响，发现建立长期和平的条件。通过对历史上若干重大战争的分析，作者证实了其关于战争与和平的正义性有助于和平长期延续的假设，因此建议战胜方的政治家应该在战利品分配、战败国惩罚、受害方赔偿以及双方关系恢复的四个方面进行正义的理性安排，以建立正义的和平。他们认为，第一次世界大战结束后的《凡尔赛和约》对战败方的处理是不公正的，因此该和约在德国埋下了复仇的种子，导致第二次世界大战很快爆发。①

戴维·齐格勒的《战争、和平与国际政治》，是一部从国际关系、国际政治角度论述战争与和平问题的专著。其首先从以德意志的统一为起点的历史上的重大战争（直到冷战结束后的战争）谈起，其次分别论述了影响战争与和平的各大因素，如国际关系准则、世界政府、区域一体化、国际法、集体安全、裁军与军备控制、外交调停、联合国等。齐格勒认为，之所以第二次世界大战后没有发生第三次世界大战，即世界保持了整体和平，不是因为国际法、国际组织、区域组织、裁军和军备控制等发挥的作用，而主要是由于冷战双方力量大致平衡所构成的相互威慑以及由此而生的"谨慎的危机处理"。同时，齐格勒还特别强调了力量均衡、相互交流、经济联系、民主制度等对和平的意义。②

米勒的《诺曼·安吉尔和战争无益性：和平与公众思维》，从和平与公众思维的角度论述了英国作家、经济学家、诺贝尔和平奖获得者诺曼·安吉尔和他提出的战争无益论。安吉尔因为自己的大量反战著作获得了1993

① Charles W. Kegley Jr. & Gregory A. Raymond, *From War to Peace：Fateful Decisions in International Politics*, Beijing：Peking University Press, 2003, pp. 147-151.

② David W. Ziegler, *War, Peace, and International Politics*, New York：Addison-Wesley Educational Publishers Inc, 1997, pp. 340-343.

年诺贝尔和平奖。他认为，"任何国家都只能受损于战争而不能从中获益"。① 因此，战争不是解决国际争端的好办法。

阿戈什蒂纽·扎卡里亚斯的《联合国与国际维和》，论述了联合国维持和平机制的创立、发展、面临的挑战与困境。扎卡里亚斯认为，联合国维和机制的建立对于维护世界和平具有重要的意义。但是，冷战时期的两极格局制约了联合国维和机制作用的充分发挥。他认为，冷战结束后，联合国维和面临新的问题与困境，但是，这可以通过改革而逐步改进、完善，联合国仍然是维持世界和平所不可或缺的。②

穆罕默德·阿瓦德·奥斯曼的《联合国与强制和平：战争、恐怖主义与民主》，从国际政治的视角，以个案分析的方法，考察了联合国尤其是安理会在处理地区冲突、跨国恐怖主义中强制执行和平的角色和作用。奈杜的《集体安全与联合国：联合国安全机制的界定》，从集体安全与联合国安全机制的差异角度对联合国安全机制进行了较为深入的研究。作者认为，联合国安全机制不能被称为集体安全机制，但可以将其称之为"集体措施机制"。③ 怀特的《联合国与维护国际和平及安全》，通过个案分析的方法，就联合国尤其是安理会和联合国大会在维护国际和平与安全方面的机制、作用等展开了较为深入的研究。

另外，作为一篇哈佛大学哲学博士学位论文，斯蒂芬·约翰·施瓦克的《国务院和平规划，1941—1945》（Schwark, Stephen John, *The State Department Plans for Peace*, 1941-1945, A thesis presented to the Department of Government in partial fulfillment of the requirements for the Degree of Doctor of

---

① Norman Angell, *The Great Illusion: A Study of the Relation of Military Power in Nations to their Economic and Social Advantage*, New York: G. P. Putnam's Sons, 1910, p. 260. 。

② Agostinho Zacarias, *The United Nations and International Peacekeeping*, London: Tauris Academic Studies, 1996, pp. 2-6.

③ M. V. Naidu, *Collective Security and the United Nations: A Definition of the UN Security System*, London: Macmillan, 1975, Preface.

Philosophy，Harvard University，1985.），对第二次世界大战期间美国国务院筹划国际安全事务进行了经验式研究。它从认知心理学、组织理论、官僚政治等角度，以规划德国处置和缔造国际安全组织两个问题为案例，对决策者在极大不确定性条件下如何处理复杂的重要问题进行了专门研究。① 虽为哲学博士论文，但文章应用了一些史学文献，具有一定的史学参考价值。

三、创新之处与研究内容

（一）问题的提出

综上所述，国内对于和平问题的研究（无论是对狭义的和平学的研究，还是对广义的战争与和平问题的研究）整体来讲颇为薄弱。国内和平学的研究起步不久，专门的研究机构和研究人员尚有限，其研究除了取得了一些成就外，也多限于翻译、引进一些重要的和平学著作和为国内和平学的起步和进一步发展做一些奠基性的基础工作，因而研究的视野和水平尚待进一步拓宽和提高。对于广义的战争与和平问题，国内的研究可以说起步很早，甚至古代的先贤们已经开始了有关和平问题的思考和研究。但是，迄今国内和平问题研究领域内，深入的系统的研究仍显不足，更缺乏对相关问题的深入地系统地历史研究，而从第二次世界大战的角度对世界和平问题进行考察的研究则严重不足，除了极个别的文章进行过讨论或有所涉及外，国内尚无此方面的专著出现。尽管如此，国内还是有些学者从军事学、国际政治、国际关系、国际法和历史学等学科角度，对有关和平的相关问题从不同方面或侧面进行了深浅不一的研究。

就国外而言，相对于国内，其和平学的研究比国内起步要早得多，专职研究人员更多，研究领域更开阔和细化，研究也更为深入。对于广义的

---

① Stephen John Schwark，*The State Department Plans for Peace*，1941-1945，*A thesis presented to the Department of Government in partial fulfillment of the requirements for the Degree of Doctor of Philosophy*，*Harvard University*，1985，*Preface and Introduction*.

战争和平问题的研究，虽然在若干方面要比国内更深入，但总体上仍显不足和薄弱。国外关于和平问题的有限研究，更多的是从国际政治、国际关系、国际法等学科角度进行，以理论分析见长。虽然其中不乏一些有见地的深入研究，但对相关问题的系统深入的历史研究不足。

总之，和平问题作为学术研究领域的一个重要层面，国内外学术界对其研究总体上还十分薄弱，若干方面国内的研究则更为不足。在对和平问题的总体有限、薄弱的研究中，相对来说，更多的是从国际政治、国际关系、国际法或军事学的学科角度进行考察，而对相关问题的深入的历史的研究则十分欠缺。迄今，国内外尚无从第二次世界大战的角度对世界和平问题进行研究的专著问世，有关于此的相关文章也极为少见。因此，本书从第二次世界大战的角度对战后世界和平的奠基问题进行系统的历史考察，希望能够以此对第二次世界大战史和战争与和平问题的研究略尽绵薄之力。

（二）资料分析

本书是建立在参阅大量国内外资料的基础之上的，其中最为珍贵的是第一手的档案资料。美国方面的主要有：美国国务院编辑出版的《美国对外关系文件集》（1940—1945 年）、《赫尔回忆录》（Hull，Cordell，*Memoirs of Cordell Hull*，New York：Macmillan，1948.）、刘同舜编的《美国战略决策资料选编》（复旦大学出版社 1993 年版）等。苏联方面的主要有：沈志华主编的《苏联历史档案选编》（社会科学文献出版社 2002 年版）、苏联外交部编的《1941—1945 年苏联伟大卫国战争期间苏联部长会议主席同美国总统和英国首相通信集》（世界知识出版社 1963 年版）等。英国方面的主要有：《二战期间英国的外交政策》（Woodward，Sir Liewellyn，*British Foreign Policy in the Second World War*，London：Her Majesty's Stationery Office，1962.）、《英国外交文献：外交部机密报告和文件》（*British documents on foreign affairs：reports and papers from the foreign office confidential print*）相关各卷、丘吉尔《第二次世界大战回忆录》的相关卷等。中国方面的主要有：

秦孝仪主编的《中华民国重要史料初编——对日抗战时期》第三编《战时外交》(中国国民党中央委员会党史委员会编印，1981 年版)的有关册、叶惠芬编的《中华民国与联合国史料汇编·筹设篇》(台北"国史"馆 2001 年版)、陈志奇主编的《中华民国外交史料汇编：民国(1—34)年》(台北渤海堂文化公司 1996 年版)的有关卷等。另外，[苏]萨纳柯耶夫·崔布列夫斯基编的《德黑兰、雅尔塔、波茨坦会议文件集》(生活·读书·新知三联书店 1978 年版)、上海人民出版社的《德黑兰 雅尔塔 波茨坦会议记录摘编》(1974 年版)等也为研究的开展提供了重要的参考资料。

除此之外，本研究也参阅了大量的中外文著作和译著，代表性的主要有：胡德坤和罗志刚合著的《第二次世界大战与战后世界性社会进步》(湖北人民出版社 1993 年版)、李巨廉的《战争与和平——时代主旋律的变动》(学林出版社 1999 年版)、入江昭的《20 世纪的战争与和平》(李静阁等译，世界知识出版社 2005 年版)、卡列维·霍尔斯蒂的《和平与战争：1648—1989 年的武装冲突与国际秩序》(王浦劬译，北京大学出版社 2005 年版)、猪口邦子的《战争与和平》(刘岳译，经济日报出版社 1991 年版)、汉斯·摩根索的《国际纵横策论——争强权、求和平》(上海译文出版社 1995 年版)、[美]罗伯特·达莱克的《罗斯福与美国对外政策 1932—1945》(上、下册，伊伟等译，商务印书馆 1984 年版)、[美]舍伍德的《罗斯福与霍普金斯——二次大战时期白宫实录》(上、下册，福建师范大学外语系编译室译，商务印书馆 1980 年版)、[美]W. 艾夫里尔·哈里曼和伊利·艾贝尔合著的《特使——与丘吉尔、斯大林周旋记(1941—1946)》(南京大学历史系、英美对外关系研究室译，生活·读书·新知三联书店 1978 年版)、[美]威廉·哈代·麦克尼尔的《美国、英国和俄国：它们的合作和冲突(1941—1946 年)》(上、下册，叶佐译，上海译文出版社 1978 年版)、[美]威廉·李海的《我在现场》(马登阁等译，华夏出版社 1988 年版)、威廉·纽曼的《缔造和平，1941—1945：战时会议外交》(Neumann, William L, *Making the peace*, 1941-1945 : *the diplomacy of the wartime conferences*, Washington, D. C. : Foundation for Foreign Affairs, 1950.)、赫伯特·菲斯的《丘吉尔、罗斯福、斯大林：他们进行的战争与寻求的和平》(Feis, Herbert, *Churchill*, *Roosevelt*, *Stalin*：*The Way They Waged and the Peace They Sought*, Princeton, New Jersey：Princeton University Press, 1957.)、罗宾·埃蒙德兹的《三巨头：和平与战争中的丘吉尔、罗斯福和斯大林》(Edmonds, Robin, *The big three*：*Churchill*, *Roosevelt*, *and Stalin in peace and war*, New York：Norton, 1991.)、基思·塞恩斯伯里的《战争中的丘吉尔与罗斯福：他们进行的战争与希望缔造的和平》(Sainsbury, Keith, *Churchill and Roosevelt at War*：*The War They Fought and The Peace They Hoped to Make*, Macmillan Press Ltd, 1994.)、哈利·诺特的《战后外交政策的准备，1939—1945》(Notter, Harley, *Postwar Foreign Policy Preparation*, 1939-1945, Westport, Connecticut：Greenwood Press, 1975.)、斯蒂芬·施莱辛格的《创建：联合国的创立——大国、秘密代理、战时同盟与敌人以及它们寻求和平世界的故事》(Schlesinger, Stephen C., *Act of Creation*：*the Founding of the United Nations*：*A Story of Superpowers*, *Secret Agents*, *Wartime Allies and Enemies*, *and Their Quest for a Peaceful World*, Boulder, Colorado：Westview Press, 2003.)、罗伯特·希尔德布兰德的《敦巴顿橡树园：联合国的起源与寻求战后安全》(Hilderbrand, Robert C., *Dumbarton Oaks*：*the Origins of the United Nations and the Search for Postwar Security*, Chapel Hill：University of North Carolina Press, 1990.)、小查尔斯·凯格利和格雷戈里·雷蒙合著的《从战争到和平：国际政治中的重大决策》(Kegley Jr. Charles W. & Raymond, Gregory A., *From War to Peace*：*Fateful Decisions in International Politics*, Beijing：Peking University Press, 2003.)、戴维·齐格勒的《战争、和平与国际政治》(Ziegler, David W., *War*, *Peace*, *and International Politics*, New York：Addison-Wesley Educational Publishers Inc, 1997.)等。

　　包括上述资料在内的较为丰富的档案、史料和著作为本书的研究提供了珍贵的资料基础和思想汇聚、碰撞、提升的空间，同时也是本书得以顺利完成的可靠保障。

(三)创新之处

针对国内外研究现状及存在的问题和不足,本书力图在以下方面有所突破或创新。

第一,研究视角的创新。当前国内外学术界对战争与和平问题的研究总体上仍显薄弱和欠缺。有限的研究中,多数是从国际政治、国家关系、国际法或军事学等学科角度,对战争爆发的原因、影响和平的因素、如何缔造及维护和平等方面进行研究。缺乏对战争与和平问题的系统深入的历史研究,更少有从第二次世界大战的角度对战后世界和平问题进行的专门考察。本书将战后世界和平的奠基置于第二次世界大战的宏观视野下,历史地考察第二次世界大战与战后世界和平之间的联系,以期对以往学界对战争与和平问题的研究视角有所突破或补充。

第二,研究方法的创新。当前国内外学术界对战争与和平问题的研究不足,特别是在学科角度上多从国际政治、国际关系、国际法或军事学等学科出发,并且多以理论分析见长,而缺乏对相关问题的严肃的历史研究。本书从历史学的角度,通过文献考证和分析,从第二次世界大战的大背景入手,在占有一定中外文资料的基础上,将宏观和微观研究结合,深入考察二战对战后世界和平的影响。在研究过程中,力求最大限度地做到史论的有机结合,尽量减少和避免单纯和过多的理论分析,而无有力的历史材料的支撑。

第三,研究内容和观点的创新。本书将战后世界和平的奠基置于第二次世界大战的宏观历史背景之下,主要从战时反法西斯盟国关于战后和平的思考、二战与战后世界和平格局的形成、二战与战后世界新兴和平力量的壮大等方面着手探讨二战与战后世界和平之间的关系。相对于国内外对战争与和平问题的已有研究,在研究内容上具有创新性。同时,研究内容、研究视角、研究方法的突破和创新,必然引起和带动对相关问题研究的结论、观点的突破和创新。

（四）研究内容

本书主要从以下几个方面来探讨第二次世界大战对战后世界和平的历史影响。

第一，第二次世界大战战时反法西斯盟国对战后和平的思考。人类和平思想可谓源远流长，博大精深。然而，这不足以阻止战争尤其是世界大战的爆发。一战结束后仅20年，二战便全面爆发。汲取一战后解决和平问题失败的教训，二战尚在进行中，以美、苏、英、中四大国为代表的反法西斯盟国很早便开始了对战后和平的思考和筹划。这些思考和设想是盟国战时和战后和平安排的先导，为战后世界和平局面的形成作了思想和舆论上的准备。

第二，第二次世界大战与战后世界和平格局的形成。二战形成的战后世界格局，在内容上大致包括以美苏为中心的两极世界格局、国际和平组织联合国、以国际货币基金组织、世界银行和关税与贸易总协定为支柱的战后世界经济体制，以及作为两极世界格局一部分的改造后的德、日等战败国。从本质上讲，二战形成的战后世界格局是一种和平的世界格局，其为战后世界和平奠定了较为坚实的制度性、机制性和框架性基础。

第三，第二次世界大战与战后世界新兴和平力量的壮大。二战为战后发展中国家的兴起和社会主义阵营的形成创造了有利的国际条件和奠定了内部基础。在欧亚抵抗运动和战后民族解放运动的基础上，战后发展中国家兴起，社会主义阵营亦逐步形成，由此形成由不同社会制度国家组成的多样化的国际社会。战后多元国际社会作为二战的重要成果，极大地增强了世界和平力量，有效地制约了世界战争势力，为战后世界和平提供了强有力的力量支撑和奠定了坚实的结构基础。

第四，中国抗日战争与战后世界和平。中国抗日战争是反法西斯的第二次世界大战的重要组成部分，具有伟大的世界意义。中国以长期艰苦卓绝的抗战和巨大的民族牺牲为大战的胜利作出了重大贡献；战时中国为战后国际和平组织联合国的创建作出了重大贡献；中国抗日战争为维护战后世界和平的坚定力量——中华人民共和国的成立奠定了坚实基础。中国抗日战争以自身特有的方式为战后世界和平的奠基作出了重大贡献。

本书在国内外已有研究成果和依托较为充实的史料的基础上，主要运用史论结合的方法，从上述几个方面系统考察第二次世界大战对战后世界和平的影响，力求尽可能地对二者之间的内在联系作较为充分、深刻的阐述和论证。

第二章 战时反法西斯盟国
关于战后和平的思考

人类和平思想源远流长，博大精深。中国传统文化和西方文明中都蕴含着丰富的和平思想与和平理念，并在近代西方国家中率先发展为和平运动。但是，美好的和平思想和脆弱的和平运动并不能完全阻止战争尤其是世界大战的爆发。第一次世界大战结束后仅 20 年，其后建立的凡尔赛-华盛顿体系维和机能的脆弱性便引发了第二次世界大战的全面爆发。

二战尚在进行中，以美、苏、英三大国为主导的反法西斯同盟国汲取一战后解决和平问题失败的教训，很早便开始了对战后和平的思考和酝酿。这些思考和设想继承和发扬了人类历史上和平思想的精华，在某种程度上反映了当时世界人民的和平诉求，是盟国战时和战后和平安排的先导，为战后世界和平局面的形成作了思想和舆论上的准备。盟国关于战后和平的思考和设想对战后世界和平局面的形成有着重要的贡献，以致今天的世界仍然享受着其带来的某些成果。

第一节 一战前人类和平思想的历史回顾

和平，与战争同生共存，是人类不懈追求的最基本的理想之一。人类和平思想同人类历史一样，历史悠久，源远流长。无论是在东方的中国，还是在率先进入近代资本主义社会的西方，都很早就出现了和平思想的萌芽，并且逐渐成长、壮大。人类和平思想的不断发展，反映了人类追求和

平的强烈、迫切的愿望，也对人类解决战争与和平问题乃至整个人类社会
的发展产生了重要的影响。

一、中国源远流长的和平思想与和平理念

中华民族是热爱和平的民族。几千年来，在文化层面上形成了以儒家
为主、道家、佛家和墨家等为重要组成部分的中华民族传统文化。它们都
是主张和平的。具体地说，就是秩序的和平论——儒家，行动的和平
论——墨家，取法自然的和平论——道家，心性和平论——释家。① 这些
思想成为中国思想文化的主流，绵延不断地延续着中国的和平文化传统。

儒家把"和"与"礼"的规范当作实现人类和平的途径与手段，突出强调
"和"的伦理性与"礼"的秩序性。孔子和孟子所处的时代，距今已相隔
2000 多年，其间人类历史早已经发生相当的变化。但就人类追求和平、反
对战争的美好和平思想而言，则不论过去还是现在，其基本精神却是相通
的。孔子和孟子对当时春秋战国时期诸侯国之间发生的侵略兼并战争提出
强烈的批评。他们从"仁"的人道主义的基本原则出发，提出国与国之间②
不应以武力相侵略、相威胁的主张，突出强调"礼之用、和为贵"的和平
精神。

当时，小国颛臾作为鲁国的附庸国，鲁国当政者准备攻打它。孔子听
说后立即提出反对，他批评道："夫颛臾，昔者先王以为东蒙主，且在邦
域之中矣，是社稷之臣也。何以伐为？"（《论语·季氏第十六》）其意是说，
颛臾是先王从前封的东蒙之主，地处国境之内，是鲁国的藩属，为什么要
武力攻打呢？这种侵略行为，不管出于何种的目的，孔子都是坚决反对
的。又比如，孔子曾经认为管仲气度小，看不起他。但孔子却认为齐桓公
以和平方式九次会合诸侯，而非依靠武力，都是管仲的功劳，并接连称
道："如其仁！如其仁！"（《论语·季氏第十六》）由此可见，孔子反对侵略

---

① 蔡德贵：《中国和平文化》，《学术月刊》2003 年第 2 期，第 24 页。
② 需要说明的是，当时的诸侯国和现代意义的国家之间存在本质的区别。

战争，非常重视国与国之间的和平共处。

孟子承继了孔子反对侵略战争、维护和平的主张，并将之发扬光大。孟子有时甚至诅骂那些敢于发动侵略战争的好战者，谴责、声讨他们"争地以战，杀人盈野；争城以战，杀人盈城"的野蛮行为是"率土地而食人肉"，认为判处死刑也不为过，即所谓"罪不容于死"（《孟子·离娄章句上》）。孟子认为只有依靠德行仁政去服人，才能真正使人心悦诚服，而依靠武力征服别人是不行的。用孟子自己的话说，就是"以力服人者，非心服也，力不赡也；以德服人者，中心悦而诚服也"（《孟子·公孙丑上》）。孔子和孟子之后，"中庸""致中和""以德服人""和而不同""和为贵"等思想，被儒家坚持并发扬，这些思想构成了中国和平文化的主流。

由老子、庄子所创立的道家学说，主张"道法自然""天道无为"，特别崇尚天地自然与人间社会的和谐与平衡。老子认为，"兵者，不祥之器，非君子之器"（《老子·三十一章》）。他认为，遵循天道自然的必然规律才能避免不必要的冲突，因此人间的最高境界是遵循自然规律。可以说，道家就是"取法自然的和平论"者。在社会政治方面，道家一贯提倡以柔克刚，主张以"无为"达到"无争"，通过"无争"实现"无兵"的社会和平。

佛教是中华民族传统文化的重要组成部分。传入中国后，佛教思想逐渐同中国本土文化相融合，对中国文化产生了巨大的影响。佛教重视个体生命对人间世俗的超越，强调对真实自我的最后觉悟。佛教主张以觉悟为基础，净化世间、普度世人，并且进一步在更深价值层面上提出了心性和平的哲学命题。因此可以说，佛教思想是"心性和平论"。

墨家可以说是典型的非暴力主义者。墨子是墨家思想的创始人，同时也是墨家思想的身体力行者。他主张，人类必须做到"兼相爱、交相利"，在和平与博爱的基础上彼此协助。墨子将"兼爱""非攻"的行动与个体生命的道德意义直接紧密结合，强调人类个体行为的道德作用。他认为，为达到这一目的必须行动起来，坚决反对战争。墨家将和平观念和和平行动紧密结合，可以说形成了"行动的和平论"。

作为专门研究战争的中国古代兵学经典，《孙子兵法》强调："百战百胜，非善之善也；不战而屈人之兵，善之善者也。"这一思想与儒家以"王道"反对"霸道"的和平理念是一致的。

总的来说，中国的和平思想与和平理念是源远流长、博大精深的，在世界文明史上也留下了光辉灿烂的一页。中国传统文化中的和平思想与理念深深地影响了和影响了中华民族的民族性格和国家的对外交往，并因此赢得了全世界人民的广泛尊重。哲学家罗素对此曾有客观中肯的评价。他在《中国问题》一书中这样评价："他们（中国人）不像白人那样，喜欢虐待其他人种。如果在这个世界上有'骄傲到不屑打仗'的民族，那就是中国。中国人宽容而友爱，以礼待人，希望别人也投桃报李。"①

遗憾的是，这些中国和平思想没能成长为近代世界的和平主义与和平运动。植根并生长于中国深厚农耕文化基础上的和平思想，备受中国数千年封建社会的束缚与羁绊。承担这一历史使命的是率先进入资本主义时代的西方国家。它们将古代和平思想与和平理念，发展成为产生重要政治影响的社会思潮和社会运动。

二、西方和平思想与和平运动追溯

同中国和平思想一样，西方反战和平思想也具有悠久的历史。作为一种系统的思想，它最早出现在基督教教义之中，正所谓"荣耀归于上帝，和平属于世人。"②早期基督教的教义，禁止其教徒携带武器和参加战争，主张通过逆来顺受对待暴力。其认为，战争没有正义与非正义的区分，一切战争都理应遭到反对和放弃。基督教和平思想的道德基础和核心内容是"天父之爱"，也就是无条件的、自我牺牲的、普世性的"爱"。客观地讲，基督教教义发出的反战和平律令，没有也不可能起到遏止一切战争的作用。但是，它们确实为西方民间社会的反战和平想提供了一套神圣而有力的精神支撑，因而构成了西方近代和平思想的重要价值来源。

---

① ［英］罗素著，秦悦译：《中国问题》，学林出版社 1996 年版，第 151 页。
② 奚广庆、王谨主编：《西方新社会运动初探》，中国人民大学出版社 1993 年版，第 111 页。

西方和平思想的另一重要来源是人文主义。文艺复兴及其后启蒙运动的兴起，使得人文主义在欧洲得到了弘扬，并取代了先前盛行的神道主义。这对近代和平主义产生了重大影响。

16世纪，荷兰思想家伊拉斯谟说："战争是瘟疫，它引起性格的全面败坏；战争是罪恶，最坏的人往往打胜。""战争是可怕的，它适于野兽而不适于人类。"①伊拉斯谟因抨击战争的野蛮性而闻名。与他同一时期的英国空想社会主义思想家托马斯·莫尔、以及随后17世纪的捷克教育家夸美纽斯等，都是强烈反对战争的人文主义者的代表。18世纪法国著名的启蒙思想家伏尔泰，也尖锐地强烈谴责了战争的残酷、愚蠢和荒诞。这些思想家，把追求没有战争和暴虐的人类和平幸福作为终生奋斗目标。但是，对于怎样实现人类的和平，他们没有也不可能达成一致。

其中，有人主张通过科学技术的进步，有人宁愿相信人类理性的发展；有人寄希望于民主共和制度的实现，有人崇尚重返人类古朴的自然。法国哲学家孔多塞认为，"人们受到更多的启蒙，就会逐渐认识到，战争是万恶之首，是最可怕的罪恶"。② 法国启蒙思想家孟德斯鸠曾预言，待到君主制向共和制过渡，人类将从习惯战争与扩张转向和平与克制。这些17、18世纪的人文主义者，大多否定中世纪经院哲学家们所谓的"正义战争"论，认为其只不过是借以掩盖君主们侵略野心的说教，一些人甚至主张"最不正义的和平胜过最正义的战争"。③

世界主义也是西方和平思想的重要来源之一。近代以来，随着资本主义的不断发展，世界范围内的国际交往和摩擦冲突日益频繁。探讨如何保障最低限度的国际秩序与和平，成为西方越来越多的政治思想家孜孜以求的目标。其中一些人从社会学和国际政治学的视角出发，主张通过建立民

---

① 转引自李巨廉：《战争与和平——时代主旋律的变动》，学林出版社1999年版，第328页。

② 转引自李巨廉：《战争与和平——时代主旋律的变动》，学林出版社1999年版，第329页。

③ 郭灵凤：《战争、和平与"基督教共同体"》，《欧洲研究》2005年第2期，第107页。

族国家联盟和国际法来约束战争。格劳秀斯、霍布斯、卢梭、康德、普芬道夫等，都宣扬这种思想。

其中最具代表性的是圣·皮埃尔。他在《永久和平方案》中，提出在欧洲诸国设立国际会议和公断法庭等机构，借以实行国际调查和国际裁军，希望以此在乌得勒支和约的基础上确立欧洲和平。格劳秀斯深刻地意识到必须创建一套调整各国之间关系的法律体系，认为可以通过军事条约以及其他各种方法来确保和平的实现。① 康德则认为，永久和平的实现，不仅需要每个国家的公民实现自由、平等与独立，而且需要自由国家建立起普遍有效的和平联盟，同时要在最普遍的基本人权基础上实现世界大同，从而使整个人类真正脱离自然状态。

早期的和平运动能够登上历史舞台，正是得益于这些和平思想的出现和传播。世界范围内有组织的和平运动，最早出现于美国和英国。在早期和平运动的助推下，世界首个和平协会于 1815 年在美国纽约成立。第二年，伦敦和平协会成立。尽管早期和平运动在很多方面极不成熟，但也取得了一些成就。早期和平团体主要关心人类道德的拯救，并没有主动影响现实政治的自觉意识。他们的宣传大都具有拒绝任何暴力的基督教式和平主义的色彩，他们努力寻求通过编写小册子、进行巡回演讲以及发行相关期刊等方式，推动发展有利于走向普遍和平的舆论。

19 世纪 40 年代，自由贸易运动的兴起和发展推动了西方和平思想的进一步发展。自由贸易主义者相信，自由贸易与和平之间具有互为因果的内在联系，在和平条件下，各国的利益完全可以通过自由贸易来实现。并且，自由贸易所产生的经济利益，也足以推动倾向暴力的政府放弃战争。他们大声疾呼："自由贸易！它是什么？噢，摧毁分割各国的壁垒；这些壁垒后面隐藏着傲慢、报复、仇恨、嫉妒，使各国沉浸在血泊之中。……

---

① ［荷］格劳秀斯著，A. C. 坎贝尔英译，何勤华等译：《战争与和平法》，上海人民出版社 2005 年版，第 15 页。

自由贸易是上帝的国际法。"①

　　1843 年，第一次国际性的普遍和平大会在伦敦召开。然而，随着不断发展，和平运动内部产生了分歧。这种分歧不仅出现在和平主义者与自由贸易主义者之间，而且产生于英美和平团体与欧陆和平团体以之间。一方面，传统的和平主义者坚决反对任何战争，鼓吹基督教式的不抵抗主义；而自由贸易主义者则特别强调自由贸易在实现和平过程中的突出作用。另一方面，欧洲大陆的大多数和平活动家都认为，通过武力来进行民主改革和民族解放，显然是实现公正、持久和平的基础。这种把有些战争视为"正义与必须"的相对和平主义立场，显然有别于英美大部分和平团体反对任何战争的绝对和平主义立场。②

　　19 世纪下半叶，克里米亚战争爆发后，普奥战争、普法战争和意大利统一运动相继爆发，欧洲进入战争频繁的时期。普遍和平主义的思潮，被这些战争所激起的民族主义情绪压倒了。在美国，和平团体内部因南北战争的爆发发生了分裂。和平运动的发展由此进入相对低落时期。19 世纪 70 年代以后，和平运动重新获得一定发展。和平团体不仅日益增多，而且出现在一些过去没有出现和平运动的国家，如北欧的丹麦和瑞典。1889 年，第一届国际议员大会与世界和平大会在巴黎召开。这标志着 19 世纪末和平运动进入高潮。之后，世界和平大会几乎每年都召开一次，至第一次世界大战前仅有 5 次中断。

　　19 世纪末 20 世纪初的和平运动虽然取得一定的进展，但整体上仍然十分脆弱。不仅其对现实政治的影响远远不足，而且公众的情绪和舆论不是一直偏向和平。随着第一次世界大战前资本主义经济政治发展不平衡的加剧，帝国主义列强为争夺霸权疯狂地扩军备战，本已羸弱不堪的和平运

　　①　[美]汉斯·摩根索著，卢明华等译：《国际纵横策论——争强权、求和平》，上海译文出版社 1995 年版，第 44 页。
　　②　李巨廉：《战争与和平——时代主旋律的变动》，学林出版社 1999 年版，第 333 页。

动更受到严重影响和削弱，根本无力阻止世界大战的日益临近。第一次世界大战最终爆发，这是对世界和平运动的沉重打击。

综上所述，同人类历史一样，人类和平思想具有源远流长的悠久历史。中华民族是热爱和平的民族，以儒家为主、道家、佛家（教）和墨家等为重要组成部分的中国文化从根本上讲是一种和平文化。儒、道、墨、佛各家都是主张和平的，它们一直延续着中国的和平文化传统。中国传统文化中源远流长和博大精深的和平思想，在世界文明史上留下了光辉灿烂的一页。但是，这种生长于农耕文化基础上的和平思想，因受中国数千年封建社会的羁绊，没有成长为近代世界的和平主义与和平运动。担负起这一历史使命的，是率先进入资本主义时代的西方国家的和平思想。

西方反战和平思想最早出现在基督教教义之中，人文主义和世界主义是西方和平思想的重要来源。这些和平思想的出现和传播使早期和平运动登上了世界历史舞台。早期和平运动关心的主要是人类道德的拯救，并无影响现实政治的自觉意识，他们的宣传大都弥漫着拒绝任何暴力的基督教式和平主义。19 世纪 40 年代兴起的自由贸易运动，强调自由贸易与和平之间互为因果的联系，认为可以通过自由贸易达至和平。19 世纪下半叶，欧洲进入战争频繁的时期，和平运动进入相对低潮期。19 世纪 70 年代以后，和平运动重新有所发展，至 19 世纪末重新步入高潮。然而，随着这一时期资本主义经济政治发展不平衡的加剧和帝国主义列强疯狂地扩军备战，本就脆弱不堪的和平运动受到严重阻碍和削弱，无力阻止世界大战的日益临近，第一次世界大战最终爆发。

应当指出的是，由于种种原因，人类美好的和平思想与和平理念，没能成功地阻止每一场战争的爆发尤其是世界大战的爆发。但是，它们毕竟深刻地影响了人类的思想和行为，使人类对战争与和平问题的认识更加趋于理性和更具可行性，从而为人类更加有效地谋求世界和平做了理论上的准备，奠定了宝贵的思想基础。

第二节　一战后的国际秩序与二战的爆发

1918 年第一次世界大战结束，1939 年第二次世界大战全面爆发①。就此来看，两次世界大战之间的和平仅仅存在了 20 年。斯塔夫里阿诺斯将其比喻为"20 年的休战"②，小约瑟夫·奈则称其为"一次幕间休息"③。也就是说，两次世界大战"疑似"是一场世界大战的两个阶段。二战爆发的原因很多，但缘何一战后结束仅 20 年，二战就全面爆发？这不能不引起人们对一战后国际秩序④的重新思考和反思，以认真探讨二战爆发的深层原因。

一、一战后主要战胜国的"和平"计划

第一次世界大战后，世界形势发生了巨大变化，欧洲相对衰落。一方面，欧洲分裂为战胜国和战败国。战胜国主要是受到战争创伤的英国和法国。战败国主要是德国和奥匈帝国；先前的德意志帝国、奥匈帝国、奥斯曼帝国、沙皇俄国不复存在。与此同时，许多民族国家在中欧和东南欧出现。另一方面，欧洲的世界中心地位遭受来自非欧国家和地区的严重挑战。崛起的美国和社会主义苏俄(苏联)在欧洲两侧出现，急剧扩张的日本和迅速觉醒的中国在远东出现。

第一次世界大战结束后，美国开始正式走出美洲，积极参与并力图左

---

①　1939 年 9 月 1 日，德国闪击波兰，第二次世界大战由此全面开始。1931 年 9 月 18 日，日本悍然发动九一八事变。以九一八事变为起点，在东北兴起的中国局部抗战揭开了中国十四年抗战和世界反法西斯战争的序幕。

②　[美]斯塔夫里阿诺斯著，吴象婴等译：《全球通史：1500 年以后的世界》，上海社会科学院出版社 1992 年版，第 593 页。

③　[美]小约瑟夫·奈著，张小明译：《理解国际冲突：理论与历史》，上海人民出版社 2002 年版，第 141 页。

④　本节关于一战后的国际秩序，部分内容参考了徐蓝：《凡尔赛-华盛顿体系与两次世界大战之间的国际关系》(《历史教学问题》2000 年第 3 期)，特此感谢。

右国际事务，成为对主宰世界的欧洲的挑战力量。十月革命后，苏俄建立了全新的社会主义制度。十月革命引起了资本主义国家的一系列革命，苏俄由此成为整个西方世界畏惧并以之为敌的挑战力量。日本趁一战之机向英法等国的殖民地加紧大肆渗透。因经济受协约国军需订货的极大刺激，日本实力快速膨胀，在亚太地区对欧美力量形成严峻挑战。大战后中华民族快速觉醒，日益冲击和威胁西方在华利益及殖民统治。

由于各国在大战中所处的战略地位不同，所获得的利益和遭受的损失也彼此相异，因此在列强实力对比发生变化的新形势下，各主要战胜国持有不同的掠夺要求和争夺计划。

美国依仗世界第一经济强国的地位，打算争夺世界的领导权。美国争夺世界领导权的总纲领是被称为"世界和平的纲领"的"十四点计划"。它的主要内容可以归纳为四个方面：第一，战后的世界应当是一个"开放"的世界，公开的和平条约必须公开缔结；保持公海航行的绝对自由；消除一切经济壁垒；各国军备必须裁减；调整殖民地，对当地进行开发应该根据"门户开放"原则。第二，抵制并消除布尔什维主义的影响。第三，要求在欧洲和近东的各民族以民族自决权为基础恢复和建立民族国家，或建立受到列强保护、实行门户开放原则的保护国。第四，成立一个具有特定盟约的包括大小国家的、保证政治独立和领土完整的普遍性的国际联盟。①

为了实现这一目标，政治军事方面，美国希望德国在欧洲保持比较强大的地位，使之能够抗衡英法和反对苏俄。经济方面，美国不愿过度削弱德国。因为如果德国被严重削弱，必将无力偿付赔款，英法将借此理由拖欠甚至拒绝偿还美国的战争债。在亚太地区，美国企图削弱战后的英、法、日等所有对手国，力图维持中国的贫弱状态并加紧实施门户开放政策。但是，美国整体实力尚不能与英法相抗衡，尤其是在争霸斗争中具关键作用的军事力量方面更是如此。同时，威尔逊没能在国会中得到多数人

---

① 齐世荣主编：《世界通史资料选辑·现代部分》第一分册，商务印书馆 1998 年版，第 3-12 页。

的支持。因此，面对具有丰富外交斗争经验的英、法政治家们和竭力维护并扩大既得利益的英、法、日等国，美国的勃勃野心受到了严重抵抗和沉重打击。

英国在战争中受到了削弱，但仍保有相当的实力。英国企图维护原有的世界霸权并进一步主宰欧洲：要求德国及其他战败国支付巨额赔款以恢复经济；力主消灭德国海军以保持本国的海上霸主地位；反对过分削弱和肢解德国，在欧洲继续推行传统的"大陆均衡"政策，希望以德国抗衡法国、抵制苏俄；在远东一方面利用和日本的结盟抵制美国扩张，另一方面反对日本独占中国，以维护英国在亚太地区的利益。在巴黎和会上，由于英国在很大程度上左右了会议，其诉求得到了较多的满足。

法国企图争夺欧洲的领导权。战后法国在欧洲大陆上占有军事战略优势，认为自身具有争霸欧洲大陆的实力。法国认为，若想称霸欧洲，必须坚决消灭德国这个宿敌和对手。法国最担心的是德国的再度崛起。法国的计划是：领土方面，以永久保证国家的安全为理由，不仅要收复失地阿尔萨斯-洛林，而且要彻底肢解德国。比如，建立莱茵兰共和国和巴伐利亚国家，从德国东部分出一些领土给波兰、捷克斯洛伐克和罗马尼亚等国。经济层面，要索取高达2090亿金法郎的赔款，从经济上摧毁德国。军事上，要彻底裁减德国的军备，使德国失去东山再起的可能。法国严厉削弱和肢解德国的打算，必然受到美国和英国的反对和抵制。同时，经济上的困境又使法国在外交斗争中处于不利境地。因此，法国的图谋不可能全部实现。

意大利虽然站在协约国一边，但参战较晚，也没有打过什么胜仗。尽管经济和军事力量相当薄弱，但意大利的野心却很大，企图在亚得里亚海和东地中海拥有支配地位。这与英法的利益明显相悖，因此其目的不可能全部实现。

日本是第一次世界大战的一大获利者。它利用与英、俄之间的密约，乘欧洲列强厮杀之机攫取了德国在中国山东的利权。日本的战后目标是独占中国，并称霸亚太地区。显然，日本的野心威胁到了在该地区拥有较大利益的英国，与美国的门户开放政策激烈冲突，也遭到觉醒了的中国人民的坚决反抗。因此，日本的野心遭到了美、英、中等国的联合遏制。

根据 19 世纪国际社会的既有经验，经历了一场大战之后，当务之急是通过战胜国与战败国缔结和约的办法安排战后世界。同时，大战对战前世界格局产生了一系列变化和冲击，并在不同程度上影响了主要战胜国的政治家们，这都迫使他们对战后世界的安排达成一些共识。

第一，英、法、美等主要战胜国一致指责战败国是发动这场战争的罪魁祸首，并以此要求战败国对协约国在战争中遭受的全部损失进行赔偿。这样，战胜国就可以名正言顺地掠夺战败国。第二，战胜国都认为苏俄问题是它们在处理战后国际问题时无法摆脱的一个重要因素，都把苏俄当作对资本主义制度的致命威胁。因此，为使战败国尤其是德国成为日后反苏反共的堡垒和屏障，它们都主张在严惩战败国的同时手下留情。第三，主要战胜国虽不情愿但都不得不顺应时代发展的潮流，就处理战败国的领土问题有限地承认民族自决权，在不违背本国根本利益的前提下，重建和建立一批民族国家。尽管这样做要么是出于抵消苏俄"和平法令"中有关民族自决权思想的影响，要么是出于对战败国的惩罚，甚或是为了兑现在战争期间对盟国所作的秘密许诺。第四，主要战胜国都同意并要求建立一个超国家的常设国际组织，以保护他们的既得利益。同时，通过具有相当约束力的国际法准则，维护主要根据战胜国的意志而构建的战后国际新秩序。

这些共识是战胜国对战败国缔结和约的基础。在第一次世界大战后新的世界形势下，战胜国列强先后召开巴黎和会与华盛顿会议，在先期达成的共识的基础上，经过一系列的斗争和妥协，通过一系列条约和第一个国际性组织——国际联盟的建立，在全球范围内建立了帝国主义重新分割世界、维护战胜国利益和维系战后国际和平的新的国际秩序，即凡尔赛-华盛顿体系。

然而，各主要战胜国都有不同的掠夺要求和争夺计划，它们更多地考虑和追求战后安排中本国一己利益的尽可能最大化或如何严厉地惩罚、削弱战败国，较少或根本没有从长远的角度考虑如何维护战后世界的共同和平与安全。各主要战胜国所谓的"和平"计划，实质上是一己的利益争夺或掠夺战败国的计划，至多不过是其本国的安全计划。正是各主要战胜国所谓的"和平"计划的不同，决定了凡尔赛-华盛顿体系在解决了一些问题的同时，也为日后留下了严重的和平隐患。

二、凡尔赛-华盛顿体系存在的严重和平隐患

在凡尔赛-华盛顿体系下，战胜国的要求得到了不同程度的满足。这主要表现在以下几个方面：其一，凡尔赛条约规定德国及其盟国应当承担战争责任，因此要向战胜国赔款，这就使战胜国向战败国索取的巨额赔款合法化。其二，对德国领土和殖民地进行重新安排或瓜分，对其军事力量进行严格监控，将德国在中国山东利权移交给日本等，因此满足了法国、英国和日本的一些要求。其三，对波兰的复国，对捷克斯洛伐克和南斯拉夫国家独立的承认等，部分地尊重了民族自决权。

但凡尔赛-华盛顿体系同时存在严重的和平隐患，这主要体现在战争罪责问题、战争赔款问题、欧洲安全问题、国际联盟问题、对苏俄的态度问题等方面。

第一，关于战争罪责问题。历史表明，第一次世界大战是协约国和同盟国两大帝国主义集团共同发动的，战争责任理应由双方共同承担。但凡尔赛条约认定德国及其各盟国负有发动战争的罪责，这给战胜国掠夺战败国提供了依据，因此造成了严重的后果。

一方面，依据这一条款，战胜国对战败国的惩罚极为苛刻。这必然导致战败国与战胜国之间矛盾的升级和恶化。德国虽然被迫在条约上签字，但对凡尔赛条约充满仇恨，并且从未承认过自己的失败。在和约签字当天，德国各右翼报纸在第一版都加上了表示哀悼的黑框。① 随着实力的恢

---

① ［美］科佩尔·S·平森著，范德一译：《德国近现代史——它的历史和文化》（下册），商务印书馆1987年版，第532页。

复与增长，德国必然会从要求修改条约发展到不履行条约，直至撕毁条约。①

尚在巴黎和会期间，和约的缔造者之一、英国首相劳合·乔治就敏锐地预感到了这种危险。他说："你们可以掠夺德国的殖民地，把其军队裁减到仅能建立一支警察部队的数量，把其海军降到五等国家的地位。但如果德国认为1919年的和约不公平，这一切最终将毫无任何意义，它将会找到对战胜国进行报仇雪恨的方式。"②法国元帅福煦也直言不讳地断定："这不是和平，这是20年的休战。"和会刚一结束，德国复仇主义者就叫响了"打倒凡尔赛条约"的口号。战后民族主义和复仇主义在德国的迅速蔓延，直接助推了30年代纳粹党的上台。

另一方面，魏玛共和国成立后，做的第一件大事就是被迫屈辱地接受凡尔赛条约。因此，德国的左派和右派都对魏玛共和国十分反感。左派认为它是镇压十一月革命的结果。战胜国无意加速德国的民主化进程，只要求其承担战争罪责，这使本来就脆弱的共和国更加失去人心。右派则认为它是在对帝国的革命中诞生的，特别是与耻辱的凡尔赛和约联系在一起的。德国人强烈怀念曾经的帝国，期望有一个强权人物来重振国威、洗雪耻辱，这进一步为纳粹党和希特勒日后上台提供了有利条件。

第二，关于战争赔款问题。赔款问题是凡尔赛体系中没能妥善解决的最复杂的国际问题之一。主要由于各战胜国的意见极不一致，巴黎和会没能决定赔款总数。后来，在法国的坚决支持下，赔款委员会规定德国应付1320亿金马克的赔款，分42年还清。

基于一个经济学家的敏锐眼光，著名的经济学家凯恩斯当时就指出，这种要求德国支付赔款的方法是"年复一年地永远地把它（指德国）的皮剥光。无论这种手术做得如何熟练和小心，在手术中多么注意不要杀死病

---

① 徐蓝：《凡尔赛-华盛顿体系与两次世界大战之间的国际关系》，《历史教学问题》2000年第3期，第6页。

② Lloyed George, *Truth of Peace*, Vol. 1, London: Odham's Press, 1938, pp. 404-416.

人，它却代表了一种政策，这种政策如果真被采纳并蓄意实行，人们的判断就会宣告，它是一个残忍的胜利者在文明史上所干出的最凶残的行为之一。"①这些赔款远远超过了德国当时的支付能力。即便是前两年零4个月应支付的200亿金马克，对德国而言也是一个天文数字。

德国虽然被迫接受赔款，但根本无意赔付。德国巧妙利用战胜国之间的矛盾，竭力消极对待赔款。这样不仅法国与德国的矛盾日益激化，法国与英、美之间的不和也逐渐严重。1923年，由于赔款问题而导致的鲁尔占领发生。这引发了战后一场严重的政治军事危机，将欧洲推向了战争的边缘。

就美国而言，它没有批准凡尔赛条约，也没有加入国际联盟，自然对欧洲不承担任何政治义务。但是，美国没有放弃凭借经济手段参与国际政治和国际经济事务的野心，鲁尔危机给美国提供了机会。美国就赔款问题提出了道威斯计划。该计划不规定德国赔款的总数，只规定了5年的赔款数额。德国的赔款负担因此大大减轻，从而有利于德国的经济发展。道威斯计划实质上是通过向德国提供大量贷款的方式，改削弱德国的政策为复兴德国的方针。这样，德国于1929年重新崛起为欧洲首屈一指的经济大国。经济大国地位为政治上德国重新进入西方大国行列并逐步摆脱凡尔赛条约的制约奠定了基础。

最终，法国因鲁尔占领的失败和道威斯计划的实施，受到了沉重打击。法国不光失去了在赔款问题上的领导权，同时也不能再任意制裁德国。法国以彻底削弱德国来保证国家安全的计划落空。

第三，关于欧洲安全问题。凡尔赛体系对德国领土的处理，没有也不可能完全解决欧洲的安全问题。巴黎和会上，法国要求肢解德国，但被英、美否决。最终结果是，凡尔赛条约规定协约国占领莱茵兰15年和莱茵河东岸50公里为非军事区。但法国认为这些措施不足以保证自己的安全，

---

① 齐世荣主编：《世界通史资料选辑·现代部分》第一分册，商务印书馆1998年版，第40页。

因此要求英美两国通过条约的形式对法、德的边界现状做出担保。巴黎会议期间，这得到了英美互为条件的保证。但最终，法国的这一愿望落空。因为美国参院拒绝批准凡尔赛条约，没有批准美国对法国先前做出的保证。这样，英国的保证也因此落空。

法国受到如此打击后，积极构建了自己的同盟体系①。同时，通过各种方法谋求集体安全，但都未能如愿。之后，鲁尔占领的失败和道威斯计划的实行，使法国的孤立和不安全感进一步增强。根据凡尔赛条约的规定，1925 年 1 月协约国军队得从莱茵兰第一占领区撤出。法国的安全问题由此显得更为急迫。这样，对凡尔赛条约规定的法德边界，法国要求予以再保证。否则，法国将拒绝按时撤兵，理由是德国没有履行凡尔赛条约的条款。

按凡尔赛条约的规定，德国领土莱茵兰被协约国占领 15 年。德国认为，这等于国家的后门被敞开，并且随时可能受到协约国制裁。因此，德国感到很不安全。同时，更令德国无法容忍的是，其东部边界被波兰走廊一分为二。随着道威斯计划的实施，国际形势一度对德国有利。德国因此要求召开国际会议解决莱茵兰问题。

一战结束后，英国在欧洲实施均势政策。它既不希望法国过于强大，也不想德国崛起并复仇。英国担心莱茵兰现状被破坏会导致法德冲突再起。因此，它认为最好的解决办法是支持法德和解，并在英国干预下订立安全保证条约。这样，法国因安全担忧解除就能从莱茵兰按时撤兵，德国也能被拉入西方集团。对美国而言，欧洲局势稳定有利于其投资。因此，美国支持英国的立场。因此，洛迦诺会议得以召开，以解决欧洲安全问题。

洛迦诺会议通过了《洛迦诺公约》。公约规定阿尔萨斯-洛林永远归属法国，并承诺保证维持莱茵兰现状。同时，公约也规定德国不能攻击、侵

---

①　20 年代初，法国与比利时、波兰结成同盟，并加强了同"小协约国"罗马尼亚、捷克斯洛伐克和南斯拉夫的联系。

犯法国。因此，公约暂时解决了法国急切要求解决的安全问题。另一方面，德国由此重新获得大国地位，加入国际联盟并担当常任理事国。法德关系暂时改善。

作为对凡尔赛体系做出的又一次较大调整，《洛迦诺公约》使欧洲国际关系进入相对稳定的时期。但是，《洛迦诺公约》同时存在一些无法回避的问题，其中两点最为关键。其一，《洛迦诺公约》对法德边界所做的保证是双向的。也就是说，一方面，德国不能肆意入侵法国；另一方面，在未经英、意等国确定法国被侵略的情况下，法国也不能制裁德国。因此，即便德国违约，倘若不经英国和意大利的确认，法国就不能单独制裁德国。其二，公约中，德国坚决拒绝对其东部边界做出保证。德国只与波兰和捷克斯洛伐克签订仲裁条约，并且其中没有规定保证它们之间边界的任何办法。这就为日后德国借口修改东部边界而向东侵略敞开了方便之门。事实是，德国最终发动第二次世界大战，正是从入侵波兰开始。

第四，关于国际联盟问题。作为第一个的世界性的国际组织，国际联盟是巴黎和会的产物。1920 年 1 月 10 日，随着《凡尔赛和约》的正式生效，国际联盟也宣告正式成立。《国际联盟盟约》是国际联盟的根本法。国际联盟盟约序言称，国际联盟成立的目的是"促进国际合作，保证国际的和平与安全"。国际联盟的宗旨是："缔约各国，为增进国际间合作并保持其和平与安全起见，特允承受不从事战争之义务，维持各国间公开、公正、荣誉之邦交。"[1]事实上，从一开始，国际联盟就存在先天致命的缺陷。

《国际联盟盟约》第 8 条明确规定，"为维护和平起见，必须裁减本国军备"，国际联盟要求会员国"必须将本国军备减至最少之限度，以足以保卫国家之安全及共同实行国际义务为限"；同时，要求会员国就其国内关于军备规模、陆海空军计划和战争相关工业情形，"互换最诚实及完备的通知之义务"。[2] 据此，国际联盟行政院按照盟约拟定了裁军计划。但是，

① 《国际条约集》(1917—1923)，世界知识出版社 1961 年版，第 226 页。
② 《国际条约集》(1917—1923)，世界知识出版社 1961 年版，第 269 页。

裁军计划并没有法律效力，有关国家政府有权不予理会。

按照国际联盟宗旨，国际联盟的核心任务是解决国际争端、维持世界和平与安全。为此，《国际联盟盟约》第 10 条清楚规定，"联盟会员国尊重并保持所有联盟各会员国之领土完整及现有之政治独立，以防御外来侵犯。如遇此种侵犯或有此种侵犯之任何威胁或危险之虞时，行政院应筹备履行此项义务之方法"①。盟约规定了按照仲裁、司法程序等和平方式解决争端的原则；对于违反盟约、擅自挑起战端的国家，规定要施加经济、政治和军事制裁。但是，盟约并没有界定侵略的定义和规定制裁的办法。同时，关于制裁行动，还需要成员国全体一致通过才能生效和实施。制裁侵略因此便成为一句空话。

同时，国际联盟建立在列强对立与冲突的基础之上。起初，美国本是倡议成立国际联盟的国家。但因国内外各方面原因，国际联盟成立后美国最终没有加入。因此，国际联盟从成立之日起就沦为为英、法操纵的外交工具，成为大国博弈的工具和舞台。

可以说，国际联盟先天不足，后天乏力。国际联盟缺乏普遍性和权威性，因此很难有所作为。国际联盟形成决议坚持全体一致原则，各会员国普遍拥有否决权，就不可能就有关问题采取有效行动。结果是，国际联盟既无权力、又无手段强制实施决议，其决议对会员国必然缺乏约束力。因此，国际联盟既无力制止军备竞赛，又无法制裁侵略。随着时局的发展，各国的军备竞赛更加激烈。日、德由此走上战争之路，第二次世界大战最终爆发。

第五，关于对苏俄(苏联)的态度问题。反苏反共是凡尔赛-华盛顿体系鲜明的特征。第一次世界大战刚刚结束，战胜国就组织了以消灭苏俄为目的的对苏俄的武装干涉，最终但失败。接着，战胜国又把孤立苏俄(苏联)当作主要目标和手段。在之后的 20 年内，这种阻止共产主义扩大影响的政策，始终没有改变。这种政策和做法的直接后果是客观上促成了苏、

---

① 《国际条约集》(1917—1923)，世界知识出版社 1961 年版，第 270 页。

德的接近。1922年，苏联和德国签订《拉巴洛条约》。苏德外交关系确立，开始了两国关系史上的"拉巴洛时代"。

客观地讲，苏联是30年代欧洲集体安全制的积极倡导者，也为之付出了不小的努力。但当法西斯侵略扩张之势日渐猖獗时，英、法对苏联仍然实行敌视政策。这不仅使世界反法西斯统一战线未能及时建立，也直接导致并促成了苏德两国的再次接近。最终，在30年代末欧战全面爆发前最为紧张的时刻，苏联做出了与德国签订互不侵犯条约的选择。这样，在苏联、英法、德国的三边关系中，"苏联在两边的重要性都明显增强了"。①

就此，丘吉尔说得很明白，对英国而言，英、法两国对波兰的保证，"除了纳入英国和俄国达成一个全面的协议体系之内，否则无一具有军事上的价值。"②对德国而言，最恶劣的是未来战争中同时在两个战线作战。很明显，苏联已经在欧洲外交舞台处于举足轻重的中心地位，无论是英国、法国，还是德国，"没有同苏联取得谅解，都不可能感到安全"③。德国法西斯已然成为世界人民的公敌，但英、法却仍坚持顽固的反苏反共立场。其后果是一步步将苏联推向德国，德国因此可以放心大胆地将军队开往西线。

三、凡尔赛-华盛顿体系维和机能的脆弱性与二战的爆发

如上所述，凡尔赛-华盛顿体系在战争罪责问题、战争赔款问题、欧洲安全问题、国际联盟问题、对苏俄(苏联)的态度问题等方面存在严重的和平隐患。同时，凡尔赛-华盛顿体系是战胜国强加给战败国和弱小国家的国际秩序，其自身存在重大的先天不足。而凡尔赛-华盛顿体系存在的和平隐患又直接导致或加重了这种先天不足。

---

① J. C. Auschwitz Pressac, *Nazism*: *A History in Documents and Eye Witness Accounts*, Vol. 2, New York: Beate Klarsfeld Foundation, 1989, p. 738.

② [英]温斯顿·丘吉尔：《第二次世界大战回忆录》第1卷(上部)·第2分册，商务印书馆1974年版，第536页。

③ [美]C. E. 布莱克、E. C. 赫尔姆赖克著，王曾才等译：《二十世纪欧洲史》(下)，人民出版社1984年版，第72页。

首先，凡尔赛-华盛顿体系缺乏维系体系秩序稳定所需的均衡的实力基础。两次世界大战期间国际力量对比格局中，最具实力或潜在实力的国家主要有美、苏、德、英、日、法、意等国。但是，其中较为坚定地维护一战后国际秩序的国家却只有已经沦为二流强国的英国和法国。美国自动退出凡尔赛体系，回到美洲"孤立主义"的堡垒中，这是一个对新秩序最沉重的打击。① 凡尔赛-华盛顿体系将苏俄（苏联）排斥于欧洲乃至世界政治之外，毫无疑问这是该体系严重的不足。苏俄疆土广袤，人口众多，经济军事潜力巨大，共产主义意识形态影响力不可忽视。

虽然是战败国，但德国大国的潜力尚在，仍然是领土、人口、经济和军事潜力等方面的欧洲强国。因为在这一秩序中受到诸多压制和掠夺，一旦有机会，德国毫无疑问地必然要打破这种秩序。出于对凡尔赛-华盛顿体系的耿耿于怀，日本和意大利在等待时机破坏这种秩序。因为它们觉得，这种安排使它们没有得到想要的东西。结果便是，欧洲的二流大国英国和法国掌握着国际联盟的命运，主宰着欧洲的和平。不断衰落的英国和深陷"孤立主义"的美国，在尚未成为世界政治经济中心区域的远东维系着危局。因此，由于没有包括应有的当时主要大国在内，随着时间的推移，凡尔赛-华盛顿体系因秩序内外无法解决的各种大国矛盾而逐步走向解体。

其次，凡尔赛-华盛顿体系下的国际秩序严重激发了世界范围内的民族主义。尽管凡尔赛-华盛顿体系不可能实现国际政治民主化，但凡尔赛体系构建之时，宣扬民族自决原则。自19世纪末期开始，民族主义就鼓吹"一个民族，一个国家"。这就进一步激发了民族主义，导致一战后欧洲产生了一些新的国家。其后，"一个民族，一个国家"意识进一步得到强化。

这在战后国际关系中产生了两个方面的主要影响。一是明显推动了第三世界国家与地区开展民族解放运动。一战后，埃及、印度、中国等国家先后爆发民主民族革命。二是给各种极端民族主义者以对外侵略扩张的新

---

① A. J. P. Taylor, *The Origins of the Second World War*, London：Hamish Hamilton，1961，p. 26.

借口，比如德国。两方面影响的区别在于，一方面属于反对欧洲列强殖民主义的范畴，具有进步性；另一方面则图谋建立新的种族殖民主义，在实践层面上这就意味着战争。但毫无疑问，两方面的影响都破坏了一战后的国际秩序，造就了冲击这一秩序的两种不同的力量。

第三，自由主义国际经济秩序大倒退，加剧了凡尔赛-华盛顿体系维和机能的脆弱性。自由主义国际经济秩序是凡尔赛-华盛顿体系的经济基础。在战后欧美各国，富有银行家联合工业垄断资本家同有组织的工人与中产阶级下层进行斗争，这是普遍存在的突出社会问题。甚至在不少欧洲国家内部，一些社会主义力量都得到了一定程度的发展。

欧美国家保守的统治阶级害怕苏俄革命的影响，普遍担心发生社会革命。左翼政府采取社会福利政策缓解社会矛盾，但往往受到倒退中的自由主义国际经济秩序的制约。因此，左翼政府通常执政时间不长，导致政局动荡。这又刺激了右翼政治势力的迅速膨胀。一战后，经济民族主义盛行，极端政治民族主义膨胀，维持国际政治秩序稳定的难度剧增。凡尔赛-华盛顿体系无力调解或解决出现的问题和矛盾。因此，这一体系下的国际秩序从相对稳定走向混乱，从有序走向无序，从和平走向危机甚至战争。

凡尔赛-华盛顿体系存在的和平隐患和种种先天不足，直接导致了该体系维护和平机能的脆弱性。维和机能的脆弱性是凡尔赛-华盛顿体系最大的特点和弊端。同时，凡尔赛-华盛顿体系存在的和平隐患和先天不足，直接导致了战胜国和战败国之间或明或暗的严重龃龉，导致了这一体系下的矛盾重重和危机四伏，导致了危机时刻体系的软弱无力和无所作为。这些都为战败国挑战现存国际秩序和发起战端或制造了口实，或提供了可资利用的条件，或加剧了其嚣张气焰，从而使国际秩序逐渐由有序走向无序，从缓和走向紧张，从和平走向危机甚至战争。

因此，凡尔赛-华盛顿体系维和机能的脆弱性，造就了该体系下反现存秩序的力量，并客观上为其成长、壮大和最终打破现存秩序提供了条件。这就使凡尔赛-华盛顿体系不能稳固和持久，不能维持较长时期的和平，并最终导致第二次世界大战的爆发。凡尔赛-华盛顿体系维和机能的脆弱性是第二次世界大战爆发的一个重要根源。

综上所述，第一次世界大战后战胜国在全球范围内建立了帝国主义重新分割世界、维护战胜国利益的国际新秩序，即凡尔赛-华盛顿体系。然而，各主要战胜国抱有不同的掠夺要求和争夺计划。它们所谓的"和平"计划，实质上是一己的利益争夺或掠夺战败国的计划，至多不过是其本国的安全计划。它们更多地考虑和谋求战后安排中本国一己利益的尽可能最大化或如何严厉惩罚、削弱战败国，较少或根本没有从长远的角度考虑如何维护战后世界的共同和平与安全。

这就决定了凡尔赛-华盛顿体系在解决了一些问题的同时，也产生了一些新的问题或为新问题的产生创造了条件，存在严重的和平隐患。凡尔赛-华盛顿体系存在的和平隐患，直接导致或加重了凡尔赛-华盛顿体系的先天不足。凡尔赛-华盛顿体系存在的和平隐患和先天不足，共同导致了该体系维和机能的脆弱性，由此造就和助长了反现存秩序的力量，并最终导致第二次世界大战的爆发。凡尔赛-华盛顿体系维和机能的脆弱性是第二次世界大战爆发的重要根源之一。

第三节　二战期间反法西斯盟国关于战后和平的思考

第一次世界大战结束后仅20年，规模和惨烈程度更甚的第二次世界大战随即全面爆发。基于战争的巨大破坏性和世界各国人民对和平的深切渴望，战时反法西斯盟国很早就开始了对战后和平的思考和规划。战时盟国对战后和平的思考主要体现在建立战后国际和平组织、构建战后世界经济秩序、处理战后殖民地问题和战败国德国的处置等问题上。战时以美、苏、英三大国主导的反法西斯盟国关于战后和平的思考，在某种程度上决定了战后国际秩序的框架，对战后世界和平产生了重大和深远的影响。

一、关于建立战后国际和平组织

第一次世界大战结束后，世界第一个以维护国际和平与安全为宗旨的普遍性国际组织——国际联盟建立了。然而，由于先天的局限性，国际联盟既不能制止军备竞赛，又不能制裁侵略，第二次世界大战最终爆发。一再的战争浩劫向世界提出了一个严峻的问题，如何才能免使"后代再遭今代人类两度身历惨不堪言之战祸"？建立一个新的国际和平组织以维护国际和平与安全的设想，因二战的爆发再次被提上正式日程。

同时，国际联盟在维护一战后世界和平方面是失败了，然而它毕竟进行了建立全球性的国际集体安全机制的第一次探索。这一探索和失败的教训都为人类再次建立新的国际和平组织留下了丰厚的历史遗产。从某种角度讲，正是由于国际联盟的失败，才造就了新的国际和平组织——联合国的成功。

1941年8月9日，美国总统罗斯福和英国首相丘吉尔在大西洋纽芬兰阿金夏湾会晤。14日，美英两国发表了关于战争目的的联合声明，即《大西洋宪章》。《大西洋宪章》确立的主要原则包括：不追求领土和其他方面的扩张；反对未经有关民族自由意志所同意的领土变更；尊重各民族自由选择其政府形式的权利；恢复被剥夺权利的国家；努力促使一切国家获得世界贸易和原料上的平等待遇；促成一切国家在经济方面最全面的合作；在彻底摧毁纳粹暴政后确立和平，以使各国人民都能在其疆土之内安居乐业，使全体人类自由生活，无所恐惧，不虞匮乏；一切人类可以横渡公海大洋，不受阻碍；放弃使用武力，在永久的普遍安全制度建立之前解除侵略国的武装，以减轻爱好和平人民对于军备的沉重负担等。①

《大西洋宪章》宣称，纳粹暴政被摧毁后，希望世界终将能建立一个"广泛而永久的普遍安全制度"。这是美英关于建立战后国际和平组织的最初设想，其所确立的原则成为日后联合国宪章的基础。在1941年9月举行的战时盟国伦敦会议上，苏联表示同意《大西洋宪章》的原则。同年年底的《苏波友好互助联合宣言》提出：战争胜利后，"只有通过一个新的国际关系组织，将各民主国家联合在一个持久同盟的基础上，才能保证持久和正

——————————

① 《国际条约集》(1934—1944)，世界知识出版社1961年版，第337-338页。

义的和平"。①

1941 年底和 1942 年初，罗斯福和丘吉尔在华盛顿的阿卡迪亚再次会晤。会上双方除确定了对德战略外，罗斯福提议由所有对轴心国作战的同盟国家签署一项共同宣言。1942 年 1 月 1 日，美、英、苏、中、加、澳、印等 26 个反法西斯国家的代表在华盛顿举行会议，共同签署了《联合国家宣言》。宣言签字国一致赞同以《大西洋宪章》的宗旨和原则作为盟国的共同纲领，约定决不单独停战或单独媾和。"联合国家"一词首次出现在正式文件中。

1943 年下半年，战争形势急剧变化。同盟国中的各主要大国在加强进一步合作的同时，开始着重考虑关于建立维护战后世界和平与安全的国际组织问题。美苏英三大国在是否建立战后国际和平组织问题上意见是一致的，但在具体建立什么样的国际组织上，意见却不尽相同，甚至相去甚远。

美国对建立新的国际组织的态度比较积极。罗斯福从美国的全球战略利益出发，对战后国际组织的设想是：第一，该组织应当是世界性的，以切实有效地维护和平，防止新的世界战争的发生。第二，美国应在其中起领导作用。第三，不能重蹈国际联盟的覆辙，大国要在战后维护世界和平与安全中起到国际警察的作用。同时，美国极力主张中国应该成为世界警察之一。

美国认为国际联盟之所以失败，是由于它没有包括世界主要大国，因而软弱无力。因此主张战后国际组织必须把一切大国包括在内，特别是需要苏联的合作。罗斯福一再强调其"四大警察"理论。1942 年 5 月与苏联外交部长莫洛托夫的会见中，罗斯福重申这一理论，他相信这对斯大林极具诱惑力。根据莫洛托夫的说法，美苏两国之间已经建立起共识，即必须加强国际关系以促进战后世界的和平与稳定。②

①　《国际条约集》(1934—1944)，世界知识出版社 1961 年版，第 337 页。
②　*The New York Times*，20 June，1942；Gabrief Kolko，*The United States of the War, the World and the United States Foreign Policy*，1943-1945，NewYork：NewYork Press，1974，p. 231.

　　美国强调要建立一个以美、苏、英、中等几个大国组成的国际安全机构为核心的单一的普遍性的国际组织，并认为只有这样的组织才能符合美国的利益。正如《权力的限度》作者所描述的，"美国认为重新建立类似联合国这样的国际组织，将为成就其大国地位打下坚实基础，并能相当迅速地帮助其实现目标。"①《大西洋宪章》发表后，美国加快了建立国际组织的步伐，成立了专门机构"战后对外政策咨询委员会"，具体构划美国式的国际组织蓝图。

　　英国对于战后筹建国际组织也有自己的设想。丘吉尔不相信任何国际性机构能够消除战争的根源。鉴于英国同美国的实力差距以及后者在欧洲影响的不断扩大，他认为在欧洲重建"力量平衡"才是现实的。他担心美国会像一战结束时那样，不愿卷入欧洲事务。如果出现这种情况，英国将单独面对强大的苏联，从而使欧洲的"力量平衡"受到威胁。另外，丘吉尔也感到在一个美、苏占优势的世界里，英国可能"夹在两块大磨石之间，被置于最不舒服的处境"。针对这些可能出现的情况，丘吉尔想竭力建立一个欧洲政府机构，把所有欧洲国家结为一个经济、政治和军事整体，以抗衡苏联和美国。

　　1943 年 3 月，丘吉尔发表广播演说，公开赞成战后建立一个世界机构，这个机构体现或代表联合国家，到将来某个时候体现或代表所有国家。这个机构下面应设立一个欧洲理事会和一个亚洲理事会。② 同年 5 月，丘吉尔访美，进一步阐明了他关于战后世界的设想。他主张建立一个世界性的组织，下设几个区域性的委员会。这次他提出了三个委员会：一个是关于太平洋地区，一个是关于美洲，还有一个是关于欧洲。他还建议，世界各国都把武装力量分成两部分，一部分照常服役，另一部分固定地由区

---

　　①　Gabriel Kolko & Joyce Kolko, *The Limits of Power*, New York：Harper and Row, 1972, p. 5.

　　②　《战后世界历史长编》第一编第一分册，上海人民出版社 1975 年版，第 463 页。

域委员会调遣，用以应对在他们各自负责地区内任何可能出现的侵略者。①

丘吉尔认为这样可以使英国在欧洲、太平洋区域理事会中起主导作用，并保证英国在世界最高理事会中取得三票，以对抗美国的两票（美国及美洲区域理事会代表）和苏联的一票，使英国至少取得与美国势均力敌的地位，并能利用英美联合阵线对抗苏联。但是美国反对地区主义，认为英国会利用地区性组织构建自己的势力范围，并高筑贸易壁垒来排挤美国。苏联也明确表示反对任何扩及中欧和东欧的欧洲联盟集团。因此，丘吉尔不得不放弃战后建立一个强有力的欧洲联盟的想法。在 1943 年 8 月举行的第一次魁北克会议上，英国接受了美国主张尽早建立一个世界性国际组织的草案。

苏联有关战后国际组织及集体安全的概念带有浓重的德国问题色彩。它所关注的焦点是立即打败德国并建立一种能够防止德国和其他国家再次入侵苏联的战后秩序。对斯大林和苏联而言，是否具备防止德国复仇并维持欧洲安全的能力是衡量拟议中的国际组织的首要标准。②

斯大林很早就说过，德国人是非常有能力和才干的民族，不难在十五或二十年内复兴，再一次成为世界的威胁。③ 此后，他多次重复类似的观点。在德黑兰，斯大林甚至主张战后国际组织最主要的目的就是防御德国。他强调：建立一个包括美国、英国、苏联以及其他欧洲国家的欧洲委员会负责处理欧洲大陆的安全问题，同时建立远东委员会负责处理远东的安全事务。这两个委员会隶属于一个世界范围的国际组织。这很像丘吉尔提出的建立区域性国际组织的建议。罗斯福反对这一提议，认为除非建立一个普遍性的国际组织，否则此方案将无法获得美国国会及民众的支持。

---

① Winston S. Churchill, *The Second World War*, London: Toronto: Cassell & Co., Ltd., 1950, Vol. 4, pp. 636-637.

② U. S. Department of States, *Foreign Relations of the United States*, 1943, *The Conference at Cairo and Tehran*, Washington D. C.: Government Printing Office, 1961, p. 532.

③ 《德黑兰 雅尔塔 波茨坦会议记录摘编》，上海人民出版社 1974 年版，第 29 页。

斯大林对此感到不解，但在会议结束时还是同意了罗斯福的主张，支持建立一个世界性的国际组织。①

斯大林起初也对中国是否有权充当世界警察表示怀疑，但在罗斯福的一再坚持下，最终表示同意。斯大林认为只有大国才具有维护和平的能力，任何国际组织要想成功地实现维护和平的目标必须使大国在该组织中处于支配地位。苏联十分强调未来的国际组织能从制度上切实保证自己的大国地位。因此，苏联认为新的国际组织的中央机关必须贯彻大国一致的原则，大国一致是"国际政治中保障持久和平的一个切实可行的方针"②。

为了消除在建立战后国际和平组织上的分歧，各大国进行了频繁的接触和沟通。1943 年 10 月 19 日，美、苏、英三国外长会议在莫斯科举行。30 日，美、英、苏、中四国签署了《关于普遍安全的宣言》，迈出了筹建新的国际组织的关键一步。宣言称，四国"承认有必要在尽速可行的日期，根据一切爱好和平国家主权平等的原则，建立一个普遍性的国际组织，所有这些国家无论大小，均得加入为会员国，以维护国际和平与安全"③。四国宣言表明，四大国第一次共同宣布一致赞同在战后建立一个普遍性的国际组织，并为其首次正式承担了义务。同时，宣言构划出了新的国际组织的轮廓，如该组织的宗旨、成员国的普遍性、平等性等原则，这些都为后来联合国宪章的制定确立了一些根本原则。

同年 11 月 28 日，美、苏、英三国首脑德黑兰会议举行。三大国再次就成立新的国际组织的总体设想和框架结构交换了意见，取得了相当的共识。苏联同意了中国的"世界警察"资格。三国一致同意加强合作，共建一个普遍性的战后国际组织，以维持战后世界和平与安全。12 月 1 日，三国首脑发表了《德黑兰宣言》，表示决心"无论在战时还是在战后和平时期，

---

①　U. S. Department of States, *Foreign Relations of the United States*, 1943, *The Conference at Cairo and Tehran*, Washington D. C. : Government Printing Office, 1961, p. 596.

②　[苏]瓦·米·别列日柯夫：《外交风云录》，世界知识出版社 1981 年版，第314 页。

③　《国际条约集》(1934—1944)，世界知识出版社 1961 年版，第 403 页。

都将共同协作"，并"力求所有大小国家的合作……全心全意抱着消除纳粹暴政和奴役、迫害和压制的真忧"。宣言重申了建立一个普遍性国际组织的决心，并呼吁其他国家加入到"一个全世界民主国家的大家庭里来"。①随后，几个主要大国便开始具体筹建联合国的工作。

二、关于战后世界经济秩序问题

将经济条件与战争爆发的原因相联系是一种具有重要意义的理论创新。它是联合国经济和社会理事会成立的指针，也是美国在战时和战后积极推动国际自由贸易和金融体制的理论依据。美国国务院和政府的官员们大多确信，要实现持久和平，就必须使世界贸易摆脱或基本摆脱关税壁垒、输入限额和限制货币使用等束缚。他们认为，和平既要有军事基础，又要有经济基础。美国副国务卿萨默尔·韦勒斯 1941 年就宣布，"除非全体人民普遍、充分、公平地享受经济发展的自然权利得到保障，否则任何和平都不会有效、持久。"②罗斯福在 1944 年 1 月向国会提交的国情咨文中说，"和平的另一个必要前提是，全体人民都要享有适当的生活水平。源于恐惧的自由与源于希望的自由永远是相互关联的。"③

首先，在建立国际贸易体系上，美国主张战后取消一切形式的贸易壁垒，实行无歧视贸易原则。美国认为机会不均等是国际冲突的主要根源。由帝国主义强国控制的封闭贸易区，否认了其他国家获取重要原料、市场和投资出路的天然权利，进而导致了武装冲突。1941 年 5 月，美国国务卿赫尔公开说："在国际商业关系中，无歧视要成为原则，所有国家都应当不受歧视公平地获取原料供应。"④为此，美国希望战后建立一个多边的世

---

① 《国际条约集》(1934—1944)，世界知识出版社 1961 年版，第 408 页。

② Ruth B. Russel, *A History of the United Nations Charter*, Washington, D. C.: The Brookings Institution, 1958, p. 33.

③ U. S. Department of State, *Postwar Foreign Policy Preparation*, 1939-1945, Washington D. C.: United States Government printing office, 1950, p. 203.

④ Gabrief Kolko, *The United States of the War*, *the World and the United States Foreign Policy*, 1943-1945, NewYork: NewYork Press, 1974, p. 248.

界经济结构，消除关税壁垒，取消贸易限制，发展无限制的国际贸易，不受歧视地获得原料，并消除对货币使用的束缚。美国无歧视贸易原则的矛头直接指向英帝国的特惠制。美国还期望依仗自身巨大的经济实力，在战后重建世界经济结构中起领导作用。

要实现上述设想，首先要取得英国的合作与谅解，因为英国及其英镑区同美国一起垄断了世界贸易的一半。在战争中英国同美国力量的差距日趋明显，对美国的依赖也逐步加深。这使它在一定程度上也倾向于接受美国的一些观点，以保持同美国的合作。但英国在对自己有重大切身利害关系的帝国特惠制问题上不愿同美国妥协。

1942 年，英国同英联邦国家签订了渥太华协议。该协议不仅增加了英联邦给予英国本土的特惠，而且开创了一种由英国给英联邦各国的一种有利的全面的特惠制度。美国对此大为不满，认为迫使英国放弃帝国特惠制并拆散英镑区是实现其世界经济秩序构想的关键。为此，美国频频向英国施加压力，目的就是要英国承担义务，在战后放弃帝国特惠制及任何针对美国的歧视行为。迫于对美国物资援助的依赖，1942 年 7 月，英国同意在租借协定的第七条中写上"消除在国际贸易中的各种歧视性待遇，并降低关税、消除其他贸易壁垒……"①在此后两年里，美国竭力想使英国遵守其承诺，而英国则尽可能地避免对其所作承诺作进一步详细的讨论。

1944 年夏秋之交，由于英国内阁反对降低关税、废除出口津贴和输出限额等计划，英美关于战后贸易政策的谈判陷于僵局。为迫使英国接受美国的意见并从经济上控制英国，1943 年 1 月，美国利用租借法案通过了严厉的附加条件和限制。单方面把英国的美元储备规定为不得少于 6 亿美元，也不得超过 10 亿美元。② 美国政府认为，如果战后英经济地位太弱，储备少于 6 亿美元，英国政府将被迫对国际贸易采取严格的限制并制订更强

---

① Cordell Hull, *Memoirs of Cordell Hull*, Vol. 2, New York：Macmillan, 1948, pp. 1303-1304.

② Gabrief Kolko, *The United States of the War, the World and the United States Foreign Policy*, 1943-1945, NewYork：NewYork Press, 1974, p. 283.

硬的出口计划，这势必要破坏美国计划的顺利实施。如果英国的经济地位太强大，储备超过 10 亿美元，英国战后将不再急需美国的贷款，从而不利于英国对美国战后世界经济设想的支持。

1945 年春，随着对德作战胜利的日益临近，美国认为应该就战后世界经济秩序的设想尽快同英国达成谅解。美国凭借其经济优势，以对英国继续实施租借法案和战后对英贷款作为筹码，逼迫英国放弃帝国特惠制和其他限制。事实是，"英国人首先不愿意对第七条作出承诺，然后他们也证明自己同样不愿意进行意图促成实施第七条的讨论。"①结果，英国不接受美国的经济目标，美国也不给英国贷款。这种状态一直持续到同年 8 月杜鲁门宣布停止对英国实施租借法案为止。

其次，在建立国际金融组织方面，争夺金融霸权是美国经济扩张的核心。1941 年美国财政部长怀特就奉命草拟有关国际货币问题的计划，并在 1943 年 4 月 7 日公布了"怀特计划"，即"联合国家稳定基金与联合国家复兴银行计划草案"。该计划基于美国当时拥有大量黄金储备的事实，强调黄金的作用；主张取消外汇管制和各国对国际资金转移的限制，以便美国对外扩张贸易和输出资本。该计划还主张设立一个国际货币稳定基金机构，由各国交纳资金来建立这种基金。各国在机构的发言权和投票权取决于交纳基金份额的多少。②

这样，美国就能依仗其经济实力强大、外汇储备多的优势，自然成为拥有基金最大份额的国家。怀特计划还规定"基金"办事处设在拥有基金最大份额的国家，这显然是要以美国取代英国作为国际金融中心。但是，英镑区及其帝国特惠制仍然存在，英镑仍是资本主义世界主要储备货币之一，资本主义世界贸易量的 40% 左右仍用英镑结算。③

① Gabrief Kolko, *The United States of the War, the World and the United States Foreign Policy*, 1943-1945, NewYork：NewYork Press, 1974, p. 489.

② Gabrief Kolko, *The United States of the War, the World and the United States Foreign Policy*, 1943-1945, NewYork：NewYork Press, 1974, pp. 490-501.

③ Robert. M. Hathaway, *Ambiguous Partnership*, *Britain and America 1944-1947*, Newyork：Columbia University Press, 1981, pp. 57-59.

因此，美国要建立以美元为支柱的资本主义国家货币体系，首先必须削弱或摧毁英镑区，设法把英镑排挤在"世界货币"之外。而英国在制订战后对外经济政策时，最为忧虑的是国际收支的严重逆差。要改变这种状况，必须尽力增加出口。为此，英国一方面竭力保住帝国特惠制和英镑区体制以抑制美国势力的渗透和扩张，另一方面力争在战后国际经济安排中达成有利于英国的协议，并从美国获得大量信贷以恢复战前的经济地位，从而与美国分享资本主义世界的领导权。

1940 年 7 月，英国经济学家凯恩斯奉命草拟关于国际货币问题的计划。1943 年 4 月 7 日，在美国公布"怀特计划"的同一天，英国政府为了同美国争夺战后国际金融霸权，也把"凯恩斯计划"（即"国际清算联盟建议书"）用官方白皮书形式正式发表。该国际清算联盟具有世界中央银行的性质，它以清算为基础，采取透支的方式提供信贷。"联盟"发行一种名为"班柯"的国际信用货币作为清算单位，通过"班柯"存款账户的转账，清理各国间的债务。各国在清算联盟中所承担的份额以二战前三年平均贸易额为基础，不需支付现金。① 很明显，这个方案是英国从其缺乏资金的债务国地位出发，利用清算联盟这个机构来争取在国际金融领域中与美国分庭抗礼。

经过长时间讨价还价后，美国还是凭借强大的经济实力迫使英国让步，最后双方达成协议。英国基本上同意了"怀特计划"。1944 年 4 月英、美草拟了"专家关于建立国际货币基金的联合声明"。1944 年 7 月，布雷顿森林会议最后通过了《联合国货币金融会议的最后决议书》，以及《国际货币基金协定》和《国际复兴开发银行协定》两个附件，总称"布雷顿森林协定"。这样，美国通过这两个机构实际上建立了以美元为支柱的资本主义国际货币制度，为战后对外经济扩张提供了便利条件。

但英国对该协定表示不满，国会迟迟不愿批准这个协定。1945 年 8 月

---

① Robert. M. Hathaway, *Ambiguous Partnership*, *Britain and America* 1944-1947, Newyork：Columbia University Press，1981，pp. 61-62.

21 日，美国突然停止对英国实施租借法案。在得不到美国租借援助的情况下，英国财政急剧恶化。两国最终于同年 12 月 6 日签订了"英美财政协定"。按照协定，美国将向英国提供 37.5 亿美元的财政援助，英国则要在协定实施一年内取消英镑区外汇管制、帝国特惠制，降低关税等。① 12 月 8 日，英国议会批准了"财政协定"和"布雷顿森林协定"。布雷顿森林会议，还打算成立一个国际贸易组织，但未能如愿。1947 年 10 月，美、英等 23 国在日内瓦签署《关税及贸易总协定》，作为在新的国际贸易组织建立之前的一种临时性安排。三大国际经济组织的建立，标志着战后国际经济秩序的形成。

苏联参加了 1944 年的布雷顿森林会议，但未在协定上签字。同时，苏联也未签署《关税与贸易总协定》。苏联这么做并非偶然。苏联已承诺遵守大西洋宪章，并签署了租借总协定，其中规定各国在战后应接受自由贸易政策。苏联在协定上签字以讨好美国人，但不准备使国家战后经济政策适合美国人的观点。

当自由贸易有利于美国时，却可能损害到英、苏两国的利益。要推行自由贸易制度，苏联国内经济就首先需要进行彻底的改革。苏联政府不准备认真考虑这个问题。这种现象在 1944 年变得非常明显。② 同时，战时苏联的注意力主要集中在军事目标和政治目标上。除了德国赔偿问题和战后重建问题外，苏联没有太多地考虑战后世界经济秩序问题，也不可能轻易接受美国提出的自由国际经济体制及附加的政治经济条件。

在布雷顿森林会议上，苏联也主要谋求政治目标的实现，如世界对其大国地位的承认，用最小的代价获得在国际货币基金组织和世界银行的最大影响力，并确保布雷顿森林体系不干涉其国内政策③。美国拒绝在没有

---

① Gabrief Kolko, *The United States of the War, the World and the United States Foreign Policy*, 1943-1945, NewYork: NewYork Press, 1974, p. 591.

② W. K. Hancock and M. M. Gowing, *British War Economy*, London: Her Majesty's Stationery Office, 1949, p. 545.

③ W. K. Hancock and M. M. Gowing, *British War Economy*, London: Her Majesty's Stationery Office, 1949, p. 547.

严格监管条件的情况下向苏联发放战后贷款。1945 年 5 月，美国突然中断租借法案援助。这些因素都使因东欧问题而恶化的美苏关系雪上加霜。从这个意义上讲，也许正如约翰·加迪斯所说，"苏联退出布雷顿森林会议系统是冷战的一个结果，而不是冷战爆发的原因。"①

三、关于处理战后殖民地问题

两次世界大战之间，关于殖民地问题国际化的观念具有很大的吸引力。1929 年开始的资本主义世界经济大危机造成的世界经济的持续萧条，各国封闭的关税壁垒和殖民体系下的特惠贸易制度，使世界贸易遭到沉重打击。正是由于对凡尔赛体系下失去殖民地的不满和反抗，以及为摆脱经济危机而寻求海外市场和原材料产地等原因，德、意、日等国走上了法西斯扩张道路，最终导致了二战的爆发。战争的爆发再次使殖民地问题引起广泛的争论，帝国主义殖民制度成为世界舆论抨击和唾弃的对象。

美国是战时唯一对战后世界殖民主义问题进行系统考虑的大国。非殖民化和建立新国家的过程一直是战后世界中引发战争和暴力的重要因素。罗斯福和他的同事们虽然不可能预测到非殖民化过程将怎样导致流血冲突，但他们至少预见到这是个应该引起高度重视的新问题。在美国人看来，殖民地问题的国际化势在必行。他们强调安全、福祉、民族(殖民地)自决等各种因素的相互联系。与其他盟国领袖不同，美国领导人很早就确信，殖民地人民的自治或独立要求将是战后世界秩序的一个重要问题。独立将带来繁荣，而繁荣可以保障和平，这个推理可以反过来倒推演绎。②

大战初期，不仅是总统罗斯福，美国许多其他官员也持这种看法，尤其是国务院外交政策顾问委员会的成员。如萨姆纳·韦尔斯等坚决支持通过国际化来改革殖民制度的做法，他们认为所有的欧洲殖民地都应该置于

---

① ［英］理查德·克罗卡特著，王振西主译：《50 年战争》，新华出版社 2003 年版，第 69 页。

② Thomas M. Campbell, *The Masquerade Peace*: *America's U. N. Policy*, *1944-1945*, Tallahassee, Florida: Florida State University Press, 1973, p. 5.

国际管理之下。1941 年 8 月罗斯福和丘吉尔签署的《大西洋宪章》，为塑造未来的世界秩序以及解决殖民地问题提出了一些原则，其中之一便是尊重民族自决权。这是在美国推动下促使殖民地问题国际化的重要宣言，它在殖民地各民族中间产生了极大的影响。所有那些处于欧洲主宰下的民族，纷纷援引宪章的内容提出了独立的要求。

1942 年中期，美国在关于世界殖民地的计划中，提出战后将以一种新的"国际托管"制度来代替殖民帝国的统治。罗斯福希望美国在解决殖民地问题的过程中担当起领导责任。他明确指出，欧洲殖民帝国应该被由一个独立的民族国家和国际托管区组成的体系所代替，应该被置于美国与大国同盟以及一个能够确保世界安全的组织的监督之下。① 罗斯福主张把弱小国家的附属地置于国际托管的保护之下，直至它们能够自立为止。他希望通过使殖民国家接受"国际托管"的原则来废除"委任统治"制度，改革殖民制度，同时为托管地区制定独立的时间表。罗斯福所描绘的"国际托管"计划，是在战后由美、英、苏、中四国组成"四个警察"国家，来维持世界的和平。1942 年 6 月，罗斯福关于太平洋地区的宏大计划还包括对日本委任统治的岛屿国际化，以及对太平洋地区其他殖民地，包括英国的殖民地进一步国际化。②

然而，美国的这些设想在实践过程中困难重重。面对殖民地问题国际化的趋势，那些拥有殖民地的国家做出了防御性的反应。英国首相丘吉尔以及英国殖民部坚决反对美国的计划。《大西洋宪章》发表不久，丘吉尔就竭力对其原则的适用范围做出限制性的解释，坚持认为宪章无论如何不能适用于大英帝国。荷兰流亡政府也迅速做出反应，负责殖民地事务的大臣范莫克(Van Mook)发表声明反对把殖民地问题国际化，尤其是在殖民地的

---

① David Ryan and Victor Pungong, *The United Nations and Decolonization*：*Power and Freedom*, New York：St, Martin's Press, 2000, p. 63.

② Christopher Thorne, *Allies of a Kind*：*The United States, Britain and the War Against Japan, 1941-1945*, London：Hamish Hamilton Ltd. , 1978, p. 216.

经济利益方面。法国方面也明确表示反对殖民地问题国际化。①

英国还提出托管计划同样适用于美国的附属地和保护国，但美国无论如何也不会把该计划推进到威胁其自身利益的程度。来自欧洲盟国的强烈反对和美国反殖民立场的局限性，阻碍了美国所推动的殖民地问题国际化运动的发展。美国决策者认识到，殖民地问题是一个复杂和棘手的问题。出于广泛的政治、军事及战略等因素的考虑，美国在世界殖民地问题上的政策日趋灵活和现实。

1945年5月，对于战后秩序安排具有重大意义的旧金山会议召开。在会议上，关于殖民地问题出现了两种意见：一种是苏联、大多数亚洲、拉美国家以及一些新独立的第三世界国家形成的反殖民联盟所持有的意见，即要求在《联合国宪章》中加入"独立"的目标；另一种是英法等殖民国家联盟主张代之以"自治"的目标。处在中间的美国代表，必须决定是支持反殖民国家还是支持欧洲盟友。他们出于对现实利益的考量，最终选择了站在欧洲盟友一边。② 这时，美国只是希望对殖民地进行相对有限的变革，并同意对托管制度最终使用的地区范畴进行明确的限制。

旧金山会议上通过的《联合国宪章》对世界殖民地问题做出了决定，其中宪章第11条和第12、13条分别提出了关于非自治地区（殖民地）和托管地区的政策，进一步确定了民族自决的原则。对于在雅尔塔会议上就已经划分为不同类别并达成一致的托管地区，已做好准备允许其自治或独立；"非自治地区"（殖民地）将只能获得自治。而太平洋上的"战略地区"则成为特殊的一类，被置于美国的主权之下、国际上其他任何力量的控制之外。③

---

① Henri Grimal, *Decolonization: The British, French, Dutch and Belgian Empires 1919-1963*, Colorado: Westview Press Inc., 1965, pp. 123-124.

② Christopher Thorne, *Allies of a Kind: The United States, Britain and the War Against Japan, 1941-1945*, London: Hamish Hamilton Ltd., 1978, p. 599.

③ Henri Grimal, *Decolonization: The British, French, Dutch and Belgian Empires 1919-1963*, Colorado: Westview Press Inc., 1965, p. 153.

二战期间，罗斯福政府曾经擎起一面反殖民主义的旗帜。他努力为殖民地的前途制定一系列的计划，其提出的"国际托管"制度等方案具有一定的积极意义。这进一步推动了殖民地问题的国际化，使殖民地的前途受到全世界的广泛关注。罗斯福政府在殖民地问题上的主张及变化，有着政治、经济及军事战略等现实利益因素的考量。而促使罗斯福政府支持解决殖民地问题的一个重要动因，就是美国对建立世界霸权和战后自由贸易利益的期望。①

从战时开始，美国的主要目标在于整合战后的世界经济体系，缔造一个对美国完全开放的全球市场。美国资本主义的发展，已经不能容忍那种在形式上以占有广大的海外附属地区、在结构上以关税特惠制度和贸易壁垒为主要特征的殖民秩序。客观上，美国关于战后世界殖民地问题的设想，同样有对战后世界和平与安全的较为长远的考虑。

二战期间，苏联也站在反殖民主义的立场上。苏联主张所有的殖民地实现完全的民族独立和自决。对于英美两国发表的《大西洋宪章》，在1941年9月伦敦盟国政府代表出席的一次全体会议上，苏联驻英大使伊凡·迈斯基代表本国宣布接受宪章的基本原则。同时，他申明"苏联保障所有民族的国家独立和领土完整的权力，以及所有民族为了促进经济和文化繁荣，按照自己认为合适和必要的方式建立社会秩序和选定政府形式的权力"。②

在1943年底的德黑兰会议上，斯大林和罗斯福对英、法两国殖民地问题进行了讨论。在谈到法国时，斯大林说："需要以较为自由的制度代替旧的殖民制度"。③ 虽然斯大林和苏联政府的反殖民主义带有大国主义和民族利己主义的色彩。但是，作为唯一的社会主义大国，苏联对反法西斯战

① A. N. Poter and A. J. Stockwell, *British Imperial Policy and Decolonization*, *1938-64*, Vol. 1, 1938-51, London: the Macmillan Press, 1987, p. 30.

② Leland M. Goodrich, ed., *Documents on American Foreign Relations*, *July 1941-June 1942*, Boston: World Peace Foundation, 1942, p. 215.

③ [苏]萨纳柯耶夫·崔布列夫斯基编：《德黑兰、雅尔塔、波茨坦会议文件集》，生活·读书·新知三联书店1978年版，第37页。

争的重大贡献及其在战争中崛起的军事实力和政治影响力，使其反殖民主义给殖民地、半殖民地国家和人民以极大的鼓舞。

丘吉尔是英帝国的坚决捍卫者，他的那句名言闻名遐迩："我担任国王陛下的首相决不是为了主持摧垮大英帝国。"①但是，面对殖民地、半殖民地独立呼声的日渐高涨、美苏反殖民主义的普遍要求和大战中自身实力的严重削弱，英国政府被迫调整了其殖民政策。英国以经济援助的方式加强与殖民地的纽带，同时对殖民地发出允许自治的信号，从经济和政治两方面确保帝国内部在战时的稳定。

丘吉尔政府通过的《1940年殖民地战争与发展法案》，其核心内容是将英国对殖民地的经济援助制度化，规定此后十年每年提供额度为500万英镑的经济援助。② 此后，英国议会又多次通过了类似法案。1942年12月，殖民部战后问题委员会主席海利勋爵在太平洋关系协会会议上宣布了英国的帝国政策，其目标是在殖民地培育和建立自治制度。

1943年，殖民部官员威廉斯拟就了一份有关非洲殖民地宪政改革的备忘录，提议西非的宪政改革应循序渐进地进行，最后走向自治。这份备忘录得到政府的重视，殖民部负责非洲事务的官员科恩制定了非洲自治计划。科恩的计划建议非洲自治分为四个阶段：(1)非直接选举的非洲议员在立法议会中占多数，受过西方教育的非洲人进入文官系统；(2)在英国总督治下，非洲议员出任殖民政府对内事务部级主管；(3)非洲议员担任除外交、国防、财政之外的所有部级主管；(4)由非洲部长组建英式政府，完成自治。③

限于战争的特殊情况，该自治计划未能实施。不过，这些设想为战后的非殖民化做了理论上的准备，并预先构划了模式。应当指出的是，丘吉

---

① Winston Churchill, *Winston Churchill: His Complete Speeches*, Vol. 6, London, 1974, p. 695.

② J. Flint, "Planned Decolonization and Its Failure in British Africa", *African Affairs*, 82(1983), pp. 389-411.

③ L. James, *The Rise and Fall of the British Empire*, New York: St. Martin's Press, 1994, p. 509.

尔政府只准备允许殖民地自治，而不是独立。而且，即使是实现自治也应当发生在几十年之后，同时有相当一部分殖民地也许永远达不到自治的标准。①

四、关于战败国德国处置问题

德国在短暂的 1/4 世纪里接连发动两次世界大战，主要原因之一是其有深厚的军国主义传统。一战结束后，战胜国对德国进行了无以复加的残酷处罚和掠夺，德国产生了普遍而强烈的复仇主义。同时，德国军国主义、纳粹主义赖以滋生的政治、经济、军事和社会等基础没全面、彻底清除。这就使纳粹党迅速上台并推行战争政策，最终导致第二次世界大战的爆发。

德国之所以发动第二次世界大战，相当程度上源于其军国主义和纳粹主义。因此，为了维护战后世界和平与安全，必须对德国进行妥当处置，坚决肃清其军国主义、纳粹主义和战争势力。为此，雅尔塔会议公报称：我们坚定不移的宗旨，就是要消灭德国的军国主义和纳粹主义，保证德国不能够再扰乱世界和平。我们决定，把德国一切武装力量解除武装，予以解散；把一再图谋复活德国军国主义的德国总参谋部永远解散；把德国所有军事装备拆迁或销毁；把所有可供军事生产之用的德国工业消除，或加以管制，使一切战争罪犯受到公正而迅速的惩办，并对德寇所造成的破坏索取实物赔偿；废除纳粹党、纳粹的法律、组织与制度，从德国人民的公共机关中，从文化生活与经济生活中消除一切纳粹主义和军国主义的影响；并在德国相应地采取对于世界未来的和平与安全确实必要的其他措施。②

苏联最早提出战后德国的处置问题。1941 年 12 月 16 日，会见来访的

---

① 转引自潘兴明：《丘吉尔的战时帝国政策与非殖民化》，《学海》2004 年第 2 期，第 123 页。

② 《德黑兰　雅尔塔　波茨坦会议记录摘编》，上海人民出版社 1974 年版，第 213-214 页。

艾登时，斯大林表达了对于处置德国问题的意见。他主张：应"恢复奥地利为一个独立国，使莱茵区从普鲁士分离而成为一个独立国或保护国，并在可能的范围内组成一个独立的巴伐利亚国"，"应将普鲁士移交给波兰，把苏台德区归还给捷克斯洛伐克"①。半个多月后，斯大林向艾登明确提出了分割德国的建议。艾登的反应让他失望。艾登称："关于分割德国的问题，英国政府在哪一方面都还没有决定，但原则上不反对。"②

　　1943 年，战争前景进一步明朗化。德国的处置问题再次成为美苏英三大国关注的焦点。1943 年 3 月艾登访问美国，英、美两国首次就战后德国处置的有关问题，正式交换了意见。3 月 14 日，艾登同罗斯福进行会谈。他就是否分割德国问题征求罗斯福的意见。罗斯福应答道，"希望我们不会使用在凡尔赛讨论过的办法，也是克雷孟梭所怂恿的办法，来粗暴地对德国进行分割"。但是，"应当鼓励德国内部由于要求独立运动而出现的那些不同意见和各种愿望，并且对于代表德国民意的那种分割要求实际上给以支持"。③

　　罗斯福的应答和艾登的想法可谓不谋而合。分裂德国是英美双方不约而同的意愿。与苏联有所区别的是，在分割方式上英美两国希望能够避免实施强行分割。但是，正如部分英美政府内部人士所指出的，所谓"自愿"分离运动相当程度上只是英美的一厢情愿罢了。因此，经过一段时间的反复斟酌后，英美两国很快都转向了与苏联相同的强制分割德国的立场，放弃了原有的避免强行分割的想法。

　　三方立场已经统一，接下来就是考虑如何具体分割。1943 年 11 月 28 日，德黑兰会议召开，一直持续到 12 月 1 日结束。美、英、苏三国首脑就德国处置问题进行了第一次共同磋商。会议最后一天，罗斯福详细阐述了

---

① ［英］温斯顿·丘吉尔：《第二次世界大战回忆录》第 3 卷，商务印书馆 1975 年版，第 948 页。

② ［英］安东尼·艾登：《艾登回忆录：清算》（中册），商务印书馆 1976 年版，第 506 页。

③ ［美］舍伍德著，福建师范大学外语系编译室译：《罗斯福与霍普金斯——"二战"时期白宫实录》（下册），商务印书馆 1980 年版，第 341-342 页。

一个把德国分割为五个国家和两个地区的方案①。就罗斯福的方案，丘吉尔又声明两点主张：其一，将"普鲁士从德国其余部分孤立出来"。其二，将"德国南部诸省——巴伐利亚、巴登、符腾堡、帕拉蒂纳特包括从萨尔到萨克森分割开"，使其"脱离普鲁士而并入一个多瑙河联邦"②。但斯大林坚决反对丘吉尔的主张。斯大林说："我不喜欢成立几个新的联邦国家的计划，既然决定分解德国，就不应该成立新的联邦。"斯大林表示罗斯福的建议"可以研究"。③

相对于1941年底斯大林提出的分割德国的建议，德黑兰会议上罗斯福分割德国的方案更为严厉。在丘吉尔看来，应当通过均势来重建和平，为此欧洲必须保有能够有效制衡苏联势力的力量。这点他与罗斯福不同，因此，一个尽量被"分成较大单位的"德国和一个庞大的多瑙河联邦，被寄予厚望足以承担起这个任务。

到了1944年，罗斯福放弃了原先的主张，转而接受其财政部长亨利·摩根索起草的对德处置方案。摩根索方案的核心内容是把德国一分为二，并把相互独立的这两部分变成"农田和牧场"。这一方案谋求依靠经济方面的极端手段，消除德国再次崛起破坏和平的可能。1944年9月，美英两国魁北克会议召开。罗斯福申明了摩根索方案，并征询丘吉尔的意见。在摩根索的一再劝说下，丘吉尔最后草签同意了这一方案。但是，被提交英国战时内阁审议时，摩根索方案还是遭到否决。经过审慎考虑，丘吉尔最终认定，摩根索试图使德国"经济田园化"的方案注定行不通。不仅如此，在美国国内摩根索方案也受到强烈的反对。罗斯福因此迅速撤回了对摩根索方案的支持。

---

① [苏]萨纳柯耶夫·崔布列夫斯基编：《德黑兰、雅尔塔、波茨坦会议文件集》，生活·读书·新知三联书店1978年版，第120页。
② [苏]萨纳柯耶夫·崔布列夫斯基编：《德黑兰、雅尔塔、波茨坦会议文件集》，生活·读书·新知三联书店1978年版，第120页。
③ [苏]萨纳柯耶夫·崔布列夫斯基编：《德黑兰、雅尔塔、波茨坦会议文件集》，生活·读书·新知三联书店1978年版，第120-122页。

1944 年 10 月，英苏两国莫斯科会议召开。丘吉尔在会上建议把德国划分为三个国家：普鲁士，由鲁尔邦、威斯特伐利亚邦和萨尔邦组成的国际共管区，以及包括南日耳曼诸省在内的奥地利-巴伐利亚国。① 这一建议中，除了国际共管区的部分外，其他内容可以说是对德黑兰方案的重复。对此，斯大林告诉丘吉尔："他希望看到维也纳成为南日耳曼联邦的首府，联邦包括奥地利、巴伐利亚、符腾堡和巴登。"②这与斯大林之前所持的观点相反，很是出人意料。

很明显，斯大林已经表现出在多瑙河联邦问题上做出些许让步的意愿。但是，之后苏联红军推进至东欧、中欧国家，战争使共产主义的声势和影响空前高涨。这样，丘吉尔分割德国的意愿由此进一步削弱。1945 年 1 月 4 日，丘吉尔致电艾登指出："战后德国的处理，现在要我们决定这些重大问题还为时太早。"③丘吉尔的这一决定，实际上抵消了 1944 年英苏两国莫斯科会谈的成果，也预示了之后雅尔塔会议讨论德国问题的结果。

三巨头雅尔塔会议上争论的焦点，不再是如何分割的问题，而是是否要分割的问题。会议的第二天，斯大林就率先提出了希望讨论关于分割德国的提案。但是，丘吉尔却试图回避这一问题。他声称"原则上同意分割德国"，但却以"划定德国各部分边界的方法本身过于复杂"为由④，建议将分割德国问题推迟到之后召开和会时再讨论。丘吉尔的建议遭到了罗斯福和斯大林一致的反对。因为罗斯福和斯大林的一致反对，丘吉尔被迫勉强妥协。会议最终做出两项决定：（1）三方原则上同意德国必须分割，并在关于德国无条件投降有关条款中加入"分割德国"的词句。（2）另设一个

---

①　[苏]瓦·米·别列日科夫：《我是斯大林的译员——外交史的篇章》，上海译文出版社 1991 年版，第 532 页。

②　[英]温斯顿·丘吉尔：《第二次世界大战回忆录》第 6 卷，商务印书馆 1974 年版，第 359 页。

③　[英]温斯顿·丘吉尔：《第二次世界大战回忆录》第 6 卷，商务印书馆 1974 年版，第 513 页。

④　[苏]萨纳柯耶夫·崔布列夫斯基编：《德黑兰、雅尔塔、波茨坦会议文件集》，生活·读书·新知三联书店 1978 年版，第 146-147 页。

分割问题委员会负责拟定如何分割的详细计划。

雅尔塔会议同时通过了对德国"分区占领"的协议。关于分割德国问题，除非美英苏三方一致赞同，否则分割计划必然落空。对此，斯大林很清醒。雅尔塔会议上丘吉尔的推诿扯皮，使斯大林对英国有关立场不再抱有希望。苏联因此决定就分割德国问题首先采取行动。

1945年3月26日，苏联时任欧洲咨询委员会代表古谢夫致信艾登。他称："苏联政府认为克里米亚会议关于分割德国的决定不是一项必行的分割德国的计划，而把它看成当其他方法不足以防止德国危害别国时对它施加压力的可能的前途。"①1945年5月9日，斯大林就德国投降发表了胜利演说。他明确表示：苏联"既不打算分割德国，也不打算消灭它"②。斯大林做出这一声明后，英美两国也各自放弃了分割德国的想法。之后，分割德国问题没有再被提及。

赔偿问题同样是处置德国问题的重要方面。雅尔塔会议期间，美苏英三国第一次公开讨论了德国赔偿问题。1945年2月5日，就此苏联副外交人民委员麦伊斯基代表苏方首先提出了赔偿原则。(1)赔偿应用实物支付；(2)实物支付应采取以下两种形式：战争结束时从德国国内外的国家资产中进行一次提取，战后每年提供商品；(3)通过赔偿应使德国在经济上解除武装；(4)苏联应取得价值100亿美元的赔偿，同时建议在莫斯科设置由美、英、苏代表参加的赔偿委员会。③ 对苏联的方案是否实际可行，罗斯福和丘吉尔都深表怀疑。

2月7日的外长会议上，莫洛托夫代表苏联进一步明确赔偿总额应为200亿美元。其中一半偿付苏联，80亿美元付给英美两国，20亿美元付给

---

① [苏]C. A. 戈尼昂斯基等著，武汉大学外文系等译：《外交史》第四卷(下)，生活·读书·新知三联书店1980年版，第668页。

② [苏]萨纳柯耶夫·崔布列夫斯基编：《德黑兰、雅尔塔、波茨坦会议文件集》，生活·读书·新知三联书店1978年版，第15页。

③ 转引自金重远：《第二次世界大战中的德国问题》，《复旦学报》(社会科学版)1993年第1期，第100页。

其他国家。① 2 月 10 日的全体会议上，斯大林再次坚决要求把赔偿总额定为 200 亿美元。对此，罗斯福犹豫之后勉强同意。但是，丘吉尔却一直坚持反对。

基于丘吉尔的态度，斯大林认为英国是蓄意阻止苏联获取应有的赔偿。作为妥协，雅尔塔会议的议定书最终规定，即将在莫斯科成立的赔偿委员会"应以苏联政府的建议作为讨论的基础……赔偿总额为 200 亿美元，其中百分之五十归苏联"；但也写明"英国代表团认为，在莫斯科赔偿委员会研究赔偿问题之前，不能提出任何赔偿数字"。遗留问题留待莫斯科赔偿委员会进一步讨论。②

在后来的波茨坦会议上，美国拒绝接受任何固定赔偿总额。他们提出，按照德国剩余的主要设备的百分比来分配赔款。所谓剩余设备，就是在没有国外支援的条件下，对于德国保持不高于欧洲平均生活水平所不需要的那些设备。对美国这一违背原有诺言的主张，苏联表示强烈谴责。苏联发现美国已和英国的立场一致，自己无法再坚持 200 亿美元的赔偿总额。因此，苏联转而要求应得到一半赔偿。美方于是提出，美、英、苏三国可在各自占领区提取赔偿。与此同时，西方国家将交给苏联它们各自占领区内剩余主要工厂的四分之一。其中，一半用来换取苏联占领区交给德国西部的粮食和煤，另一半无偿转交。

经过反复、激烈的讨价还价，三大国最终达成了"交易"。苏联将从西方占领区无偿地接受百分之十五的德国剩余的主要设备，与苏联占领区交换粮食和煤的那部分设备的比例则相应地减到百分之十。③ 作为交易的一部分，苏联放弃了关于在鲁尔建立三国管理机构的主张。并且，苏联有权

---

① U. S. Department of States, *Foreign Relations of the United States*, *The Conference at Yalta*, Washington D. C.：Government Printing Office，1972，pp. 707-708.

② ［苏］萨纳柯耶夫·崔布列夫斯基编：《德黑兰、雅尔塔、波茨坦会议文件集》，生活·读书·新知三联书店 1978 年版，第 254 页。

③ ［美］威廉·哈代·麦克尼尔著，叶佐译：《美国、英国和俄国：它们的合作和冲突(1941—1946 年)》(下册)，上海译文出版社 1978 年版，第 950-955 页。

获取本国占领的一些国家里的德国财产，但捷克斯洛伐克除外。对于波兰的赔偿要求，由苏联予以满足。其他盟国的赔偿要求，则从西方国家分得的份额中予以满足。关于接纳法国加入赔偿委员会，斯大林勉强同意。①

对德国的占领和改造，同样也是对德处置问题的重要组成部分。雅尔塔会议上，三大国达成了"分区占领"德国的协议。同时，三大国都一致同意要根除纳粹党、纳粹法律和制度，并且要根除军国主义。后来的波茨坦会议上，就管制德国的政治、经济方面，三大国首脑进一步达成了一致：(1)解除德国全部武装，使之完全非军事化，铲除或控制可以做军事生产之一切德国工业；(2)使德国人民确信，他们在军事上已经完全失败，并且不能逃避他们自行加诸本身的责任；(3)消灭国社党②及其附属与监督的机构，解散一切纳粹组织，并确保此等机构组织不得以任何形式复活，制止一切纳粹和军事的活动或宣传；(4)使德国政治生活在民主基础上最终获得重新建立，并使德国最终能在国际生活中参与和平合作作好准备。③使战后德国实现非纳粹化、非军事化、非工业化和民主化，是这些意见总的精神。这一精神后来便是各国战后处置德国的总方针。

综上所述，战时反法西斯盟国关于战后世界和平的思考和酝酿，主要是在美苏英三大国之间进行的。统观美苏英三大国在建立战后国际和平组织、构建战后世界经济秩序、处理战后殖民地问题和战败国德国的处置问题上的主张和立场，不难总结出三大盟国关于战后和平的思考和设想。

第一，相对于苏联和英国，美国是战后安排的主导者，其对战后和平的思考和设想最为积极、最具全球色彩和战略眼光。美国首先将战后和平寄希望于以大国合作为基础、由大国主导但大小国家均可参加的普遍性国际组织，该组织首要和最基本的任务就是维护战后世界的和平与安全。而

---

① William D. Leahy, *I Was There*, New York: McGraw Hill Book Co., 1950, pp. 493-495.

② "国社党"，即"国家社会主义党"的简称，是对"纳粹党"的误译，应译为"民社党"或"民族社会主义党"。

③ [美]威廉·哈代·麦克尼尔著，叶佐译：《美国、英国和俄国：它们的合作和冲突(1941—1946年)》(下册)，上海译文出版社1978年版，第945页。

美国的安全将通过广泛的国际和平与安全来保证。美国最为重视构建战后和平的经济基础。美国认为二战的爆发与战前混乱的国际经济秩序息息相关，因此，要建立战后持久、稳固的和平必须构建自由的国际经济秩序，使世界各国机会均等地获得原料、市场和投资出路。

美国也更为重视殖民地问题的解决。它认为，殖民体系下的特惠贸易制度、对殖民地的争夺和殖民地、半殖民地国家的独立斗争，是导致战争与暴力的重要因素。因此，战后持久和平应该建立在以民族自决为前提的民族独立的基础上。美国支持处置德国以使之失去发动战争的能力，但反对过分严厉地惩罚德国，主张保持德国人民基本和正常的生活水平，以免造成引发新战争的隐患。同时，美国主张应对德国进行非纳粹化、非军事化以及民主化改造。

当然，美国之所以成为战时盟国的领袖、战后和平安排的主导者和提出最具全球色彩的和平方案，都是与其战时首屈一指的强大实力及由来已久的称霸世界全球战略紧密相连的。尽管如此，美国关于战后和平的积极的、较为全面和长远的思考和规划，是对人类和平事业的不容否认的贡献。

第二，作为大战中迅速崛起的社会主义大国，苏联以其强大的军事政治实力和巨大的发展潜力成为仅次于美国的盟国领袖，其在战后和平安排中具有相当的发言权。对于苏联和斯大林来说，压倒一切的优先考虑是苏联的安全，然后才是整个世界的和平与安全。因此，它主张尽量削弱和严厉惩罚德国以使之彻底失去发动战争的能力，并竭力在其西部构建自己的安全带。

苏联相信实力才是国际政治的基础，国际组织只有在对苏联的安全有直接贡献时才有存在的价值。苏联参与联合国的创建，更多的是为了保持其大国地位和影响力。作为当时的社会主义国家，苏联的体制决定了其对建立自由国际经济秩序的兴趣不大，也决不允许任何国家以此为借口和手段干涉其国内事务，因此苏联没有加入这一秩序。同样，作为社会主义国家，苏联坚决主张和积极支持殖民地、半殖民地人民的独立斗争。

第三，英国是实力均衡政策和传统国际政治的信奉者，其首先从领土和力量的平衡来思考战后和平。英国认为，以实力均衡和大国合作为基础并由大国主导的普遍性国际安全组织，将有助于维护战后和平与安全。作为日渐衰退的老牌殖民帝国，英国是帝国特惠制度和殖民制度的受惠国，无疑希望尽可能确保和扩大英帝国的遗产。因此，英国力图维护其帝国特惠制度和国际金融领域的中心地位，争取在战后自由国际经济秩序中利益最大化。

同时，英国坚决反对民族自决基础上的非殖民化染指其帝国属地。尽管迫于美、苏两国的压力和反殖民主义的浪潮，英国不得不对其殖民政策做出若干调整，但是，战时英国只准备有限度地允许其殖民地自治，而非独立。在对战败国德国的处置问题上，英国主张削弱德国的战争能力和潜力，但反对过分削弱德国。英国认为，苏联有可能是战后欧洲和平的最大威胁，因此主张以德国作为战后欧洲大陆制衡苏联的力量。

总之，作为反法西斯三大盟国和盟国战后和平筹划的主导者，美、苏、英三国基于其各自的实力地位、不同的战略出发点和目的，对战后和平的思考不尽相同，各有侧重，在若干问题和方面甚至存在很大分歧。但是，维护战后自身安全和尽可能的世界和平是各国共同的初衷，这也是它们能够在构建战后和平问题上进行协调和达成一致的基础和保证。

统观战时美、苏、英三大国关于战后和平的思考，它们都主张建立普遍性的国际和平组织以维护战后国际和平与安全，都主张对战败国德国进行非军事化和民主化改造，以摧毁其再次发动世界大战的能力。在建立战后自由的国际经济秩序问题上，美英两国存在明显利益冲突，但实力的衰退和对于美国的依赖，使英国最终不得不接受建立自由的国际贸易和金融秩序。作为社会主义国家，苏联对建立战后自由国际经济秩序兴趣不大，也不容许美、英以此干涉苏联国内事务，因而最终没有加入这一秩序，但苏联并不反对美、英构建的战后自由国际经济秩序。在处理战后殖民地问题上，美、苏都基本坚持或坚持反殖民主义立场，尽管英国坚决维护其殖民利益，但也被迫调整其殖民政策，准备允许其殖民地有限度地逐步走向自治。

第四节　战时反法西斯盟国关于战后和平秩序的设想

第一次世界大战后凡尔赛-华盛顿体系下的国际秩序，是一个矛盾重重、孕育战争的国际秩序，以至于短短的 20 年后世界大战再度全面爆发。基于对战争再度发生的忧虑和对和平的渴望，以美、苏、英三大盟国为主导的反法西斯盟国战时就开始思考战后和平问题，酝酿建立和平的战后国际秩序。战时美苏英三大国关于战后和平国际秩序的设想虽不尽一致，甚至存在较大分歧，但无疑都对战后世界和平局面的形成和维护战后世界和平作出了重要贡献。

一、美国关于战后和平国际秩序的设想

一般来讲，威尔逊有关国际关系和对外政策的一系列理念和信仰，被称作威尔逊主义。严格意义上说，威尔逊主义不是一种逻辑严密的理论体系。它是一些愿望、信念和标准，以及希望借此重建国际秩序的计划。威尔逊主义主要体现在"十四点计划"中。1918 年 1 月 8 日，威尔逊在国会发表"十四点计划"的演说。在演说中，他主要强调了以下目标的实现。

第一，战后的世界应当是一个"开放"的世界，包括：公开的和平条约必须公开缔结；保持公海航行的绝对自由；消除一切经济壁垒；各国军备必须裁减；调整殖民地，对当地进行开发应该根据"门户开放"原则。第二，抵制并消除布尔什维主义的影响。第三，要求在欧洲和近东各民族以民族自决权为基础恢复和建立民族国家，或建立受到列强保护、实行门户开放原则的保护国。第四，成立一个具有特定盟约的包括大小国家的、保证政治独立和领土完整的普遍性的国际联盟。①

威尔逊主义体现了美国关于一战后和平设想的蓝图和美国争夺世界领

---

① 齐世荣主编：《世界史资料选辑·现代部分》第一分册，商务印书馆 1998 年版，第 3-12 页。

导权的总纲领。然而,在一战后重建世界秩序的实践中,威尔逊主义失败
了。一方面,一战结束后美国虽实力强大,但还没有强大到足以控制整个
国际局势的程度。另一方面,一战结束后美国国内传统孤立主义重新抬
头,这就与威尔逊积极参与国际事务的主张发生了矛盾。不能忽视的是,
威尔逊关于支持民族自决权,尊重国际法、维护贸易自由和海上自由,把
国际联盟作为维护集体安全的工具的设想和主张,至少具有一定的宣传意
义,并对后来的美国外交政策产生了重要的影响。威尔逊主义的某些观点
和主张,也被其后美国的一些决策者们追求、效仿。

第二次世界大战时期,美国构划战后秩序的官员中不少是威尔逊主义
者。时任国务美国卿赫尔和继任者爱德华·斯退丁纽斯,先后在国务院主
持有关战后安排工作。他们都相信,可以通过制定新的国际规则和促进大
国之间的团结塑造新的国际秩序,反对主要由实力政治、实力均衡和势力
范围支撑的旧国际体系和秩序。

但是,赫尔和他的同事在两个重要问题上超越了传统的威尔逊主义。
其一,他们坚持主张,新的国际组织必须拥有相应的强制执行决议的权
力,必须有能力进行威慑并实行军事、经济制裁。他们认为,主要大国在
战后必须拥有强大的武装,以有效履行集体安全义务。其二,在和平基础
的思想方面,他们也远远超越了威尔逊。他们认为,和平不仅有军事基
础,而且还要有经济基础。

早在1941年,美国副国务卿萨姆纳·韦尔斯就声称,"除非全体人民
普遍充分平等地享受经济发展的自然权利能够得到应有保障,否则任何和
平都不能有效、持久。"[1]1944年1月,罗斯福向国会提交国情咨文。他强
调指出,既要保障各成员国的军事安全,又要保障各成员国的经济安全、
社会安全和道德安全,这是未来国际组织的目标。……全体人民都要享有
适当的生活水平,这是和平的另一个必要基础。源于恐惧的自由与源于希

---

① Ruth B. Russel, *A History of the United Nations Charter*: *The Role of the United Nations 1940-1945*, Washington, D. C.: Brookings Institution, 1958, p. 33.

望的自由永远是相互关联的。① 基于此，把经济条件和战争的爆发联系起来，是之后联合国经济和社会理事会成立的指导思想。秉持这种思想，战时和战后美国积极推动建立国际自由贸易和金融体制。

关于战后和平秩序，美国的设想具有比较强的反殖民色彩。战后的一个重要问题，是殖民地人民的自治或独立要求。对于美国领导人而言，这点他们很早就确信。一方面，独立将带来繁荣；另一方面，繁荣又可以保障和平。罗斯福指出，美国参战是为了解放殖民地国家，而不是为了帮助（殖民国家）巩固它们"落后的、中世纪的帝国观念"。② 使用新的国际政治体系代替旧体系，这一总体设想的一个重要内容就是美国有关殖民地的计划。按照罗斯福的计划，美国推行自决权的范围，不仅包括从法西斯解放出来的国家，而且涵盖全球其他国家。

美国战后秩序设想的一个重要组成部分，是罗斯福关于"四大警察"的设想。罗斯福认为，现代战争的新特点使得小国和弱国无力再保卫自身安全。而拥有强大军事力量的四大国警察，不仅可以进行威慑，而且可以制止冲突。四大国警察一般可以使用封锁的方法制止、消除冲突。当封锁方法起不到作用时，甚至可以直接轰炸侵略者直至迫使其投降。除四大国之外，战争结束后其他国家都大规模裁军。因此，较小的侵略国就无力保卫本国安全并对抗四大国。这种军事力量方面的不对称，对预防冲突的发生也一样有效。③ 小国对大国垄断权力，可能强烈反对。为此，将成立一个国际组织来制约四大国的政策。小国可以在该组织中作为监督员，保护本国的权益。④

① U. S. Department of States, *Postwar Foreign Policy Preparation*, *1939-1945*, Washington D. C.：Government Printing Office, 1950, p. 203.

② Richard F. Fenno Jr., ed., *The Yalt Conferences*, Boston：D. C. Heath, 1955, p. 74.

③ Ruth B. Russel, *A History of the United Nations Charter*：*The Role of the United Nations 1940-1945*, Washington, D. C.：Brookings Institution, 1958, pp. 96-98.

④ Ruth B. Russel, *A History of the United Nations Charter*：*The Role of the United Nations 1940-1945*, Washington, D. C.：Brookings Institution, 1958, p. 98.

　　另外，还有两个重要问题。一个问题是，谁来监管、怎样监管作为国际警察的四大国。另一个问题是，当四大国中的一国成了侵略国又该如何应对。对此，罗斯福愿意相信，必须用耐心和理解引导苏联进入战后时代。他认为，若能说服斯大林成为国际舞台上的一个建设性角色，其对战后秩序的设想将可能实现。罗斯福认为，联合国不仅是盟国团结的结果，而且是解决四大国间争论、分歧以维持大国长期团结的主要手段。① 他希望，造成战胜国之间可能冲突的根源不是联合国自身。

　　之后的联合国宪章，体现了罗斯福关于战后秩序设想的重要内容。但是，其后美国的官方政策逐渐被国务院的方案取代。国务院的方案是在赫尔和斯退丁纽斯的指导下进行的。1943 年 12 月 29 日，他们主持拟定的《成立国际组织以维护国际和平与安全的计划》被提交至白宫。1944 年 2 月3 日，该计划经罗斯福签署后正式成为美国官方创建联合国的草案。

　　方案一方面采纳了罗斯福关于四大警察的设想，另一方面又赋予了小国更大的责任和义务。其中规定，如若安理会不能采取行动，联合国大会就会在解决冲突上发挥广泛的影响。虽然方案中没有提及《大西洋宪章》中涉及的裁军原则，但却清楚地表明了四大国的国际警察地位。方案规定，四大国"将保持充分的军力，并有权根据实际情况使用这些军力预防和阻止各种战争"。其中，建立联合国军队问题没有得到解决之前，"1943 年12 月莫斯科四国宣言当事国和其他国家，应该提供确保国际安全与和平所需的军队和设备"②。

　　美国参议院不会允许本国加入任何一个违反国会宪法宣战权的国际组织。因此，国务院拟定的草案从一开始就不包括组织一支国际军队的计划。苏联提出的组建联合国空军的提案，由于同样的原因被否决。但在拟成立的国际组织的决策程序方面，草案则有所进步。草案提出，国际组织

① Thomas M. Campbell, *The Masquerade Peace*：*America's U. N. Policy*，*1944-1945*，Tallahassee, Florida：Florida State University Press，1973，p. 173.

② Thomas M. Campbell, *The Masquerade Peace*：*America's U. N. Policy*，*1944-1945*，Tallahassee, Florida：Florida State University Press，1973，p. 218.

的决议将由主要成员国决定，而不是全体成员国一致做出。草案也明确规定，大国要承担维护国际和平与安全的首要责任。① 这是这个国际组织的基本原则之一。

二、苏联关于战后和平国际秩序的设想

相对而言，斯大林不太关心战后国际秩序问题。他相信，实力才是国际关系的基础，而非国际组织。斯大林所关心的是，迅速打败德国并建立能够有效预防德国及其他国家再次侵略苏联的战后机制。他认为，德国问题才是国际关系中永远的问题。斯大林相信德国迟早将会寻求恢复实力，并挑起新的侵略。早在德黑兰会议期间，斯大林就说，德国人是非常有能力和才干的民族，不难在十五或二十年内复兴，再一次成为世界的威胁。②之后，他多次强调类似的论调。

斯大林思考战后国际组织的任务，是以德国问题为根本的。在他看来，维护战胜国订立的对德国和日本任何形式的和约，是战后国际组织的基本任务。斯大林坚信，国际联盟既无权力又无办法阻止侵略的历史绝不能重演。为此，战后国际组织必须拥有权力使用武力。

1941 年 12 月，斯大林就表示过要肢解德国。随着战争的推进，他主要强调以下几点：（1）德国必须进行全面赔款；（2）解除德国武装；（3）在德国境内和沿德国边境建立盟国军事基地；（4）拆解德国工业设备弥补纳粹对苏联的物质破坏。作为慑服德国和日本的手段，苏联提议建立联合国空军。这并不仅仅是建立战后国际安全的一种构想。在致力于战时和战后的合作时，除了重点问题德国问题外，斯大林还思考了以下这些问题。比如，在拉美出现冲突是不可能的，建立自由国际经济的好处，或者所有这些都交由联合国经社理事会来管理。对斯大林来说，这些国际政治的次要

---

① Thomas M. Campbell, *The Masquerade Peace*：*America's U. N. Policy，1944-1945*，Tallahassee，Florida：Florida State University Press，1973，p. 219.

② 《德黑兰 雅尔塔 波茨坦会议记录摘编》，上海人民出版社 1974 年版，第 29 页。

话题更像是美帝国主义日益发展的信号。①

苏联关于战后秩序的设想，是以其自身安全利益和需要为中心的。对苏联而言，小国利益理应服从苏联安全的需要。斯大林在雅尔塔会议就强调，他"决不允许盟国的任何行动都服从小国利益的判断"。对此，罗斯福和丘吉尔同意发动战争的国家必须为战争承担责任，不存在小国支配大国的问题。但斯大林认为大国必须指挥小国，似乎颠倒了这个命题。丘吉尔希望英国成为小国的保卫者，认为"老鹰应该允许小鸟唱歌，而不要去管它们为何唱歌"。斯大林则回击道，小鸟最好先看清它们自己的脚下。②

斯大林坚信，决定地位和国际权力的是实力。他认为，那些参与对纳粹德国作战的国家有权获得赔偿和战利品。斯大林坚持，为了防止两次世界大战、德国入侵苏联等类似事件的再次发生，参与对纳粹德国作战的国家有权制定，乃至必要时可以单方面制定一系列措施。在他看来，但更重要的是，胜利者有权获取领土和赔偿以弥补侵略者造成的破坏。并且，就这种补偿盟国之间不应进行讨价还价。③

战争初期，斯大林宣称，苏联是在单独跟纳粹德国进行战斗。德国发动海峡入侵后，即使在战争高潮时期，西方盟国也只是跟三分之一的纳粹军队作战④，而苏联红军却抵抗了除此之外绝大部分的德军。随着战事的不断推进，斯大林也仅仅勉强承认了盟国的贡献。关于战争赔偿，斯大林的观点跟美国的主张存在根本的区别。对美国人而言，打败并惩罚侵略者才是战争的目的。战胜国除了向侵略者要求有限的赔偿外，不应谋求获得特权。在领土处置方面，各国应该恢复到 1939 年前的情形。⑤

很明显，关于战后秩序的设想，斯大林并非仅仅出于本能的防御需要

---

① ［加］卡列维·霍尔斯蒂著，王浦劬译：《和平与战争：1648—1989 年的武装冲突与国际秩序》，北京大学出版社 2005 年版，第 223 页。

② Diane S. Clemens, *Yalta*, New York：Oxford University Press, 1970, p. 130.

③ Diane S. Clemens, *Yalta*, New York：Oxford University Press, 1970, p. 132.

④ Diane S. Clemens, *Yalta*, New York：Oxford University Press, 1970, p. 75.

⑤ Diane S. Clemens, *Yalta*, New York：Oxford University Press, 1970, p. 77.

和曾经的历史经验。雅尔塔会议上，苏联声称，为了补偿日俄战争中俄国的损失，它才对远东领土提出要求。事实上，苏联的要求不仅早已超出对日俄战争结果的修正，而且严重侵犯了中国的领土主权。但罗斯福还是满足了斯大林的要求，条件是苏联同意参加对日作战。形势在不断发展，当欧洲和太平洋战事接近尾声时，处理波兰问题被提上日程。对此，美国和英国都敦促苏联要遵守民族自决原则。美英两国领导人和外交官多次表示，他们能够理解斯大林和苏联对一个"友好"波兰政府的期望，但同时也坚持认为这个政府应该是民主的。但是，这两种标准在政治上很难相容：任何民主的波兰政府都不可能对苏联友好。①

苏联对波罗的海三国的占领，在波兰和罗马尼亚的有关行为，1944 年向芬兰提出的苛刻停战要求等，都表明了苏联自身的立场。苏联不仅要保持 1939 年至 1940 年间获得的领土，而且要在苏德之间进一步构建一个广泛的安全带。为此，它将不理会美国和英国是否赞同。斯大林也将无视《大西洋宪章》及雅尔塔宣言已表明的原则。苏联在战争中获得了不少领土和势力范围。对此，詹姆斯·伯恩斯的评论也许并非全无道理。"显而易见，苏联并非一个在战争中受到损害的国家"。②

一个承担多项职能的国际组织，不可能成为苏联战后安全的支撑。斯大林对此深信不疑。但在他的政治局同事们的劝导下，斯大林最终同意成立这样的国际组织。但他同时强调，俄国的安全必须通过一系列卫星国和永久削弱德国作保障。③ 因此，苏联在敦巴顿橡树园会议强调，拟成立的国际组织的任务应仅限于维持国际安全。

斯大林建立由三大国共同支配的单一功能的国际组织的计划，跟美国所设想的全球性、多功能国际组织存在不小的区别。但在美英两国的坚持

---

① U. S. Department of States, *Making the Peace Treaties 1941-1947*, Washington D. C.: Government Printing Office , 1947, p. 29.

② U. S. Department of States, *Making the Peace Treaties 1941-1947*, Washington D. C.: Government Printing Office , 1947, p. 31.

③ Edward R. Stettinius, *Roosevelt and the Russians*: *The Yalta Conference*, London: Jonathan Cape, 1950, p. 273.

下，苏联勉强同意在国际组织内部成立专门机构负责经济和社会事务。对此，斯大林认为，他的建立只具备单一功能的强大国际组织的实践正在迅速落空。他对冗长的关于"（国际组织）无数多余功能的讨论"，以及盟国反对苏联有关成立联合国空军的建议日益感到暴躁。斯大林认为，联合国的任务正在不必要地增加。①

苏联和美国关于国际组织问题的另一个分歧是否决权之争。这一问题由来已久并且相当复杂。最后，美国提出把安理会需要解决的问题分成这样两类。一类是需要使用强制手段解决的重大"实质性"问题。对此，安理会的一切决定均需常任理事国一致同意，不管它是否争端当事国。另一类是需要使用和平手段解决的司法性问题或程序性问题。如若安理会常任理事国是当事国，就不能使用否决权。丘吉尔赞同美国的提议。新国际组织能否有权力反对三大国，是苏联关心的重要问题。在得到不能的明确、肯定答复后，苏联接受了这一方案。② 这就是安理会常任理事国使用否决权的"大国一致原则"。

三、英国关于战后和平国际秩序的设想

丘吉尔相信，并不是所有国家都一样关心国际安全。有些国家可能更愿意首先关注本国在某些地区的问题。因此他建议，可能更为合理的是，考虑在美洲、欧洲和亚洲建立一些区域性的组织。然后，再成立一个四大国参与的最高委员会，置于区域组织之上。这些区域性组织只负责处理本地区事务，"以防止一个国家干涉其他国家内部事务"。区域性组织不能解决的问题，才被提交至最高委员会处理。③ 作为只有战胜国才有资格参加的俱乐部，该最高委员会的首要职责是保卫世界和平，以防止德国或日本

---

① ［加］卡列维·霍尔斯蒂著，王浦劬译：《和平与战争：1648—1989 年的武装冲突与国际秩序》，北京大学出版社 2005 年版，第 227 页。

② U. S. Department of States, *Making the Peace Treaties 1941-1947*, Washington D. C.：Government Printing Office，1947，pp. 27-28.

③ Thomas M. Campbell, *The Masquerade Peace*：*America's U. N. Policy*, *1944-1945*, Tallahassee, Florida：Florida State University Press，1973，p. 11.

的侵略再次发生。①

虽然丘吉尔在考虑建立新的国际组织，但他认为这不可能代替传统的安全机制。丘吉尔相信，战胜国和英联邦基于实力的合作，才是英国安全最终的依赖。这种合作将由英苏同盟和与美国可能的联盟支撑。但是，丘吉尔有关国际组织的设想大多没有转化为实际政策。1944年5月，英联邦政府首脑会议召开。关于建立区域性国际组织和一个最高委员会的设想，在会上遭到加拿大、澳大利亚和新西兰和的一致反对。这些英联邦国家要求成立一个全球性国际组织。

英国负责规划战后秩序事务的官员提出了一套方案。该方案与美国国务院的方案比较相似。英国外长艾登支持这些官员提出的方案，并补充了一些自己的主张。比如，主张安理会增加一个军事参谋委员会，负责协调、指挥成员国派给安理会的军事力量。② 美国官方方案和艾登意见最后占据主导地位。

英国官员好似不愿也没有将太多精力放在战后国际组织的各种设想上。英国和美国就这一问题没有正式的协调机制。就此，罗斯福和丘吉尔之间的沟通也很少。只有为数不多的几次非正式对话，与苏联的沟通就更少。艾登在回忆录中曾抱怨，在他赴雅尔塔会议途中跟美国人见面时，"美国人对世界理事会的重视似乎远远超过对波兰问题的关心。这种情况下，除非说服俄国人或逼迫他们恰当地对待波兰人民，否则建立世界理事会就没有任何意义"。因此，英国建议的雅尔塔会议议程没有成立战后国际组织这一内容。③

美国设想通过战后国际组织加强盟国之间的团结。英国则认为，前提是首先实现盟国之间持久的团结，否则国际组织即使建立也不能有效工作。如何打败德国，是丘吉尔关注的焦点。他同时关注的是，苏联在巴尔

---

① Thomas M. Campbell, *The Masquerade Peace：America's U. N. Policy，1944-1945*，Tallahassee，Florida：Florida State University Press，1973，p. 12.

② Anthony Eden，*The Reckoning*. Boston：Houghton Mifflin，1965，p. 517.

③ Anthony Eden，*The Reckoning*. Boston：Houghton Mifflin，1965，pp. 590-591.

干和中欧取得一系列胜利背后的隐忧。对于拟议中的联合国，丘吉尔没有奢望以此挽救濒临困境的战时同盟。① 客观地讲，丘吉尔的担心也不无道理。事实是，苏联在被红军解放地区组建政府的程序跟西方理解的"民主""自决"相差甚远。

苏联红军在1944年取得重大胜利。这使丘吉尔坚信，苏联正谋求对欧洲的支配地位。基于这样的认识，丘吉尔采取了以下应对措施：着手恢复法国的大国地位，考虑建立永久性的英美联盟，推动建立东欧联邦，寻求在巴尔干开辟第二战线并划分了英国和苏联的势力范围。丘吉尔还希望英美两国在中欧抢占尽可能多的地盘。1945年初，英国政府大多数人确信，除非使用武力逼迫他们，否则苏联人不会遵守在雅尔塔会议的承诺。因此，丘吉尔1944年很可能就已经在思考战后东西方两大集团的问题了。

英国对单独对抗苏联的前景感到不安。罗斯福在雅尔塔会议上宣布，击败德国后，美国军队将在两至三年内撤回国内。艾登相信，"只有通过鼓励建立某种国际组织，我们才可能劝说美国人答应承担在欧洲的义务……来对抗充满敌意的德国或其他欧洲和平的破坏者"②。英国认为，只要美国承诺保卫欧洲安全，并且再加上复兴的法国，苏联的野心还是可能被制约的。这样的话，在战后大国博弈中，联合国将承担传统的平衡者的角色。大战越来越走向终结，英国也越来越相信苏联是一个不安全因素。雅尔塔会议后，罗斯福宣称克里米亚会议精神为国际政治的转换提供了可能的前提。这时，英国领导人越来越相信，只有传统的国际政治才是必需的。③

综上所述，美国战后政策制定者多是泛全球主义者，他们反对以实力均衡和势力范围为主要内容的传统国际政治。他们希望通过创建战后国际和平组织、建立国际自由贸易和投资体制、在全球范围内应用民族自决原

---

① Thomas M. Campbell, *The Masquerade Peace：America's U. N. Policy，1944-1945*, Tallahassee, Florida：Florida State University Press, 1973, p.192.

② Anthony Eden, *The Reckoning*, Boston：Houghton Mifflin, 1965, p.517.

③ Anthony Eden, *The Reckoning*, Boston：Houghton Mifflin, 1965, p.519.

则，来建立新的国际体系和战后和平国际秩序，而美国的安全将通过广泛的国际和平来实现。对于苏联和斯大林来说，压倒一切的优先考虑是苏联的安全。苏联关于战后和平秩序的设想，以防止德国的再侵略为首要目标。国际组织只有在对苏联的安全有直接贡献，并保证摧毁德国的战争能力时才有存在的价值。同时，苏联竭力巩固和扩张其在战争中获得的领土和势力范围，以构建维护自身安全的安全带。英国是实力均衡政策和传统国际政治的信守者，其首先从领土和力量的平衡来设想战后和平秩序。英国认为，以实力均衡为基础并由大国主导的普遍性国际和平组织将有助于维护战后和平。英国主张摧毁德国的战争能力，但反对过分削弱德国，以应对苏联对战后和平的可能威胁和将德国作为战后欧洲制衡苏联的力量。

总之，在建立战后和平国际秩序问题上，美国坚持修正的威尔逊主义的全球秩序观，主张将战后和平国际秩序建立在以联合国、布雷顿森林体系和殖民地民族自决为基础的一系列国际规则和机制之上。苏联和英国则首先关注如何确保自身安全和防止德国复兴及再侵略，然后才较为被动地考虑建立战后和平秩序的其他问题。二者所不同的是，苏联强调尽可能地削弱德国和通过领土及势力的扩张来建立安全带，而英国则更强调通过传统均势之上的大国合作来确保和尽可能扩张自身利益。

不可否认，美苏英三大国关于战后和平国际秩序的设想不尽相同，甚至存在较大分歧，也存在这样那样的不足和弊端；有些也仅仅是设想而已，而有些即使能够实现也多少违背了当时的初衷。但总的来说，以美苏英三大国为主导的战时反法西斯盟国对战后和平国际秩序的设想，对维护战后世界和平无疑有着重要的贡献，以至于当今的世界仍然享受着其中某些设想带来的成果。

第三章 二战与战后世界和平格局的形成

第二次世界大战确立的雅尔塔体制下的战后世界格局，在内容上大致包括以美、苏两国为中心的两极格局，国际组织联合国，以国际货币基金组织、世界银行和《关税与贸易总协定》为支柱的战后世界经济体制，以及作为两极世界格局一部分的改造后的德、日等战败国。二战促成了雅尔塔体制的建立，促成了世界格局由多极向两极的演变，促成了国际和平组织联合国的诞生，大战的胜利保证了盟国对法西斯战败国的和平改造。

战后两极格局，在某种意义上对战后世界和平起到了决定性的作用。国际和平组织联合国，是维护战后世界和平的重要支柱。战后世界经济体制，为战后世界和平打下了较为坚实的经济基础。盟国对法西斯战败国的改造，为将这些国家导向和平发展之路奠定了基础。从本质上讲，第二次世界大战形成的战后世界格局是一种和平的世界格局，其为战后世界和平创造了必要前提、提供了较为稳固的制度性、机制性保障和支撑，从而为战后世界和平奠定了较为坚实的制度性、机制性和框架性基础。

第一节 二战与雅尔塔体制的建立

世界近现代历史上，国际性战争并不少见。每次重大国际性战争结束之后，战胜国一般都会主导召开国际会议。这些国际会议按照战争形成的新的实力对比和国际形势新变化，安排战后世界以确立新的国际规则和国际秩序。第二次世界大战后建立的雅尔塔体制便是其中的典型代表。与以往不同的是，战胜国对雅尔塔体制的安排战时就已经开始了，而不是二战结束后才进行。雅尔塔体制是二战历史的产物。相对于历史上其他国际体系而言，雅尔塔体制具有显著的历史进步性。

一、雅尔塔体制的概念和内容

简要地讲，雅尔塔体制的内容包括如何打败法西斯及如何安排战后世界。这没有多大争议。但是，学术界关于雅尔塔体制的概念和具体内容存在一定争议。国内学术界对此大致有以下几种观点。

1. 在吴于廑、齐世荣主编的《世界史》中，雅尔塔体制是这样界定的：在以雅尔塔会议为代表的一系列重要国际会议上，美、英、苏三国所达成的关于战后世界安排的各种宣言、公告、协议和谅解等，被统称为雅尔塔体制。它的具体内容包括："(1)如何最后打败德、日法西斯，如何处置战败国，以防止法西斯主义东山再起；(2)重新绘制战后欧亚的政治地图，特别是重新划定德、日、意法西斯国家的疆界及其被占领地区的归属和边界；(3)建立联合国组织，作为协调国际争端、维持战后世界和平的机构；(4)对德、日、意的殖民地以及国际联盟的委任统治地实行托管计划，原则上承认被压迫民族的独立权利。"[1]这种观点被多数学者所认同。

2. 有学者认为，"苏美英三国在战争后期的几次首脑会谈和首脑会议上就战后世界的调整和安排所达成的协议和谅解，形成了构筑战后国际格局的制度和方法。由于有关战后调整的问题基本上是在雅尔塔会议上最后解决的，所以这些制度和方法就在习惯上被人们称为雅尔塔体制。简单地说，雅尔塔体制就是对战后世界所做出的安排"[2]。

3. 也有学者认为，雅尔塔体制的内容不能定义过宽，认为"雅尔塔体

---

[1] 吴于廑、齐世荣主编：《世界史》(现代史编：下卷)，高等教育出版社 1994 年版，第 23 页。

[2] 张盛发：《雅尔塔体制的形成与苏联势力范围的确立》，《历史研究》2000 年第 1 期，第 132 页。

制应是以雅尔塔会议为主的三次大国首脑会议（包括德黑兰会议和波茨坦会议）通过的决议和协定对战后世界的安排和设想"。①

4. 还有学者这样理解。雅尔塔体制乃自 1941 年大西洋会晤至 1951 年《对日和约》签订，历经十几年形成。内容主要包括四个方面：（1）如何最后打败法西斯，如何处置战败国，防止法西斯主义东山再起；（2）重新绘制战后的政治地图；（3）建立维持战后和平的联合国组织；（4）原则上承认被压迫民族的独立权利，对德、日、意的殖民地和国际联盟的委任统治地实行托管。② 这种理解对雅尔塔体制内容的界定更加宽泛。这样，雅尔塔体制涵盖了主要盟国对战后世界差不多全部的设想和安排，既包括政治方面的，又包括经济方面的。

结合国内外已有研究成果，可以认为，所谓雅尔塔体制，是指二战和战后初期美、苏、英三大反法西斯盟国（主要是美苏两国）对战后世界安排所形成的战后国际格局，以及为维护战后世界政治、经济等秩序所制定和形成的一系列国际规章和制度的总和。由于有关战后重大调整问题基本上是在雅尔塔会议上最后解决或确立基本解决原则的，所以这些国际规章、制度以及由此形成的国际格局的总和，习惯上被人们称为雅尔塔体制。因此，作为一个专用名词，"雅尔塔体制"应该主要包括战后世界政治地图和世界政治、经济体制或秩序。

概括地讲，雅尔塔体制的内容主要包括：

（1）战后世界政治地图。关于欧洲，西欧地区保留资本主义，东欧地区为苏联势力范围；德国由美、英、法、苏联四国分区占领（后来发展演变为东西两大阵营的西德和东德）。关于亚洲，外蒙古、中国东北一度成为苏联的势力范围；中国华北也曾成为美、英的势力范围；日本本土成为美国的势力范围；库页岛南部和千岛群岛归属苏联。关于战败国的殖民地

---

① 张浩：《雅尔塔体制与战后世界格局讨论会述要》，《世界史研究动态》1991 年第 2 期，第 52 页。

② 齐涛主编：《世界通史教程》（现代卷），山东大学出版社 2001 年版，第 212 页。

和领地，则由联合国实行托管。

（2）战后世界政治体制，主要就是维护战后和平与安全的国际机构——联合国及其运行机制，它以"雅尔塔公式"，即"大国一致"原则作为安理会运作的基础。

（3）战后世界经济体制。《关税与贸易总协定》、国际货币基金组织、国际复兴开发银行等及其运行机制，即所谓的战后世界经济体制，也是国际经济旧秩序的三大支柱。正是战后世界政治地图的划分、世界政治体制、世界经济体制这几个部分共同构成雅尔塔体制的主体，一直主导着战后国际格局和战后世界政治、经济秩序。

雅尔塔体制的基本组成部分包括战后世界政治地图的划分、新创建的联合国，是不存在争议的。但是，关于战后确立的世界经济体制是否属于雅尔塔体制的一部分则存在争议。有人不赞同将经济体制也纳入雅尔塔体制的范畴。这种观点强调，近代以来国际体系，如维也纳体系、凡尔赛-华盛顿体系都没有包含世界经济体制。客观地讲，历史一直在不断发展、进步。雅尔塔体制包含了世界经济体制，则恰恰反映了它的历史进步性。

毫无疑问，二战时期世界反法西斯同盟一些大国的政治家们已经认识到，20世纪的世界早已是一个政治、经济更加密不可分的整体。凡尔赛-华盛顿体系不包含经济体制恰恰是其难以为继的一个根本原因所在。[1] 雅尔塔体制设计的一整套较为行之有效的经济体制，恰恰是该体制具有持久生命力的一个重要原因，也为战后世界和平局面的形成奠定了一定的国际经济基础。

二、雅尔塔体制是二战的历史产物

雅尔塔体制的建立，是二战所引起的世界政治舞台上国际战略力量发生重大变化和改组的结果。二战的胜利，打破了传统的以欧洲为中心的国

---

① 杨和平：《雅尔塔体制"瓦解"质疑》，《信阳师范学院学报》(哲学社会科学版)2002年第2期，第103页。

际格局，为建立雅尔塔体制奠定了基础。

经过二战，德、意、日法西斯集团战败，英、法两国也为战争的胜利付出了沉重的代价。英国在战时虽勉强跻身美、苏、英三强行列，但实力已大不如从前。为此，丘吉尔曾感叹道："我万分沉痛地目睹大英帝国威望丧失和国家衰落。"美国可以说是唯一因战争而变得更富强的国家。英国外交大臣贝文战后曾感慨说，美国"今天正处在拿破仑战争结束时英国的地位"①。美国取代西欧国家成为战后资本主义世界的政治中心和战略堡垒。军事上，美国战后拥有一支世界最强大的空军和海军，并且一度垄断了原子弹。因此，美国从战前的孤立主义迅速转向以称霸世界为目标的世界主义。

苏联在抗击德国法西斯和世界反法西斯战争中取得举世瞩目的重大胜利。这彰显了社会主义制度的巨大优越性和显著吸引力。经过二战，苏联的国际威望和综合实力迅速增强。战后苏联成为当时世界唯一有资格同美国相抗衡的军事政治强国。与此同时，社会主义超出一国范围，以苏联为代表的人民民主和社会主义国家实力迅速壮大。

二战最终使国际力量格局发生了重大变化。美、苏两国已成为世界政治的重要支配力量。在反法西斯战争尚在进行时，就战后世界秩序和对战后世界政治地图划分等，美、苏、英三国召开了以雅尔塔会议为代表的一系列重要国际会议。这些会议通过了许多宣言、公告，达成各种协议，战后国际格局的基本框架和世界政治、经济秩序的基础由此奠定。雅尔塔体制应运而生。

雅尔塔体制的形成经历了一定的过程。前后可粗略地可分为战时和战后两个时期。在时间上最早可以追溯到 1941 年 8 月《大西洋宪章》的发表，进而延伸至 1951 年 9 月《旧金山和约》的签订，前后历时约 10 年。②

---

① 刘绪贻、杨生茂主编：《战后美国史 1945—1986》，人民出版社 1989 年版，第 10 页。

② 参见曹胜强：《雅尔塔体系刍议》，《聊城师范学院学报》（哲学社会科学版）1993 年第 3 期，第 43 页。

1941 年 8 月，在纽芬兰附近的大西洋海域，罗斯福和丘吉尔举行会晤。其间，美英双方发表了《大西洋宪章》，提出要在更广泛基础上建立战后普遍安全体系的构想。1941 年 9 月 24 日，苏联发表声明，同意《大西洋宪章》的基本原则。这样，雅尔塔体制的序幕由此拉开。此后，以美、苏、英三大国为主的反法西斯国家逐步采取了更具体的行动。1942 年 1 月 1日，26 个国家签署了《联合国家宣言》。其后，卡萨布兰卡会议、魁北克会议、莫斯科三国外长会议、开罗会议、德黑兰会议等，在 1943 年相继召开。在这些会议特别是德黑兰会议上，美、苏、英三大国就无条件投降原则、处置战败国、开辟第二战场、创建未来国际组织、有关国家领土变更等问题广泛、初步交换了意见。

1944 年，反法西斯同盟国间一系列会议或会谈又相继召开或举行。其中包括敦巴顿橡树园会议、布雷顿森林会议、斯大林与丘吉尔关于巴尔干问题的会谈等。斯大林与丘吉尔就巴尔干问题达成一致的《巴尔干百分比秘密协定》，划分了苏联与西方国家在巴尔干地区的势力范围。1945 年 2月，雅尔塔会议召开。这一协定在会议上基本得到承认。雅尔塔会议尽管在一些问题上存在分歧或摩擦，但终究就不少重要问题达成了一些重要协议或共识。其中包括成立战后国际组织问题、德国的前途问题、波兰及东欧问题，以及远东对日作战问题。

"三大国在雅尔塔郑重商定，无论是在把战争进行到胜利的斗争中，还是在战后的和平建设事业中，都将本着合作的精神采取行动。"[1]雅尔塔会议奠定了战后世界格局的基本框架，其中美、苏、英三大国在"未来的行程上竖立了一些主要的路标"[2]。毫无疑问，雅尔塔会议在雅尔塔体制确立过程中发挥了重要作用。因此，按照雅尔塔会议和其他有关会议精神建立的战后国际格局和国际政治经济体制及秩序的总和，习惯上被称作"雅

---

① ［苏]安·安葛罗米柯：《永志不忘——葛罗米柯回忆录》（上卷），世界知识出版社 1989 年版，第 247 页。

② ［苏]安·安葛罗米柯：《永志不忘——葛罗米柯回忆录》（上卷），世界知识出版社 1989 年版，第 247 页。

尔塔体制"。

尽管如此，雅尔塔会议并不是雅尔塔体制最终确立的简单标志。二战中德国 1945 年战败后，没有像 1918 年一战那样立即签订和平条约。"和平条款是分段产生的，起先是在战时，由战胜国举行了一系列会议，继而是在 1945 年以后的若干年内，又做出了一系列事实上的安排。"①到二战结束时，三大国对战后世界的安排并未完成。其中典型代表就是对战败国的处置问题。

反法西斯同盟国根据波茨坦会议的决议，召开了美、苏、中、英、法五国外长会议。该会议主要筹备对意大利、保加利亚、罗马尼亚、匈牙利、芬兰等国签署和约。1946 年 10 月，21 国巴黎外长会议上各方几经妥协后，《五国和约》正式文本才最终通过。1947 年 2 月 10 日，有关国家就《五国和约》签字。关于主要战败国德国的处置问题，盟国战时就达成了有关决议，但这些决议没有完全彻底贯彻执行。1949 年德国分裂，从某种意义上说，这时盟国对德国的处置实际上才最终完成。1951 年 9 月，对战败国日本订立和约的旧金山会议召开。会议签订的《旧金山和约》是对二战战败国的最后一个和约。这样，雅尔塔会议提出的一些原则、设想最终得到补充、落实。雅尔塔体制至此最终确立。

盟国对战后世界设想和安排的另一重要内容，是建立战后世界经济秩序。雅尔塔经济体制的创建，跟政治体制的创建几乎同时进行。这点甚至可以追溯至二战前 30 年代的世界经济会议。1929—1933 年，席卷全球的世界经济危机爆发。经过这场大危机，以金本位和自由贸易为基础的国际经济秩序被摧毁。因此，美、英等国开始积极思考、酝酿建立新的经济体系。

1933 年 6 月，在伦敦召开了世界经济会议。通过这次会议，美、英两国各自摸清了对方意图，但会议最终没能取得任何具体成果。在经过持续

---

① ［美］帕尔默·科尔顿著，孙福生等译：《近现代世界史》（下册），商务印书馆 1988 年版，第 1137 页。

长达 10 个月的贸易谈判后，1938 年 11 月，美、英两国签署了《美国和英国互惠贸易条约》。该条约暂时调解了美、英双方因帝国特惠制和美元贬值导致的贸易矛盾。

二战爆发后，美国国内正在热烈讨论建立战后世界新秩序的问题。经过激烈讨论，1941 年 5 月，美国国务卿赫尔通过广播形式正式公布了美国关于建立战后世界经济体系的基本原则。其中包括，不歧视成为国际贸易关系的必需准则，安排建立必需的国际机构以援助有关国家经济发展等。[1] 1941 年 8 月，美、英两国共同发表了《大西洋宪章》，其中关于经济合作的原则共识，奠定了未来国际经济合作的框架基础。此后，美、英两国开始积极筹划、设计本国的战后国际经济体系方案。

1943 年 4 月，英国和美国先后正式对外公布本国的战后国际货币和金融组织方案。这些方案都是精心设计、反复修改完善才最终公布的。英国的《国际货币清算同盟方案》，是著名经济学家凯恩斯设计的。美国的《联合国家与联系国家的国际稳定基金草案》，是怀特设计的。二者也分别被习惯地称作"凯恩斯计划"和"怀特计划"。[2]

与此同时，关于国际贸易组织方面的设计，英美两国也进行了博弈。1942 年夏，英国经济学家米德很早就拟出了方案。该国际贸易组织方案通常被称作"米德计划"。"米德计划"经过多次修改、内容具体化后，1943 年 9 月正式公布。英国的这一方案最终定名为"贸易政策说明大纲"。1944 年 1 月，美国提出了《战后贸易政策协定报告》。这一报告由耶鲁大学经济学家、美国对外关系委员会"战争与和平工程"经济小组负责人比德维尔草拟。1944 年 10 月，几经修改后，该报告定名为《贸易政策多边会议条款草案》并正式对外公布。[3]

---

① World Peace Foundation, *Documents on American Foreign Relations* 1938-1945, Vol. 3, July 1940-June 1941. Boston：World Peace Foundation, 1945, pp. 450-453.

② Armand Van Domael, *BrettonWoods*, *Birth of a Monetary system*, London：Maemillan Press, 1978, pp. 73-75.

③ W. H. Becker, etc ed., *Economic and World Power*, New York：Columbia University Press, 1984, p. 394.

1944年7月，在美国布雷顿森林华盛顿大旅社，召开了联合国家货币与金融会议。罗斯福亲自致信大会。他称该会议是第一次设计未来国际经济合作方案的重要会议。会议筹划和即将建立的国际银行和基金组织，是走向有序、和谐世界最关键的一步。① 此次会议以美国提出的方案为基础进行讨论，最终通过了关于一致同意重新建立国际货币金融体系的协定。该协定决定成立两个国际金融组织，在事实上确立了战后国际货币体系和金融体系。二者被总称为"布雷顿森林体系"。

布雷顿森林体系的建立，标志着雅尔塔经济体制的主要框架与基本原则业已确立。这也体现了在战后经济合作方面盟国取得重大进展。但在创立战后国际贸易组织问题上，盟国之间的合作因美、英两国的分歧大大推迟。美、英双方公布本国拟定方案的同时，都极力争取日后召开的国际贸易会议以本国方案为基础开展谈判。因此，为此，美、英双方一方面加紧修改完善本国方案；另一方面，发动积极的外交攻势，竭力争取更多的国家接受本国方案。

1945年9月，《建立国际贸易组织的草案》由艾奇逊提交给美国总统杜鲁门。该草案被作为美国在日后召开的世界贸易与就业会议谈判的基础。它是前述《贸易政策多边会议条款草案》的修改提升版。1946年10月，联合国贸易与就业国际会议第一次筹备委员会会议在伦敦召开。该会议是在联合国经济与社会理事会的支持下召开的。美国提出的草案，在会议上被确定为制定国际贸易组织宪章草案的基础。

1947年4月，筹委会第二次会议在日内瓦召开。经过长达半年的艰苦谈判，参会各国到了10月仍然没能就宪章草案达成一致。之后，根据宪章草案部分条文，筹委会拟定出了《关税与贸易总协定》，被作为总协定一个组成部分，与之一起草拟的还有"关税减让最后议定书"。10月30日，以美、英、中、法等国为代表的23个国家最终在总协定上签字。1948年1

---

① *Bretton Woods documents*. vo.l. p.71；Armand Van Domael, *BrettonWoods, Birth of a Monetary system*, London：Maemillan Press, 1978, pp.5-6.

月1日,《关税与贸易总协定》正式生效。战后世界经济新秩序由此确立。战后世界经济新秩序是雅尔塔体制的重要组成部分。

由此可见,美、苏两大国崛起并成为战后两极世界格局的中心,是历史的产物,尤其是二战的产物。大战期间,美、苏两国迅速崛起。经过大战,英国进一步衰落,但老牌大国影响犹在。因此,美、苏、英三大国共同主导了世界反法西斯战争主要进程和有关战后世界的安排。通过以雅尔塔会议为核心的战时和战后诸多会议,美、苏、英三大国达成了一系列谅解、协议。战后世界格局和维护战后世界政治、经济秩序的国际规章、制度,由此形成。二战造就了美、苏两国崛起为世界的两强和战时与战后世界安排的主导力量。美、苏、英三大国结束大战和战后安排的进程,与二战息息相关、紧密相连。因此,二战促成了雅尔塔体制的确立,雅尔塔体制是二战的历史产物。

三、雅尔塔体制具有显著的历史进步性

毋庸置疑,雅尔塔体制存在不少问题,具有较强的大国强权政治色彩。这一体制首先是建立在美、苏两国战时和战后军事实力均势基础之上的。同时,它是美苏英三大国为最大限度维护并尽可能扩大本国权益长期讨价还价相互妥协的产物。作为二战的历史产物,雅尔塔体制运行的一个实践结果是战后世界近半个世纪的冷战。冷战是战后国际关系的主要内容。它的主要特征之一是分别以美、苏两国为核心的两大阵营的长期对峙。

然而,雅尔塔体制毕竟是正义的反法西斯的第二次世界大战的产物。相对于历史上的国际体系而言,雅尔塔体制更清晰地反映了战时和战后世界的时代特征和发展趋势,具有显著的历史进步性。一方面,雅尔塔体制的缔造者积极致力于早日结束世界大战,并努力建立维护战后世界和平的长效机制;另一方面,雅尔塔体制的确立反映了战时和战后国际力量的对比变化,反映了时代发展的和平、民主、独立、发展等要求。这些历史进步性对战后世界产生了积极和深远的影响,并且其影响并没有随着冷战的

终结而消失，而是继续发挥着持久的历史作用。

雅尔塔体制的历史进步性主要体现在以下三个方面：

首先，雅尔塔体制下，社会主义和资本主义两种不同社会制度国家之间的和平共处首次成为国际关系的现实和常态。从总体上讲，两种不同社会制度国家之间的和平共处机制，大大制约了美国与苏联发生争端时的解决方式。双方更需要克制，使用和平手段通过协商谈判处理、解决问题，而不能随意诉诸战争。事实是，战后长期的冷战时期，美、苏两国之间虽发生多次对抗，但始终没有发生刀兵相见的世界级的热战。冷战期间，东西两大阵营紧张对峙，局部战争与冲突不断发生。但美、苏两国之间从未发生直接的军事冲突，世界整体和平局面得以长期维系。

与此同时，雅尔塔体制一定程度上体现了和平、民主、独立、发展等战后时代主题和要求。这有力地推动了战后世界的和平、民主、独立和发展。从某种意义上讲，这在一定程度上影响或决定了战后世界和平与发展的时代主题。战后对法西斯国家的民主化和非军事化改造，广大亚非拉殖民地、半殖民地国家和地区独立并登上世界舞台，社会主义国家、第三世界兴起等，都体现了战后世界的巨大进步。这些进步也是人类历史进步的集中体现。毫无疑问，这一切都跟雅尔塔体制深深相连。

其次，联合国是雅尔塔体制核心与支柱，它为维护战后世界的和平与发展做出了重大贡献。作为二战后最具有影响力的国际组织，联合国与一战后成立的国际联盟，既存在深厚的历史渊源与密切联系，又有根本的区别。国际联盟是世界历史上第一个以维护国际和平与安全为根本宗旨的国际组织，它的成立体现了国际政治的重要进步。但是，国际联盟所标榜的宗旨，在一战后的政治实践却一再落空。非常关键的一点是，国际联盟不具有真正的普遍性，因而也就缺乏相应的权威性和执行力。美国始终不是国际联盟的成员，苏联被长期拒之门外，日、德等国能够随意退出。英、法两国执掌国际联盟，但只是把其当作维护本国利益的工具。因而，国际联盟不仅不能在维护世界和平与安全方面做出应有的贡献，反而在客观上纵容、助长了法西斯国家的侵略。

联合国创建过程中，盟国总结了国际联盟的经验、教训，在此基础上进行了精心设计和大胆尝试。联合国是雅尔塔体制的产物，是战时盟国共同规划战后世界和平与安全的一项重大成就。成立后，由于时代和历史的各种复杂原因，联合国在实践中出现过种种问题，拥有这样或那样的不足。但整体来讲，在解决地区国际争端、维护战后世界和平、促进战后国际社会发展、维护人权以及推动非殖民化进程等方面，联合国客观上发挥了重要作用。随着冷战走向缓和、终结，世界朝多极化方向不断发展，联合国在和平解决有关国际争端、促进地区和世界和平与发展方面发挥着越来越重要的作用。

最后，雅尔塔体制的经济体制也集中彰显了雅尔塔体制的历史进步性。以布雷顿森林体系为核心的战后国际经济新秩序，即为雅尔塔体制的经济体制。这是历史上其他国际体系所不具备的，也是雅尔塔体制历史进步性的体现。1929—1933 年席卷全球的资本主义世界经济危机，加剧、深化了这种混乱。这场经济大危机由此成为诱发二战爆发的重要原因。

正因为认识到了这一点，为消除战争爆发的经济根源，反法西斯盟国战时就着手构划战后世界经济体系和秩序。反法西斯盟国关于战后安排的一大重要创新，就是将经济因素与战争的爆发相联系。尽管存在不少弊端和不合理性，但毋庸置疑，雅尔塔体制的经济体制基本保证了战后半个多世纪世界经济的相对有序运转。同时，这也有效加速了战后世界历史整体发展和全球一体化的进程。因此，世界各国之间的相互依赖、共存共荣不断加深，这就更加有利于抑制国际战争、维护战后世界和平与稳定。

综上所述，雅尔塔体制是第二次世界大战战时和战后初期美、苏、英三大国对战后世界安排所形成的战后国际格局，以及为维护战后世界政治、经济秩序所制定和形成的一系列国际规章和制度的总和。战后世界政治地图的划分、战后世界政治体制和世界经济体制共同构成了雅尔塔体制的主体。二战造就了美、苏两国崛起为世界的两强和战时与战后世界安排的主导力量。美、苏、英三大国关于结束大战和对战后世界的安排与二战的进程紧密相连。因此可以说，二战促成了雅尔塔体制的建立，雅尔塔体制是二战的历史产物。

作为正义的反法西斯的第二次世界大战的产物，雅尔塔体制反映了战时和战后世界的现实，反映了和平、民主、独立、繁发展等时代主题和要求，具有显著的历史进步性。雅尔塔体制首次将不同社会制度国家之间的和平共处正式纳入国际关系体系；作为其核心与支柱的联合国，为战后世界的和平与发展做出了重大贡献；雅尔塔体制的经济体制，更是历史上其他国际体系所不具备的。这些历史进步性对战后世界产生了积极和深远的影响，并且在不少方面至今仍继续发挥着持久的历史作用。

第二节 二战与世界格局从多极向两极的演变

第二次世界大战作为人类历史上一场规模和影响空前的浩劫，给整个世界和人类社会造成了巨大的灾难和伤痛。同时，它也引起了世界舞台上国家力量之间的此消彼长和分化重组。第二次世界大战的历史结果之一，就是促成了世界格局由多极向两极的演变。战后世界历史上，一个新的两极格局时代由此出现。

一、一战后的多极世界格局

简要地讲，世界范围内各种基本力量对比、配置形成的世界总体框架结构，就是所谓的世界格局。一般而言，世界格局具有客观性、相对稳定性和历史性的基本特征。客观性，是指世界格局作为一种客观存在，不以人的意志为转移。相对稳定性，是指世界上各种基本力量经过此消彼长、分化组合后形成的一种均势与平衡。实践中，世界形势时常变化不定。但只要旧的均势和平衡没有被打破，各种基本力量的对比、配置没有重大变化，世界格局就不会根本改变。

世界格局总是人类历史发展到特定阶段才出现的。这就是它的历史性。人类历史步入近代以前，生产力水平有限，交通工具落后，世界没有联成一体。那时，谈不上严格意义上的世界格局，世界上同时存在若干相对相互隔绝的文明中心或区域。到了 15、16 世纪，资本主义在欧洲萌芽，"地理大发现"后新航路开辟。从此，资本主义发展迅速，资产阶级兴起。世界市场由此形成，全球意义上的世界格局出现。

虽然具有相对稳定性，但世界格局不是一成不变的。世界近现代历史上，世界格局一直在不断发展演变。一旦原有均势和平衡被打破，格局内部基本力量对比、配置发生量和质的变化，就将形成新的世界格局。从威斯特伐利亚体系下的准世界格局①，到维也纳体系下的世界格局②，再到一战后的凡尔赛-华盛顿体系下的世界格局，这些历史进程无不体现了世界格局的发展演变。

从 19 世纪末到 20 世纪初，欧美及日本等世界主要资本主义国家先后向帝国主义阶段过渡。与此同时，资本主义国家间经济政治发展不平衡性加剧。在新的世界力量格局下，帝国主义各国重新瓜分世界的斗争日益激烈。世界格局的巨变即将发生。

20 世纪初，由英、法、俄组成的三国协约集团和由德、奥、意组成的三国同盟集团在欧洲形成。两大军事政治集团对峙局面出现后，双方军备竞赛日渐升级，局部战争、国际危机接连发生。1914 年 6 月，萨拉热窝事件发生，欧洲火药库的导火索被点燃，第一次世界大战由此爆发。经过长达 4 年的疯狂厮杀，维也纳体系下的世界格局在维持了一个世纪后被完全打破。

一战结束后，德意志、奥匈、土耳其等同盟国因战败彻底瓦解。英、

---

① 三十年战争发生在世界历史的中古时期末、英国资产阶级革命前。当时资本主义的原始积累虽已开始，新航线已经开辟，葡萄牙、西班牙对亚非拉的殖民掠夺也已开始，但整个欧洲尚处于封建统治下，资产阶级尚未在欧洲占据主导地位，更谈不上成为世界的主导力量，世界市场也尚未形成。因此，威斯特伐利亚体系下的世界格局只是地区性的，尚不能说是真正意义上的世界格局。

② 维也纳格局虽然主要建立在欧洲，但由于当时欧洲通过英国革命、法国革命，资本主义率先得到发展，从而处于世界中心和前驱的地位。当时先进的资本主义国家英、法等国已把它们的势力扩展至亚、非、美各大洲，争夺殖民地、瓜分世界的斗争已经开始，世界日益成为一个整体。因此，维也纳体系下的世界格局可以被认为是第一个严格意义上的世界格局。

法两国虽成为战胜国，但元气大伤。美国战争后期加入协约国作战，在战争中大发横财，并由此登上国际舞台开始争夺世界霸权。正所谓，"帝国主义力量对比最突出的变化是大英帝国的衰落和美帝国主义的兴起"①。与此同时，大战中俄国人民觉醒。1917 年，十月社会主义革命爆发。十月革命成功后，苏维埃俄国在列宁的领导下建立。1918 年 3 月，俄国退出了帝国主义战争。世界历史进入建设社会主义的新纪元。

在这样的国际背景下，一战后的巴黎和会和华盛顿会议相继召开。通过两次会议，战胜国签订了一系列和约，通过了诸多决议，发表了诸多声明。凡尔赛-华盛顿体系由此建立。战后帝国主义列强确立了在欧洲、远东和太平洋地区的国际新秩序。基于一战后帝国主义力量对比新基础的国际新秩序一经确立，新的世界格局由此形成。

从本质上说，凡尔赛-华盛顿体系下的世界格局依然属于多极世界格局。但是，相对于一战前主要由英、法、俄、德、奥、意等欧洲列强组成的多极格局，这种多极格局已经发生了一些重大变化。第一，凡尔赛-华盛顿体系下的多极世界格局虽然仍是多极格局，但构成国家已发生变化。德国和奥匈帝国分别作为一极，都不复存在。第二，传统的以欧洲为中心的多极世界格局不复存在。后起的美国和日本，分别成为一战后世界的一极。它们与英、法等国共同构成新的多极世界格局。第三，社会主义国家苏联的建立和崛起，打破了资本主义一统天下的局面，逐渐成为多极世界格局中的重要一极。

但是，凡尔赛-华盛顿体系下的多极世界格局从一开始就极不稳定。凡尔赛-华盛顿体系本身具有很强的掠夺性、称霸性。它是西方列强一战后重新瓜分世界、推行霸权主义、谋求强权政治的产物。这就使凡尔赛-华盛顿体系下的多极世界格局更加不稳定，造就了一战后世界动荡和战乱的祸源。

---

① 王绳祖主编：《国际关系史（十七世纪中叶—1945 年）》，法律出版社 1986 年版，第 320 页。

凡尔赛体系下，主要战胜国之间，日本和意大利不满英、法两国主导的分赃不均。战胜国与战败国之间，通过《凡尔赛和约》，英、法等国对德国进行了残酷的剥夺和野蛮的惩罚，引发了德国的强烈愤恨和复仇情绪。列宁对此深刻地评论说，凡尔赛和约"是一个刽子手的和约，屠夫的和约"，"靠凡尔赛和约来维系的整个国际体系、国际秩序是建立在火山上的"①。

和凡尔赛体系一样，华盛顿体系无法从根本上消除帝国主义国家间的各种矛盾。它至多暂时缓和或掩盖了帝国主义国家在远东和太平洋地区的矛盾。苏维埃俄国的建立和发展，成功打破了资本主义国家一统天下的局面，沉重打击了凡尔赛-华盛顿体系。同时，一战后，亚非地区民族解放运动发展迅猛。脆弱的凡尔赛-华盛顿体系因此也受到不断的冲击。

1929—1933 年席卷全球的经济大危机，是资本主义发展史上持续时间最长、打击范围最广、破坏力最强的一次世界性经济危机。危机沉重地打击了帝国主义各国的垄断资本主义，大大加剧了各国之间的竞争、矛盾和对抗。为了摆脱这次世界性经济大危机的沉重破坏，获得更多的发展空间，德、意、日等国纷纷建立了法西斯专政。它们强烈要求打破凡尔赛-华盛顿体系的束缚，在世界范围内重新划分势力范围。为此，法西斯国家加紧扩军备战，极力谋求通过武力攫取商品市场和原料产地。1939 年 9 月 1日，德国闪击波兰。第二次世界大战由此全面爆发。

二战使国际力量再次经历重大调整、组合，新的世界格局在酝酿中逐步形成和确立。

二、二战促成两极格局的出现

与第一次世界大战的帝国主义战争性质不同，第二次世界大战是世界反法西斯同盟反对德、意、日等国法西斯侵略，捍卫民族独立，维护世界和平的伟大正义战争。为了打赢这场正义战争，具有不同意识形态和社会

---

① 《列宁全集》第 31 卷，人民出版社 1985 年版，第 291-292 页。

制度的国家和人民组成了世界反法西斯联盟。二战的正义性，决定了其为战后世界赢得了和平、进步与发展。反法西斯的二战的直接后果之一，是引起了国际力量的重大调整和组合，促成了世界格局从多极向两极的演变。

第二次世界大战的最终胜利，战后殖民地、半殖民地国家兴起的民族解放运动，彻底打破了以欧洲为中心延续三百多年的传统世界格局。这就为两极世界格局的形成创造了先决条件。

自 15、16 世纪直到一战前，欧洲的英、法、俄、德、奥等国一直占据世界格局的中心。以欧洲为中心的传统世界格局，长期一直延续着。一战后，这一传统世界格局开始发生变化和动摇。经过一战，德国、奥匈帝国作为一极不复存在。后起的美国和日本，迅速崛起成为世界新的一极。社会主义国家苏联建立并发展为世界重要一极，结束了欧洲资本主义一统天下的局面。但是，反法西斯的第二次世界大战，彻底改变了近代以来以欧洲为中心的传统世界格局。

二战首先摧毁了由德、日、意等国组成的法西斯侵略集团。德国纳粹对外发动侵略战争，不仅给欧洲人民和世界人民造成了巨大灾难，而且给德国人民带来了巨大的苦难。长期高烈度战争消耗了德国巨大的人力、物力和财力，拖垮了整个德国的经济与社会。1946 年德国的国民生产总值和国民收入不及 1938 年的 1/3[①]。战败后，德国东部大片领土被划归波兰，剩余国土被美、英、法、苏四国分区占领。德国还要承担巨额的战争赔偿。由于盟国的利益冲突和矛盾发展，最后德国不得不走向分裂。

战争也从根本上摧毁了日本的社会和经济。经过长期的侵略战争，日本经济濒临全面崩溃，财力几近枯竭。日本 1945 年的粮食产量只有 1937 年的一半。由于生产下降，产量减少，供应紧张，物价上涨，1944 年 12 月，日本主要食品价格比 1938 年同期上涨 21 倍。[②] 同时，作为战败国，

---

① 刘金质：《冷战史》(上)，世界知识出版社 2003 年版，第 11 页。

② 王绳祖主编：《国际关系史》(第六卷：1939—1945)，世界知识出版社 1995 年版，第 538—540 页。

战后日本被美国单独占领，并进行了民主化和非军事化改造。这样，战败的德国和日本彻底失去了作为战后世界一极的资格。

英、法两国虽为二战的战胜国，但都因大战受到了空前严重的削弱。一战结束后，英国就已开始衰落。经过二战，英国受到重创，最终沦为二等强国。法国在大战中损失惨重，国力严重削弱，战后国际地位急转直下。

英国是最早同纳粹德国交战的欧洲大国之一。战争给英国的国力造成了巨大的破坏，国际地位明显下降，"已从领导地位一降而为三强中的次要伙伴"①。战争使英国的财政消耗殆尽，国内机器设备破烂不堪，甚至被迫变卖可以创收的资产。经过战争，英国的美元和黄金储备几乎耗光。大战使英国负债累累。1945 年，英国国债达到 214.7 亿英镑，而 1939 年只有 72.5 亿英镑。1945 年 6 月，英国外债达到 33.35 亿英镑。大战结束时，英国经济已经走到全面崩溃的边缘。②

经过大战，英国的殖民体系开始分崩离析。二战推动了殖民地人民的觉醒，促进了战后民族独立运动的开展。英帝国赖以生存和发展的根基开始动摇。由于英国国力的枯竭、国际地位的下降，庞大的英帝国难以为继。英国意识到自己"在世界上的地位已经降到没人能预料的地位"③。

法国在二战中被德国占领。法国政府投降德国，同希特勒政府合作。这使法国的声誉和国际地位严重受损。法国虽为名义上的战胜国，但整体上毕竟对世界反法西斯战争的贡献有限。因此，盟国关于加快反法西斯战争进程、进行战后安排的重要会议，法国都没有参加。比如，德黑兰会议、开罗会议、敦巴顿橡树园会议、雅尔塔会议、波茨坦会议等。在拟对德国进行分区占领的国家中，法国一开始也没有被纳入。

法国在二战中损失惨重。经过长期战争，法国国土满目疮痍，百废待

① [美]哈里·杜鲁门：《杜鲁门回忆录》第 1 卷，生活·读书·新知三联书店 1974 年版，第 6 页。

② 陈乐民主编：《战后英国外交史》，世界知识出版社 1994 年版，第 22 页。

③ 陈乐民主编：《战后英国外交史》，世界知识出版社 1994 年版，第 22 页。

兴。大战造成法国 63 万多人死亡，600 万人流离失所。经过德国的掠夺和战争的破坏，战争中法国共损失 20000 亿法郎（1938 年法郎）。① 大战也沉重打击了法国的殖民统治。觉醒了的法国殖民地人民，纷纷开展争取民族独立与民族解放的斗争。法国殖民帝国即将分崩离析。

经过二战，德、意、日三个法西斯国家被打败，英、法两个老牌帝国主义国家实力严重受损。西欧已不复存在实力雄厚、影响巨大的一流大国。西欧国家在国际事务中的传统支配地位，不得不让位于他国。

大战使美、苏两国的综合实力和国际影响空前增长。它们逐步成长为其他国家不能与之比肩的世界两个超级大国，从而为战后两极世界格局的形成创造了前提。

美国在二战中脱颖而出，成为战时和战后世界最具实力、对全局最具影响的大国之一。大战中，美国既是反法西斯盟国的兵工厂，又是太平洋战场、西欧战场、北非战场、地中海战场对抗法西斯的重要力量。基于对世界反法西斯战争的突出贡献，美国赢得了空前的政治声望和巨大的国际影响。因此，美国成为建立联合国的倡导者和坚定支持者，成为安理会常任理事国之一。美国是战时和战后世界公认的首屈一指的政治大国。

经过二战，美国经济、军事力量迅猛增长，在世界经济格局中具有绝对优势。经济上，战后初期，美国虽然只占有世界 6% 的人口和土地，却占有资本主义世界工业生产的 2/3，外贸出口额的 1/3，黄金储备的 3/4；生产了资本主义世界 1/3 的小麦，1/2 的棉花，70% 的玉米；开采 62% 的煤和石油，冶炼 61% 的钢；生产 48% 的电力和 84% 的汽车，拥有全世界 84% 的民用飞机，85% 的冰箱和洗衣机。② 通过布雷顿森林体系及其国际货币基金组织、世界银行和关税与贸易总协定，美国建立了本国主导的战后资本主义世界货币体系和自由贸易体系。

在军事上，美国号称世界"头等强国"。战后，美国保有世界上最强大

① 张锡昌、周剑钦：《战后法国外交史》，世界知识出版社 1993 年版，第 4 页。
② 刘绪贻、杨生茂主编：《战后美国史》（1945—1986），人民出版社 1989 年版，第 9-19 页。

的军事力量，国际层面罕有对手。1945 年战争结束时，美国总兵力高达 1100 万。美国海军稳居世界首位，具有强大的远洋兵力投送和远洋作战能力。美国空军掌握世界相当的制空权，还曾垄断原子弹及其运载工具火箭。美国士兵在世界各战略要地驻扎。1946 年，56 个国家有美国军队驻扎。1949 年，美国对全世界 400 个海军和空军基地拥有留置权。①

由此可见，美国已成为战后世界政治、经济、军事实力和全球影响力都首屈一指的超级大国，成为战后世界两极格局中重要一极的中心，成为战后资本主义世界的政治中心和战略堡垒。对此，美国总统杜鲁门 1950 年曾不无自豪地说："今天——我们已经从世界事务的外缘走到世界事务的中心。"②

苏联是世界反法西斯联盟中唯一的社会主义国家。客观地讲，苏联在打败德国方面起到了中流砥柱的作用，为大战的胜利作出了重大贡献，并付出了惨重的代价。同时，苏联也是二战的获益者。通过大战，苏联的政治、军事实力、全球影响力等大幅提升。

政治上，首先，通过二战，苏联的版图迅速扩大。1941 年，波罗的海三国爱沙尼亚、拉脱维亚、立陶宛被并入苏联。芬兰、罗马尼亚、捷克斯洛伐克、波兰等国部分领土也被苏联接纳。大战期间，苏联帮助东欧一些国家进行反法西斯战争。战后，苏联帮助这些国家进行政权建设，使社会主义超出一国范围进而形成了一个阵营。国际舞台上，苏联长期被孤立和单独作战的局面得到根本扭转。苏联还利用战争时机建立并扩大了国家安全带，国家安全环境得到大大改善。同时，基于对反法西斯战争的重大贡献，苏联的国际影响力空前高涨。苏联是仅次于美国的战时反法西斯联盟三大国之一。苏联战时在联合国的酝酿、成立中发挥了重要作用，成为联合国安理会五大常任理事国之一。

---

① ［美］戴维·霍罗威茨：《美国冷战时期的外交政策：从雅尔塔到越南》，上海人民出版社 1974 年版，第 64 页。

② 转引自胡德坤、罗志刚：《第二次世界大战与战后世界性社会进步》，湖北人民出版社 1993 年版，第 371 页。

军事上，苏联在大战中建成了一支实力强大的武装力量。并以强大的重工业做支撑，苏联精心装备这支部队。1945 年大战结束时，苏联拥有世界上人数最多的部队，共计 1136 万人。战后初期，苏联军队人数曾缩减 2/3，但依然保留了相当的规模。其中包括 175 个师、2.5 万辆坦克、1.9 万架飞机。① 苏联战后大力加强对武器的研发，其在某些领域甚至占据了对美国的优势。

经济上，苏联战后迅速开始摆脱战争影响，恢复、重建国民经济。1948 年，苏联工业总产值已经超越战前水平。1950 年，苏联工业生产水平达到 1940 年的 1.73 倍；并且重工业发展成就突出：钢产量 2700 万吨，铁产量 1900 万吨，原油产量 3800 万吨，采煤量 2.61 亿多吨。② 苏联成为仅随美国之后的世界第二经济强国。

经过二战，苏联成为欧亚大陆头号、世界第二的政治和军事强国，经济上虽然不如美国，但政治、军事上完全可以同美国抗衡。社会主义超越一国、社会主义阵营形成后，苏联的国际地位和世界影响力更大为增强。苏联因此成为战后唯一能够和美国全面抗衡的世界大国，是名副其实的战后两极世界格局中的另外一极。

二战促成了美苏两个超级大国的出现。正是由于两大国战时日渐增强的强大实力、对世界反法西斯战争的重大贡献以及随之而来的巨大国际影响力，美、苏两国共同主导了战时反法西斯盟国对战后世界秩序的谋划和安排。1945 年 2 月，雅尔塔会议召开。美、苏、英三国首脑就盟国战后安排有关问题达成重要协议，战后两极世界格局的初步基础由此奠定。

美、苏、英三大国，主要是美、苏两国，通过雅尔塔会议重新划分了在欧洲和亚洲势力范围。雅尔塔会议决定，德国由美、苏、英、法四国分区占领。其后，西占区和苏占区分别发展成为西德和东德两个国家。雅尔塔会也议粗略划分了在远东的势力范围。苏联承认美国对日本的控制以及

---

① 金挥、陆南泉、张康琴主编：《苏联经济概论》，中国财政经济出版社 1985 年版，第 13 页。

② 刘金质：《冷战史》（上），世界知识出版社 2003 年版，第 21 页。

在中国的利益。美国则满足了苏联收回南库页岛、取得千岛群岛、外蒙古独立，以及把中国大连港国际化、旅顺港租为苏海军基地、中国中东铁路和南满铁路由中苏共营等要求。① 1945 年 7 月 17 日至 8 月 2 日，美、苏、英三国首脑会议在波茨坦召开。作为雅尔塔会议的继续，波茨坦会议进一步补充和细化了雅尔塔会议的有关决议。战后两极世界格局在雅尔塔等会议决议的基础上逐步形成。

由上可见，二战彻底摧毁了以欧洲为中心的传统世界格局，促成了美苏两个超级大国的出现并分别成为战后两极世界格局中的一极。同时，战时雅尔塔等会议划分了美、苏两国的势力范围，为战后两极世界格局的形成奠定了初步基础。因此，战后两极世界格局的出现，是历史的产物，尤其是二战胜利的产物。

但是战后两极世界格局的最终形成并非一蹴而就，经历了一定的历史过程。

1945—1947 年，一系列社会主义国家先后在欧亚大陆建立。社会主义由此越出一国范围，社会主义国家体系形成。这从根本上改变了战后世界力量格局。以美国为首的资本主义世界，对此深感震惊与不安。最终，美国利用战后援助逼迫苏联就范的计划落空。美苏两国从昔日盟友最终变成对手。因此，美国制定了以遏制苏联和社会主义为目标的全球战略。美、苏冷战从此开启。1947 年 3 月，杜鲁门主义发表，美国冷战政策正式出台。

杜鲁门主义发表之后，美国又出台了"马歇尔计划"。该计划打着复兴欧洲的旗号，实质上是通过经济手段为美国控制西欧铺平道路。实施"马歇尔计划"是推行杜鲁门主义的重要环节，也是美国推行称霸全球战略的关键举措。1949 年 1 月，杜鲁门政府又推出了"技术援助和开发落后地区计划"，即"第四点计划"。该计划把目标指向亚非拉广大中间地带，是在

---

① 参见《德黑兰 雅尔塔 波茨坦会议记录摘编》，上海人民出版社 1974 年版，第 209-232 页。

地域上对马歇尔计划的补充。

同苏联进行争夺与对抗，是美国推进全球战略的重要环节。1949年4月，美国纠集加拿大、西欧等12个国家成立北大西洋公约组织。主要受控于美国的军事集团由此形成，美国以欧洲为重点实现了对苏联的全面遏制。这样，战后以美国为核心的帝国主义阵营形成了。

争取和平的国际环境，是战后初期苏联对外战略的基本目标。东欧是苏联国家战略防御体系中最重要的"安全带"，同时也被视作苏联的势力范围。为此，苏联坚决杜绝其他国家势力染指这一地区。1947年9月，为应对美国的冷战攻势，欧洲九国共产党、工人党情报局成立。该情报局是苏联共产党联合欧洲八国的共产党和工人党成立的。马歇尔计划推出后，美国对苏联和东欧社会主义国家实行普遍经济封锁。作为应对，1949年1月，苏联联合保、罗、波、捷、匈等国成立了经济互助委员会。两大阵营的对峙由此拓展到经济领域。

1949年10月1日，中华人民共和国宣告成立。1950年2月，中国政府与苏联签署《中苏友好同盟互助条约》。该条约有利于打破帝国主义的封锁，使社会主义阵营的力量大大增强。此后，美国坚决主张重新武装联邦德国并积极将之拉入北大西洋公约组织。为了与北大西洋公约组织相抗衡，1955年5月，苏联联合东欧七国组建了华沙条约组织。这样，从杜鲁门主义出台，到欧洲九国共产党、工人党情报局成立，到两大对峙军事集团形成，以美苏冷战和两大阵营全面对峙为特征的战后两极世界格局最终形成。

综上所述，作为由世界上各种基本力量的对比、配置而形成的国际总体框架结构，世界格局具有相对稳定性。但是，一旦原有的均势、平衡被打破，这种稳定性随即消失，新的世界格局就将形成。从根本而言，凡尔赛-华盛顿体系下的世界格局是一个极不稳定的多极世界格局。这就给世界留下动荡和战争的祸源，导致第二次世界大战最终爆发。二战引起了国际力量的重大调整和重组，彻底摧毁了以欧洲为中心的传统世界格局，促成了美、苏两个超级大国的崛起并分别成为战后两极格局中的一极。同时，战时雅尔塔等会议划分了美苏两国的势力范围，为战后两极世界格局的形成奠定了初步基础。因此，二战促成了世界格局从多极向两极的演变，战后两极世界格局的出现是二战胜利的产物。大战结束后，从杜鲁门主义出台到华沙条约组织建立，战后两极世界格局最终形成。

第三节　二战与国际和平组织的诞生

一般而言，国际组织是国际关系发展到特定历史阶段的产物。国际和平组织的出现同样如此。第一次世界大战后成立的国际联盟，是人类建立普遍性国际和平组织的第一次实践。第二次世界大战的爆发宣告了国际联盟实践的失败，但同时推动了新的国际和平组织——联合国的成立。联合国是二战的重要成果之一。

一、国际联盟的失败与联合国设想的萌生

作为世界上第一个普遍性的国际组织，国际联盟是一战后巴黎和会的产物。国际联盟于 1920 年 1 月 10 日正式宣告成立。"促进国际合作，保证国际的和平与安全"[1]是国际联盟成立的目的。但是，从一开始，国际联盟先天就存在导致其最终失败的症结。

在防止战争、维护国际和平方面，国际联盟存在许多缺陷。首先，国际联盟成员国对侵略没有有效承诺采取强制行动。国际联盟盟约没有规定，成员国具有参加集体军事制裁的应尽义务。盟约第 10 条，也没有约束成员国对侵略者反应时必须使用军事力量。[2] 其次，国际联盟盟约第 8 条规定："为维护和平起见，必须裁减本国军备"，要求各会员国"必须将本国军备减至最少之限度，以足以保卫国家之安全及共同实行国际义务为限"，要求各会员国就其国内关于军备之规模、陆海空军之计划及可供战

---

① 《国际条约集》(1917—1923)，世界知识出版社 1961 年版，第 226 页。

② F. Northedge, *The League of Nations：Its Life and Times*, 1920-1946, New York：Helmes & Meier, 1986, pp. 317-327.

争用之工业情形，"互换最诚实及完备的通知之义务"。① 但是，国际联盟行政院依据盟约制定的裁军计划，没有法律效力。有关国家政府对此可以置之不理。

最后，国际联盟缺乏强制维护和平的执行力。国际联盟盟约第 10 条规定："联盟会员国尊重并保持所有联盟各会员国之领土完整及现有之政治独立，以防御外来侵犯。如遇此种侵犯或有此种侵犯之任何威胁或危险之虞时，行政院应筹备履行此项义务之方法。"②这一方面规定了按照仲裁、司法程序等和平手段来解决争端；另一方面规定，对于违反盟约擅自挑起战端的国家，要进行经济、政治和军事方面的制裁。但是，盟约没有界定何为侵略，也没有规定制裁的办法。同时，采取制裁行动，需要所有会员国全体一致同意才行。这样，所谓制裁侵略就是形同虚设。

国际联盟缺乏普遍性和权威性，因此在维护国际和平方面难有所作为。国际联盟会员国普遍拥有否决权，形成决议需要全体一致同意，使之根本不能采取有效行动。国际联盟决议对会员国缺乏约束力。国际联盟自身既无权力，又无法采取有效手段强制实施决议。国际联盟的失败无疑源于自身的这些致命缺陷，但是，也与当时世界均势体系失衡、国际力量重新分化组合等形势密不可分。国际联盟成立后，因控制它的目的没有达到，美国拒绝参加。同时，作为一个大国，苏联长期被隔绝于国际联盟之外。国际联盟的权威性、执行力等因此大打折扣。就本质而言，国际联盟是一个普遍性国际组织。但是，它更是一个"企图瓜分管理各个国家的权利"的联盟，是一个战胜国的联盟。③ 因此，自成立之日起，国际联盟就成为英、法两国操纵的帝国主义外交工具。

国际联盟既不能制止军备竞赛，又不能制裁侵略。第二次世界大战最终爆发。20 世纪 30 年代之后，国际形势日趋紧张。面对 1931 年日本发动九一八事变，1935 年意大利入侵埃塞俄比亚，1935 年德国进军莱茵兰，

① 《国际条约集》(1917—1923)，世界知识出版社 1961 年版，第 268-269 页。
② 《国际条约集》(1917—1923)，世界知识出版社 1961 年版，第 270 页。
③ 《列宁全集》第 30 卷，人民出版社 1957 年版，第 408 页。

1937 年日本发动全面侵华战争，一直到德国进攻波兰、全面发动二战，国际联盟在侵略者面前完全无所作为，只是起了纵容侵略的作用，给绥靖主义帮了忙。① 二战的爆发，从实践层面宣告了国际联盟的失败。

联合国的成立是战时反法西斯盟国合作的一项重要成果。在艰苦卓绝的反法西斯战争中，创建一个新的国际和平组织的设想逐渐孕育出。第二次世界大战的浩劫，向世界各国人民提出了一个沉重、严峻的问题：如何才能有效避免同样悲剧的再度上演，免使"后世再遭今代人类两度身历惨不堪言之战祸"②？建立一个维护国际和平与安全的新国际组织的设想，在世界各国人民强烈呼吁和平的基础上产生。从最初设想到最终在实践中落实，其间经历了一个发展过程。

1941 年 8 月大西洋会晤期间，罗斯福和丘吉尔共同签署并发表了《大西洋宪章》。宪章希望，待摧毁纳粹暴政后，将能建立一个"广泛而永久的普遍安全制度"③。盟国关于建立新的国际和平组织的设想，由此最早提出。这一提法，后来被普遍视为日后新建立的国际组织的同义语。不久，苏联在有关文件中也表达希望"建立一种使子孙后代摆脱罪恶的纳粹主义的战后和平体制"④。同时，苏联明确提出，战后"只有通过一个新的国际关系组织，将各民主国家联合在一个持久同盟的基础上，才能保证持久和正义的和平"⑤。

1942 年 1 月 1 日，以美、苏、英、中为代表的 26 个国家共同签署《联合国家宣言》。签字国宣布一致赞同，将《大西洋宪章》的宗旨和原则作为盟国战时的共同纲领。因此，盟国一致同意建立战后"广泛而永久的普遍安全制度"。《联合国家宣言》的签署，为联合国的创建奠定了思想基础。

① 王绳祖：《国际关系史》(第四卷：1917—1929 年)，世界知识出版社 1995 年版，第 91 页。
② 《国际条约集》(1945—1947)，世界知识出版社 1959 年版，第 35 页。
③ 《国际条约集》(1934—1944)，世界知识出版社 1961 年版，第 337-338 页。
④ [苏]C. A. 戈尼昂斯基等著，武汉大学外文系等译：《外交史》第四卷(下)，生活·读书·新知三联书店 1980 年版，第 246 页。
⑤ 《国际条约集》(1934—1944)，世界知识出版社 1961 年版，第 337 页。

1943 年 10 月，美、苏、英、中四国代表在莫斯科签署《关于普遍安全的宣言》，简称《四国宣言》。宣言的签署，是筹建联合国进程中重要的一步。宣言明确，四国"承认有必要在尽速可行的日期，根据一切爱好和平国家主权平等的原则，建立一个普遍性的国际组织，所有这些国家无论大小，均得加入为会员国，以维护国际和平与安全"①。这样，四国第一次联合宣布一致赞同创建一个战后普遍性的国际和平组织，并为之首次正式承担了应尽义务。《四国宣言》拟定了联合国建立的一些基本原则，如该组织的宗旨、成员国的平等性、普遍性等原则。《四国宣言》的签署，为联合国的成立奠定了初步的组织基础。

在随后的开罗会议和德黑兰会议上，美、苏、英、中四国首脑就未来国际和平组织的创建分别深入交换了意见。1943 年 11 月 28 日，德黑兰会议召开。就拟成立的联合国的总体设想、框架结构等问题，美、苏、英三国再次交换意见，达成了相当的共识。会上。苏联终于同意中国的"世界警察"资格。为了维持战后世界的和平与安全，三国一致同意加强合作，携手共建一个普遍性的战后国际和平组织。12 月 1 日，三国首脑正式发表《德黑兰宣言》。宣言重申建立一个普遍性战后国际组织的决心，呼吁其他国家加入"一个全世界民主国家的大家庭里来"②。

德黑兰会议之后，世界反法西斯战争进程进一步加快，大战胜利日益临近。盟国大大加速了筹建新的国际和平组织的进程。联合国的具体筹建工作随即展开。

二、战时联合国的具体筹建及成立

战时反法西斯同盟国具体筹建联合国，主要是通过一系列会议，如敦巴顿橡树园会议、雅尔塔会议、旧金山会议等，开展和完成的。

1944 年，是二战进程发生深刻转变的一年。当年 6 月，盟国开辟了西

---

① 《国际条约集》(1934—1944)，世界知识出版社 1961 年版，第 403 页。
② 《国际条约集》(1934—1944)，世界知识出版社 1961 年版，第 408 页。

欧第二战场，大战进程进一步加速。加快建立一个强大的战后国际和平组织的任务，更加突出地摆在盟国面前。盟国随即加快筹建国际和平组织的节奏。1944 年 7 月 18 日，《普遍国际组织暂定草案》被分送给苏、英、中三国政府征求意见。美国政府起草了该草案，同时邀请三国参加华盛顿附近的敦巴顿橡树园会议，讨论、草拟战后国际和平组织的章程。

随后的 8 月 21 日至 10 月 7 日，敦巴顿橡树园会议期间，美、苏、英三国和美、英、中三国先后分别举行会议。1944 年 8 月 21 日至 9 月 28 日，是会议的第一阶段。美、苏、英三国政府的不少主张较为接近或类似，会议开始时进展很快。美、苏、英三国都同意，新的国际和平组织应具备四个基本"要素"：由所有成员国代表出席的全体大会、由大国任理事和大会选出的较小国家任非常任理事组成的安全理事会、秘书处和国际法庭。[1]

三国代表一致认为，如何保证三国之间的有效合作是新的国际组织能够成功的关键。三国政府一致同意，关于联合国大会的重要决议，无须会员国全体一致的同意票，只要达到三分之二的多数票就可通过；维护和平与安全的主要权力集中于安理会，大国在安理会中有常任代表，并对安理会的决议拥有否决权，所有会员国都要接受安理会决议的约束并予以执行。[2]

敦巴顿橡树园会议上，有些问题起初存在分歧，但经过争论最后基本达成一致意见。一开始，苏联主张国际组织的任务应以维护安全为限。苏联倡议设立一个单独的专门机构处理社会和经济问题。与此相对立，美国和英国认为，社会和经济问题很容易成为可能导致战争的重要因素；而且一国国内和国际社会的安全，和世界人民的生活情况密不可分。1944 年 9 月 8 日，该问题得到解决。苏联同意在新成立的国际组织内部专门成立一个社会和经济理事会。该理事会对大会负责，执行大会提出的关于这两个

[1] Charles K. Webster, "The Making of the Charter of the United Nations", History, 1947, Vol. 31, p. 17.
[2] 《战后世界历史长编》第一编第一分册，上海人民出版社 1975 年版，第 483-484 页。

领域的任何可能的建议。①

有关军事问题也出现过分歧。苏联曾经建议成立一支国际空军。一旦任何时候安理会发出有关命令，该空军要立即投入行动。对此，美国不同意。美国主张首先由安理会与各国政府协商。每个国家提供一部分军队，组成的部队必要时根据安理会的命令开展行动。英国建议，成立一个军事参谋委员会负责处理军事问题。1944 年 9 月 12 日，苏联撤回原先的建议。三国一致同意，将军事问题交给一个军事参谋委员会处理。该委员会成员应由安理会常任理事国的参谋长（或他们的代表）担任。②

也有一些问题在会上没能解决。其中最为核心的是安理会投票程序问题。三国一致同意，安理会常任理事国应该享有否决权这个总原则。但英国坚持认为，当一个大国是争端的当事国时，它就不应该拥有否决权。对此，美国开始时犹豫不决，后来也表示支持英国。然而，苏联却断然拒绝同意在任何情况下取消否决权。③ 1944 年 9 月 8 日，通过电报，罗斯福和斯大林商讨了这个问题。斯大林答复说，建议单独拟定一种特别程序，以处理涉及大国的任何争端。斯大林强调，不能容许违反一致同意的原则；并指出，苏联不得不考虑其他国家对苏联经常表现出的"滑稽可笑的成见"。④

为摆脱会议出现的僵局，有人提出一个妥协方案。该方案规定，对关于强制执行的任何决议案，都需要常任理事国一致同意；一国不能审判有关本国案件的原则，只适用于初步调查及作出和平解决争端的建议。对此，英国代表拒绝接受。美国代表团一部分成员同意对苏联妥协，另一部

---

① Cordell Hull, *The Memoirs of Cordell Hull*, Vol. 2, New York：Macmillan, 1948, pp. 1677-1684.

② Harley Notter, *Postwar Foreign Policy Preparation, 1939-1945*, Washington, D. C.：Department of State, 1949, p. 322, p. 616.

③ ［美］威廉·哈代·麦克尼尔著，叶佐译：《美国、英国和俄国：它们的合作和冲突（1941—1946 年）》（下册），上海译文出版社 1978 年版，第 776-777 页。

④ Cordell Hull, *The Memoirs of Cordell Hull*, Vol. 2, New York：Macmillan, 1948, pp. 1700-1701.

分人则希望坚持英国的原则。最后，会议决定把该问题暂时搁置。因此，敦巴顿橡树园建议案称，安全理事会的投票程序问题"仍在酝酿中"。①

有关创始会员国资格问题，在会议上也没有得到解决。美国希望，1942 年 1 月《联合国家宣言》所有签字国，再外加上其他八个未和轴心国交战的国家，都理应成为会员国。这八个国家中六个是拉丁美洲的共和国。对此，苏联认为，美国企图以此在新的国际组织中拉入更多追随它的傀儡国家。当美国固执己见时，苏联代表团团长葛罗米柯甚至声称，苏联十六个加盟共和国在大会中也应该分别享有代表权。对此，美英两国感到恐慌。它们担心会议可能破裂。为此，罗斯福下令此事严守秘密。1944 年 8 月 31 日，罗斯福急电斯大林磋商。1944 年 9 月 7 日，斯大林回电罗斯福。他说，希望当面向总统说明这一问题在"政治上的重要性"。因此，经过美苏双方同意，这一问题就此暂时搁置。②

作为第一阶段会议的重要成果，《关于建立普遍性的国际组织的建议案》由美、苏、英三国签署。建议案建议，未来的国际组织定名为"联合国"。其中规定了联合国的宗旨与原则，联合国大会、安理会等重要机构的组成和职权，有关维护国际和平与安全的安排，关于国际经济与社会合作有关安排等。这样，联合国宪章的框架结构初步形成。

1944 年 9 月 29 日至 10 月 7 日，是会议的第二阶段。此阶段会议没有涉及重大实质性内容。

敦巴顿橡树园会议后，美、苏两国继续就安理会表决程序问题进行磋商。1944 年 11 月 15 日，美国国务院提出的方案获得罗斯福的批准。该方案提出：（1）安理会关于"程序事项"应以七个理事国的可决票表决之；（2）其他问题则应施行大国一致原则；（3）但涉及安理会通过劝告、调停等

① Cordell Hull, *The Memoirs of Cordell Hull*, Vol. 2, New York: Macmillan, 1948, pp. 1701-1705.

② Cordell Hull, *The Memoirs of Cordell Hull*, Vol. 2, New York: Macmillan, 1948, pp. 1678-1680; Notter, Harley. *Postwar Foreign Policy Preparation*, *1939-1945*. Washington, D. C.: Department of State, 1949, pp. 317-318.

方式求得和平解决一个争端时，争端当事国，包括常任理事国在内，均不得参加投票。① 对于第三点，苏联明确表示无法同意。

敦巴顿橡树园会议后，联合国安理会投票程序和联合国创始会员国资格两大问题，是联合国成立过程中剩下的两大重要障碍。1945 年 2 月 4 日至 11 日，雅尔塔会议召开。就上述遗留问题，美、苏、英三国首脑进行了专门讨论。

雅尔塔会议上，得到不能用新国际组织的权力反对三国的明确、肯定答复后，苏联接受由美国国务院提出并被英国同意的方案。就安理会表决程序问题，美、苏、英三国达成如下协议。"（一）安全理事会每个理事国都应有一个投票权。（二）关于程序事项的决议，安全理事会应以七个理事国的可决票表决。（三）对于其他一切事项的决议，安全理事会应以七个理事国的可决票，包括全体常任理事国的同意表决；但对于第八章甲节和第八章丙节第一段（利用区域机构以求和平解决）各事项的决议，争端当事国不得投票。"②这就是所谓的"雅尔塔公式"。根据这一公式，联合国安理会通过程序性之外事项的实质性决议时，必须坚持"大国一致原则"。也就是说，大国在实质性问题上拥有否决权。

雅尔塔会议上，就联合国创始会员国资格的问题，苏联要求其加盟共和国中的三个或者至少两个，应被邀请为新国际组织的创始会员国。相对于敦巴顿橡树园会议提出的要求接纳全部十六个加盟共和国，苏联的这一要求已大大后退一步，但这依然使罗斯福深感为难。③ 因此，罗斯福建议暂时搁置这一问题，由各国外长先就此进行全盘考量。

问题被提交外长们讨论后，英国外交大臣艾登明确表态，英国支持苏联争取联合国大会多重代表权的要求。对此，美国国务卿斯退丁纽斯没有

① 《战后世界历史长编》第一编第一分册，上海人民出版社 1975 年版，第 489 页。

② Ruth B. Russel, *A History of the United Nations Charter：the Role of the United Nations* 1940-1945, Washington, D. C.：Brookings Institution, 1958, p.497.

③ ［美］威廉·哈代·麦克尼尔著，叶佐译：《美国、英国和俄国：它们的合作和冲突（1941—1946 年）》（下册），上海译文出版社 1978 年版，第 846 页。

正面回复。但是，外长们的讨论一结束，罗斯福就决定同意苏联的要求。该要求提议，将乌克兰和白俄罗斯作为联合国创始会员国。① 最后，雅尔塔会议决定，联合国家制宪会议将于 1945 年 4 月 25 日在美国旧金山召开。就邀请哪些国家参加制宪会议，三国进行了争论。最后会议决定，凡于 1945 年 3 月 1 日前对"共同的敌人"宣战，并于同一日前签署 1942 年 1 月《联合国家宣言》的国家，都应被邀请参加旧金山制宪会议。②

最终，雅尔塔会议公报向全世界宣告，"我们决定与盟国一起，尽快建立一个普遍性的国际组织"。这一国际组织的建立，将为创造未来持久和平的重要条件"提供一个有史以来最好的时机"。③ 至此，联合国创建的所有重大障碍都得到解决。

1945 年 4 月 25 日，既定的联合国家制宪会议在旧金山如期召开。参加会议的有 50 个国家的 282 名正式代表，以及 1726 名相关人员。会议期间，围绕安理会权限、有关否决权等问题，与会国展开了激烈争论。其中，争论最为激烈是关于安理会权限以及否决权问题。四十个中小国家以澳大利亚为代表，强烈批评设置大国否决权，提出了多种试图限制或取消大国否决权的方案。除此之外，不少国家认为"雅尔塔公式"含混不清，不知就哪些问题大国将行使否决权。到了 1945 年 5 月 22 日，会议集中了各方意见，提出了一份包括 23 个问题的"问题一览表"。该一览表由新西兰代表提议草拟，要求四个发起国回答和解释。④

当美、苏、英、中四国就如何答复"问题一览表"进行讨论时，就"雅尔塔公式"的解释，苏联跟其他三国之间又出现了分歧。1945 年 5 月 27 日，苏联代表葛罗米柯强调，否决权适用于不管是否"程序"问题的任何决

① Edward Stettinius, *Roosevelt and the Russians*：*The Yalta Conference*, Garden City, N. Y.：Doubleday, 1949, pp. 178-183.

② James Byrnes, *Speaking Frankly*, New York：Harper & Row, 1947, pp. 38-39.

③ U. S. Department of States, *Foreign Relations of the United States*, *The Conferences at Malta and Yalta*, 1945, Washington D. C.：Government Printing Office, 1955, p. 975.

④ 《战后世界历史长编》第一编第一分册，上海人民出版社 1975 年版，第 501-502 页。

定。对此，美国代表坚决反对。美国认为，雅尔塔公式应当保障安理会讨论的自由，并保障任何理事国有权将任何局势提交安理会讨论；而安理会决定是否讨论，属于程序问题，应以简单多数决定，任何大国都不得行使否决权。如果按照苏联的建议，那么大国可以决定该问题为非程序性问题从而得以行使否决权。① 对于美国的意见，英国和中国表示支持。

最后，苏联就此作出退让。6 月 7 日，美、苏、英、中四国发表了一项声明。该声明进一步阐述了四国对"雅尔塔公式"的解释，并就上述"问题一览表"进行了总的说明。声明最后部分强调，对一个国际组织的有效工作而言，雅尔塔投票方案是"必要"的；声明直截了当地回应小国，对于一个问题是否程序问题的决议，仍然受否决权的限制。对于"问题一览表"的其他问题，"答复应是什么……那是很清楚的"，但是大国避免具体说明。②

对于联合国大会的职权，以澳大利亚为代表的中小国家都主张扩大大会权力。它们认为，除了某些特别例外，联合国大会有权讨论国际关系范围内任何问题，并就此有权向会员国或安理会或同时向二者提出建议。这一主张得到美国的支持，但遭到苏联的反对。最终，苏联妥协。1945 年 6 月 20 日，会议就此问题通过了以下修正案："大会得讨论本宪章范围之内任何问题或事项，或关于本宪章所规定任何机关之职权；并除第十二条所规定外，得向联合国会员国或安全理事会或兼向两者，提出对各该问题或事项之建议。"③

1945 年 6 月 25 日，《联合国宪章》获得 50 个国家代表的一致通过。作为宪章组成部分的《国际法院规约》，也一并通过，26 日，全部 50 个国家153 名代表在中、法、俄、英、西班牙 5 种文本的《联合国宪章》上签字。

① ［美］威廉·哈代·麦克尼尔著，叶佐译：《美国、英国和俄国：它们的合作和冲突（1941—1946 年)》(下册)，上海译文出版社 1978 年版，第 920-921 页。
② ［美］威廉·哈代·麦克尼尔著，叶佐译：《美国、英国和俄国：它们的合作和冲突（1941—1946 年)》(下册)，上海译文出版社 1978 年版，第 922 页。
③ 转引自《战后世界历史长编》第一编第一分册，上海人民出版社 1975 年版，第515 页。

旧金山联合国制宪会议胜利闭幕。1945 年 10 月 24 日,《联合国宪章》获得中、苏、美、英、法和其他 24 个签字国批准。这些国家向美国交存本国批准书后,《联合国宪章》由此正式生效。至此,联合国宣告正式成立。

三、联合国是二战的重要成果

第二次世界大战是人类历史的重大转折点,开启了战后世界和平与发展的新时代。二战催生了联合国,联合国是二战的重要成果。

第一,二战为联合国的创建提供了重要推动力。和平与安宁是人类不懈追求的美好理想之一。建立国际组织以维护世界和平与安全的思想由来已久,一战后建立的国际联盟便是这种思想的第一次实践。由于自身维和功能的缺陷,面对大战的日益临近,国际联盟毫无有效应对之策,二战最终爆发。二战的爆发导致了国际联盟的失败,但并没有毁灭人类通过建立国际组织维护世界和平的希望,反而使这一愿望和要求更加强烈和迫切,使其酝酿、筹备工作更加趋于理性、成熟和富有成效,从而最终促成了联合国的成立。

国际联盟的历史是一笔宝贵的历史财富,它的失败"只是一次试验的失败"。[1] 国际联盟的经验教训,为联合国的成立提供了极具价值的反思和借鉴。所以,在 1946 年的国际联盟解散大会上,曾参与国际联盟创建的英国塞西尔勋爵(Robert Cecil)不无感慨地说:"国际联盟死亡了,联合国万岁。"[2]同时,反法西斯同盟国创建联合国的进程与二战的战事进展紧密相连。战事的进展不断增强着盟国创建国际组织维护战后和平的信心,从而持续推动着联合国创建工作的加速进行。因此,二战促进了人类国际和平组织思想的更加成熟和成功实践,从而为联合国的创建提供了力量之源。

第二,战时盟国的团结和有效合作是联合国建立的重要保证。打倒和

---

① 李铁城主编:《联合国的历程》,北京语言学院出版社 1993 年版,第 147 页。

② [英]华尔脱斯著,封振声译:《国际联盟史》(下卷),商务印书馆 1964 年版,第 407 页。

消灭法西斯集团的共同目标，将不同社会制度和意识形态的国家和人民空前地团结在一起，组成了世界反法西斯同盟。世界反法西斯同盟的形成和盟国的团结合作，既是二战胜利的前提和保障，也是联合国成立的重要保证。联合国是战时反法西斯同盟国集体智慧的结晶，是反法西斯同盟国有效合作的结晶。没有战时盟国的团结和有效合作，就没有二战的胜利，也没有联合国的建立。罗斯福认为，联合国不仅是盟国团结的一个结果，而且是解决四大国之间的争论和分歧因此保持大国长期团结的主要手段。①

历史证明，联合国的成立来之不易。联合国的创建并不是一帆风顺的。其间，盟国尤其是美、苏、英三大国的分歧和冲突不断，有时甚至到了葬送联合国前途的地步，从敦巴顿橡树园会议到雅尔塔会议，再到旧金山会议，都是如此。但正是战胜法西斯侵略的共同目标和维护战后和平的一致愿望，使得盟国能够较为理智地顾全大局和适当妥协，从而使联合国创建过程中一个又一个的难题得到解决，最终促成了联合国的成立。

第三，二战的性质决定了联合国成立的重大历史意义。一战是帝国主义国家间的争霸战争，因此，作为大战产物的国际联盟必然是主要战胜国控制的帝国主义的工具。这也在很大程度上决定了国际联盟的失败。与一战的性质不同，二战是由不同社会制度、不同意识形态的国家和人民组成的世界反法西斯联盟反抗法西斯集团侵略的正义战争。二战的反法西斯战争的正义性，决定了在战争中酝酿和成立的联合国的性质及其宗旨和原则。联合国的诞生，给战后世界和平带来了光明，是战后世界的一大进步。

《联合国宪章》规定，联合国的宗旨是："维持国际和平及安全"；"发展国际间以尊重人民平等权利及自决原则为根据之友好关系"；"促成国际合作，以解决国际间属于经济、社会、文化及人类福利性质之国际问题"；

---

① Thomas M. Campbell, *The Masquerade Peace: America's U. N. Policy, 1944-1945*, Tallahassee, Florida: Florida State University Press, 1973, p.173.

"构成一个协调各国行动之中心，以达成上述共同目的"。① 联合国成立后，尽管存在这样或那样的问题和不足，但总体上讲，能够基本上遵照其宗旨和原则行事，为维护战后世界和平和促进人类经济、文化及社会的发展作出了重大贡献。作为当今世界最具普遍性、最具代表性和最具权威性的政府间国际组织，联合国日益成为世界各国伸张正义、解决分歧、共促和平与发展的讲坛和载体。

综上所述，一战后成立的国际联盟，是人类国际和平组织思想的第一次实践。但是，国际联盟自身维和功能的缺陷，使其既不能制止军备竞赛，又不能制裁侵略，最终导致二战的爆发。二战的爆发宣告了国际联盟的失败，也使人类重建国际和平组织的思想更加强烈和趋于成熟。二战推动了联合国设想的萌生和成熟，促成了联合国的诞生。尽管联合国的创建并非一帆风顺，但这并不能否定其诞生的重大意义。

第四节 导向和平：盟国对法西斯国家的占领与改造

作为第二次世界大战的两大罪魁，德国曾接连两度发动世界大战，日本则最早发动了二战的局部战争。二战胜利后，反法西斯盟国最迫切的历史重任，就是要根据战时既定的和平规划，对德、日两大法西斯战败国进行和平与民主改造，以清除战争爆发的根源，将其导向和平发展之路。

一、盟国对德国的占领与改造

德国在 20 世纪接连挑起和发动了两次世界大战，两度把人类拖入了世界大战的深渊。鉴于第一次世界大战后处置德国失败的教训，关于如何处置战败的德国，美、苏、英三大国首脑在战争结束前的德黑兰会议、雅尔塔会议以及波茨坦会议上进行了认真的讨论。三国首脑就旨在铲除德国的

① 转引自《战后世界历史长编》第一编第一分册，上海人民出版社 1975 年版，第516 页。

军国主义和纳粹主义的政治、经济原则和措施，以及德国支付巨额战争赔款、分区占领德国等问题作出了具体规定。

1945年2月的雅尔塔会议上，罗斯福、斯大林和丘吉尔一致认为：至少在一个过渡时期里，对德国实行占领式的国际管制是绝对必要的。雅尔塔会议公报称："我们坚定不移的宗旨是：消灭德意志军国主义和纳粹主义，保证德国从此永远不能破坏世界和平，……我们的宗旨不是要消灭德意志人民，但只有根绝了纳粹主义和军国主义，德国人民才有过适当的生活以及在国际大家庭中占有一席之地的希望。"[1]显然，防止德国纳粹主义和军国主义东山再起威胁世界和平，是战胜国战后一致的对德政策核心。雅尔塔会议上，三国正式通过了共同占领和管制德国，以及邀请法国为第四占领国的决议。法占区由英、美两个占领区各划出一部分组成。[2]

1945年7月至8月召开的波茨坦会议上，美、苏、英三大国首脑在管制德国的政治、经济原则上进一步达成了一致意见：(1)解除德国全部武装，使之完全非军事化，铲除或控制可以做军事生产之一切德国工业；(2)使德国人民确信，他们在军事上已经完全失败，并且不能逃避他们自行加诸本身的责任；(3)消灭国社党[3]及其附属与监督的机构，解散一切纳粹组织，并确保此等机构组织不得以任何形式复活，制止一切纳粹和军事的活动或宣传；(4)使德国政治生活在民主基础上最终获得重新建立，并使德国最终能在国际生活中参与和平合作做好准备。[4] 这些意见总的原则，是战后德国的非纳粹化、非军事化、非工业化以及民主化。这一精神成为战胜国战后在各自占领区对德国进行改造的总方针。

---

① [苏]萨纳柯耶夫·崔布列夫斯基编：《德黑兰、雅尔塔、波茨坦会议文件集》，生活·读书·新知三联书店1978年版，第244-245页。

② 《战后世界历史长编》第一编第一分册，上海人民出版社1975年版，第141页。

③ "国社党"，即"国家社会主义党"的简称，是对"纳粹党"的误译，应译为"民社党"或"民族社会主义党"。

④ [美]威廉·哈代·麦克尼尔著，叶佐译：《美国、英国和俄国：它们的合作和冲突(1941—1946年)》(下册)，上海译文出版社1978年版，第945页。

1945 年 6 月 5 日，美、苏、英、法四国驻德占领军总司令艾森豪威尔、朱可夫、蒙哥马利和塔西厄，经各自政府的授权，代表四国在柏林签署了"关于击败德国并在德国承担最高权力的宣言"，正式宣布接收德国的一切最高权力。同时，由四国军队总司令组成盟国管制委员会，作为占领期间德国境内最高权力机构。管制委员会下设一个协调委员会，负责执行管制委员会的决议。1945 年 8 月 5 日，四国发布第一份公告，正式向德国人民宣布盟国管制委员会的成立。

根据四国协议，在各占领区内，占领国的军事管制机构是最高权力机构，仅对其本国政府负责。并且，在盟国管制委员会中，四国代表都拥有否决权，只有完全一致同意才能做出决定。因此，各占领区实际上完全是独立的政治实体。对于国际协议和管制委员会一致通过的决议，各占领区的军事管制当局也是根据本国政府的解释予以执行，甚至公然置之不理。对此，贝尔奈斯曾公开承认，"德国四个占领区之间的障碍，比正常的独立国家之间的障碍更难以消除"①。

纳粹主义是封建专制主义、军国主义、极端民族主义思想混合的产物，集中体现了德意志民族传统中阻碍社会进步的糟粕。德意志民族要获得新生，民主政治要得以确立和健康发展，就必须清除纳粹主义。反法西斯盟国吸取了一战后对德国制裁不成功的教训，决定严惩战争罪犯。1945年 11 月 20 日，纽伦堡国际军事法庭开始公开审判纳粹战犯。作为对纳粹旧政权的一场大规模的政治清算，国际军事法庭对犯有"战争罪行""反人类罪行"和"反和平阴谋罪行"的被告进行了公审。经过 10 个多月的审理，法庭最终判决 22 名被告中的 12 人绞刑，4 人终身监禁，3 人有期限的监禁，3 人无罪；并宣告纳粹党的政治领袖集团、党卫队、盖世太保等 3 个组织为犯罪组织。②

---

① Arthur M. Schlesinger, Jr., *The Dynamics of World Power*, *A Documentary History of United States Foreign Policy*, *1945-1973*, Vol. 1, Western Europe, New York：Chelsea House, 1973, p. 439.

② Ann Tusa and JohnTusa, *The Nuremberg Trial*, *Macmillan*, 1983, pp. 487-488.

为了贯彻纽伦堡国际法庭确立的法律原则，1946年3月5日，美占区颁布了《从纳粹主义和军国主义中解脱出来的法律》，并成立了有德意志民主人士参加的"解脱局"，将纳粹党员作为犯罪嫌疑犯进行审理。其将嫌疑犯分为五类，即主犯、罪犯、从犯、追随者、无罪者，进行审判。唯有无罪者才能获得食品供应卡并允许获得正当的就业机会。这一处理方式迅速扩展到英、法占领区。到1947年10月，西部三个占领区中有1667人被定为主犯，23000人被定为罪犯，15万人被定为从犯，100万人被定为追随者，120万人被定为无罪者。① 1950年12月15日，西德联邦议会通过法律，宣布"非纳粹化"运动在整个西部地区结束。

在苏占区，苏联驻德国军政府解散了占区内的德国海、陆、空军、秘密警察等军事组织，并逮捕、审讯和严惩了法西斯战争罪犯。苏占区还查禁和摧毁了一切纳粹党团组织，严禁它们的活动，并在政治、经济、社会各领域中，清洗盘踞重要岗位的纳粹分子。据苏联官方公布，到1947年1月1日，在苏占区共逮捕了近6万名纳粹重要分子和活动分子；到1948年3月，共有52万名纳粹分子被革除各种职务。②

与非纳粹化相比，盟国更注重在政治上对德国进行民主化改造，在德国建立民主制度和民主生活。在实行非纳粹化的同时，苏占区开始实行民主化措施，重建东部德国的政治生活。1945年6月10日，军政府发布通告，准许在苏占区建立反法西斯民主政党和群众团体。军政府批准了以德国共产党员为核心的自由德国工会联合会、德国民主妇女联合会和自由德国青年联盟等群众性团体。德国社会民主党、德国自由民主党和基督教民主联盟也重新获准成立，并开展活动。1945年6月11日，德国共产党、社会民主党、自由民主党和基督教民主联盟成立了"民主反法西斯党派统一战线"。四个党派各派代表组成统一战线最高联合委员会。该统一战线

---

① 转引自胡德坤、罗志刚：《第二次世界大战与战后世界性社会进步》，湖北人民出版社1993年版，第311页。

② 《战后世界历史长编1945.5—1945.12》第一编第一分册，上海人民出版社1975年版，第150页。

的目标是建立"一个议会民主共和国的反法西斯民主政权"①。

为了协助军政府开展工作，保证军政府的政策措施得以贯彻执行，苏占区逐步建立了德国行政管理机构和各级地方自治机构。1945 年 7 月 4 日，军政府下令在苏占区内成立各州、地方自治机构，其成员由军政府指定任命。1945 年 10 月 22 日，军政府又发布命令，授权州、地方自治机构"在立法、司法和行政方面颁布具有正式效力的法律和命令，但这些法律和命令不得抵触管制委员会的法律和法令以及苏联占领区军政府的命令"②。

1945 年 9 月 13 日，军政府决定在苏占区一级建立德国行政机构，设立交通运输、电讯、燃料和电力、商业、农业、财政和信贷、劳工和社会福利、教育、司法、卫生等部门，以军政府任命的德国人为领导，在军政府相应部门的指导和监督下行使管理职能。③ 从 1946 年 9 月开始，在苏占区内，从区、乡开始直到州都陆续举行民主选举，建立各级议会和行政管理制度。1945 年 11 月 27 日，军政府又宣布把地方权力移交给选举产生的议会及其政府。通过这次地方权力的移交，在苏占区行政管理机构和各级地方自治机构中，由共产党和社会民主党合并改称的德国统一社会党逐步占据了主要领导地位。

美占区最早同意成立政党和工会组织，英占区于 1945 年 8 月宣布准许成立政党和工会，这两个占领区还准许超越州界成立全区性联合组织。法占区于 1946 年 1 月准许成立州一级的政党，但禁止在全占领区内和超出占领区以外成立任何联合性组织，直到 1947 年 4 月才同意在全区成立工会组织。1945 年 12 月，一些宗教团体和前中央党、保守党、自由党、人民党一些成员在巴特戈德斯贝格举行超越地区性会议，决定成立一个新的政党

---

① 吴友法：《德国现当代史》，武汉大学出版社 2007 年版，第 279 页。

② Beate R. Von Oppen, *Documents on Germany under Occupation*, *1945-1954*, London：Oxford University Press，1955，pp. 82-83.

③ Beate R. Von Oppen, *Documents on Germany under Occupation*, 1945-1954, London：Oxford University Press，1955，pp. 64-66.

组织，取名为"基督教民主联盟"。

1946 年 3 月 1 日，康拉德·阿登纳当选为英占区基督教民主联盟主席。德意志联邦共和国成立后，1950 年 10 月 20 日至 22 日，在戈斯拉尔成立了以阿登纳为主席的全国性的基督教民主联盟政党。它号召"所有愿意重建家园的力量坚定地信赖德意志民族优秀品格，以不可动摇的决心把基督教思想与真正民主的崇高理想变作革新的基础"①。共产党也在西占区内恢复了组织。

为了抗衡苏占区以苏联模式建立的一整套行政机构，西占区三国按各自的意愿建立了行政领导机构。美国在占领区内致力于建立一个联邦制整体。1945 年 5 月，美国组织了委托政府，拥有有限的主权。1945 年 9 月建立了州级机构，各州总理每月举行一次会议，协调解决占领区各州政府事务。1946 年 1 月 20 日至 27 日，美国在占领区内举行了第一次自由选举，在此基础上于 1946 年秋产生了立法机构州议会。

英国也要求建立一个具有统一性质的联邦制国家，在占领区设立一个由占领军司令控制的、德国人领导的中央行政署。1946 年秋，英占区成立了四个州，1947 年 4 月举行州议会选举。法国希望德国今后由各享有主权的国家组成一个松散的邦联，因而在法占区内实行地方行政分权的政策，反对占领区各州试图建立公共机构的尝试，对德国人实行严格的控制。1947 年 8 月 15 日，法占区才举行第一次州议会选举，年底成立州一级机构。1948 年 4 月，法占区各州总理才获准举行首次联席会议，此前不准有任何超越州界的行政联合。②

在经济领域，各国占领区军政府也采取了相应措施对德国经济进行改造。1945 年 10 月 30 日，苏联军政府下令，把纳粹党、各级政府机构及其主要领导人和有影响的追随者，以及所有战争中法西斯德国的同盟国在德国的财产没收充公，其管理权、支配权和使用权都归军政府所有。命令还

---

① 转引自吴友法：《德国现当代史》，武汉大学出版社 2007 年版，第 284 页。

② 吴友法：《德国现当代史》，武汉大学出版社 2007 年版，第 283 页。

宣布，一切无人认领的企业和资产，均由苏占区军政府临时管理和保护。①

随后近一年的时间里，苏占区陆续宣布没收法本、弗利克、克虏伯等大公司的财产；解散卡特尔、康采恩；对大银行、保险公司和煤、钢等基本工业中的大企业实行国有化。这样，苏占区就有3000家私营企业(占企业总数的8%，占总产量的40%)成了国营企业。② 与此同时，苏占区在农村也进行了土地改革，结束了容克地主在这些地区的统治。

同时，苏军所到之处，德国的工厂设备大批被拆运到苏联作为赔偿。苏占区军政府没收的德国许多企业中，一切有价值的机器设备都被拆迁到苏联。根据实物赔偿原则，苏占区内一切尚在开工的工厂，不论是重工业工厂还是轻工业工厂，每天生产的产品相当大部分作为赔偿运往苏联。农产品也被作为赔偿大批运往苏联。在经受战争巨大破坏和支付战争赔偿后，德国苏占区人民的状况十分困难，生活必需品都实行严格的配给制。

鉴于这种情况和苏占区经济恢复工作进展缓慢，1947年1月，德国统一社会党领导人再次同苏占区军事首脑商谈。会谈公报最后决定，将原计划拆迁的200个大工业企业留给德国，酌情减少支付赔偿用的部分生活必需品和消费品的出口。至1947年3月，苏占区733个军事性工业企业中，已有676个被没收，作为赔偿拆运苏联。③

在经济领域，西方占领当局通过不同形式保留了垄断资本组织和德国工业的原有机构。为了便于控制，在各占领区军政府中担任要职的都是原来同德国工业企业有密切联系的美、英、法等国垄断资本家的代表。盟国管制委员会宣布解散康采恩的法令在西占区实际上没有执行。据美占区军政府卡特尔制度整肃局成员亚·萨克斯透露："非卡特尔计划实际上从未

---

① Beate Ruhm Von Oppen, *Documents on Germany under Occupation*, 1945-1954, London：Oxford University Press, 1955, p. 192.

② 《战后世界历史长编》第一编第一分册，上海人民出版社1975年版，第153页。

③ Beate Ruhm Von Oppen, *Documents on Germany under Occupation*, 1945-1954, London：Oxford University Press, 1955, pp. 202-203.

发生效率或予以执行。"①波茨坦会议规定的德国"禁止生产军用物资和战争工具"，"管制作战所必需的金属、化学品、机器等生产"，也没有彻底执行。按规定应拆除的军事工业设备仍被保留下来，而且后来又恢复了生产。土地改革在西占区也没有认真执行，理由是害怕改革土地所有制会使农业生产受到损害，以及大地主在西占区比例较小。只是在英占区，土地改革规模较大，规定农业用地面积不得超过 100 公顷，其他应全部割让，分给移民使用。②

总之，二战的欧洲战事结束后，美、苏、英、法四国对德国进行了分区占领，并实施了非纳粹化、非军事化和民主化的改造。由于四国想要达到的具体目标不尽相同，美、英、法三国和苏联的社会制度、价值观念的不同及由此导致的对民主理解的差异，各占领国对德国改造所采取的措施和达到的效果也不一样。并且，由于各种原因和出于冷战对峙的需要，各占领国对德国的改造都有一定的局限性或不彻底性。但总的来说，盟国对法西斯德国的改造是成功的，其无情地扫荡了法西斯军国主义势力，将法西斯德国从此导向和平发展之路，对维护战后世界和平具有深远的历史意义。

二、美国对日本的占领与改造

1943 年 1 月，在卡萨布兰卡会议上美国总统罗斯福提出了德、意、日等国无条件投降的主张。"只有彻底消灭德意日战争目标才能使世界获得和平……消灭德国、日本、意大利的战争力量意味着德国、意大利和日本无条件投降。这意味着为未来和平提供合理保障。它不是要消灭德国、意大利或日本人民，但它确是摧毁这些国家基于征服和奴役他国人民的

---

①　[美]乔治·惠勒：《美国对德政策（1945—1950）》，世界知识出版社 1960 年版，第 255 页。

②　吴友法：《德国现当代史》，武汉大学出版社 2007 年版，第 283 页。

哲学。"①

关于对日本战后处理的方针和原则，1943 年 12 月 1 日，美、英、中三国首脑在《开罗宣言》中宣布："我三大盟国此次进行战争之目的，在于制止及惩罚日本之侵略。三国绝不为自身图利，亦无扩张领土之意。三国之宗旨在于剥夺日本自 1914 年第一次世界大战开始以后在太平洋所夺取的或占领的一切岛屿，在使日本所窃取于中国之领土，例如满洲、台湾、澎湖列岛等，归还中国"，并"使朝鲜自由独立"。②

1945 年 7 月 26 日，盟国发布《中美英三国敦促日本投降之波茨坦公告》，进一步指出："欺骗及错误领导日本人民，使其妄欲征服世界者之权威及势力必须永久剔除。盖吾人坚持非将负责之穷兵黩武主义驱出世界，则和平安全及正义之新秩序势不可能"，"直至如此之新秩序成立时，及至日本制造战争力量业已毁灭，有确实可信之证据时，日本领土经盟国制定，必须占领，俾吾人在此陈述之基本目的得以完成"，"吾人无意奴役日本民族或消灭其国家，但对战争人犯，包括虐待吾人俘虏者在内，将处以法律之裁判，日本政府必须将阻止日本人民民主趋势之复兴及增强之所有障碍予以消除，言论、宗教及思想自由以及对于基本人权之重视必须成立"。在经济方面，"日本将被准许维持其经济所必需及可以偿付货物赔款之工业，但可以使其重新武装作战之工业不在其内。为此目的，可准许其获得原料，以别于统治原料，日本最后参加国际贸易关系当可准许。"③至此，盟国确定了战后处置日本的非军事化、民主化及和平经济的方针和原则。

日本投降前后，美国政府就决定要独占日本，不容他人染指。杜鲁门说："我决定，对日本的占领不能重蹈德国的覆辙。我不打算分割管制或划分占领区。我不想给俄国人以任何机会，再让他们像在德国和奥地利那

① ［美］阿瑟·林克、威廉·卡顿著，刘绪贻等译：《1900 年以来的美国史》（中册），中国社会科学出版社 1983 年版，第 233-234 页。

② 《日本问题文件汇编》，世界知识出版社 1955 年版，第 4 页。

③ 《日本问题文件汇编》，世界知识出版社 1955 年版，第 6 页。

样去行动。"①1945 年 8 月 13 日，杜鲁门任命美国太平洋陆军总司令麦克阿瑟为盟军最高统帅，并授权他"对一切有关盟国为执行投降条款而派出的陆、海、空部队享有最高统帅的权威"②

1945 年 8 月 28 日，美军先遣部队飞抵日本，46 万名美军官兵以"盟军"的名义陆续进驻并单独占领了日本。1945 年 9 月 6 日，美国参谋长联席会议行文麦克阿瑟，授予他极大的职权。文件上写道："天皇和日本政府统治国家的权力从属于你之下。……由于你的权力至高无上，因此无需接受来自日方的任何异议。"③次日，以麦克阿瑟为首的盟军最高统帅司令部成立，它的地位凌驾于日本政府之上，只向美国政府负责。

美国单独占领日本后，于 1945 年 9 月 22 日公开发表了《美国战后初期的对日政策》，宣称美国"将欢迎并期待其他在对日作战中发挥主要作用的国家派遣部队来参加占领。一切占领部队概归美国指派的最高统帅指挥"④。对此，苏联拒绝把军队派由美国指挥。结果，只有由澳大利亚、新西兰和印度士兵组成的少量英联邦部队进驻日本，隶属麦克阿瑟指挥。这样，对日占领在表面上打着盟国共同占领的幌子，而实际上却是由美国单独占领。美国成为日本的最高统治者。

美国独占日本的政策，引起苏联的强烈反对。1945 年 12 月莫斯科外长会议上，美、苏、英三国达成协议，成立两个机构：在华盛顿设立远东委员会，在东京设立盟国管制日本委员会。在形式上，远东委员会位于盟国最高统帅之上，但由于其决定必须通过美国政府和占领军总部去执行，

---

① 哈里·杜鲁门：《杜鲁门回忆录》第一卷，生活·读书·新知三联书店 1974 年版，第 371 页。

② 哈里·杜鲁门：《杜鲁门回忆录》第一卷，生活·读书·新知三联书店 1974 年版，第 380 页。

③ U. S. Department of States, *Foreign Relations of the United States*, *1945*, Vol. 1, *Diplomatic Papers*：*The Conference of Berlin*, Washington D. C.：Government Printing Office, 1968, p. 934.

④ 转引自方连庆等主编：《战后国际关系史(1945—1995)》(上)，北京大学出版社 1999 年版，第 30 页。

最后决定权仍掌握在美国手中。而盟国管制日本委员会只是最高统帅的咨询机构，并无实权。因此，两委员会的建立，并没有改变美国单独占领和支配日本的局面。

《美国战后初期的对日政策》，是1951年以前美国占领日本期间对日政策的纲领性文件。其文本共分宗旨、盟军权力、政治措施等四个部分。第一部分开宗明义"美国占领日本的最后目标是：（1）保证日本不再成为美国的威胁，不再成为世界安全与和平的威胁。（2）最终建立一个和平与负责的政府，该政府应该尊重他国权利，并应支持联合国宪章的理想与原则中所显示的美国目标。"第二部分规定，"一切占领部队皆将由美国所指派之最高统帅指挥"，"但如各主要盟国意见未能一致，美国政策应居于支配地位"，"日皇与日本政府的权力，须受盟国最高统帅之支配"。第三、四部分还提出了日本的"非军国主义化""处罚战犯""提倡个人自由和民主主义""经济的非军事化"等政策措施。①

以《美国战后初期的对日政策》为依据，1945年9月起，美国对日本进行了非军事化和民主化的改造。

（一）解散军队，逮捕战犯和整肃军国主义势力

战争结束后，盟军总部利用天皇的名义，立即解除了745万名日军的武装。1945年9月13日，指导战争的最高机构日本大本营被废止。1945年10月15日，撤销了陆军参谋本部和海军司令部。1945年11月30日，取消陆军省和海军省。至此，日本法西斯彻底崩溃。

1945年9月11日，盟军总部宣布逮捕东条英机等39名战犯。此后，盟军总部又下令相继逮捕了104名军阀、官僚、财阀等，并组织远东国际法庭对其进行审判。1948年11月12日，法庭宣布判决，被起诉的25名甲级战犯中，东条英机等7人被判处绞刑，16人被判无期徒刑，2人被判

---

① 《战后世界历史长编》第一编第一分册，上海人民出版社1975年版，第255-256页。

有期徒刑。但在审判过程中，美国有意包庇日本战犯，致使天皇对发动侵略战争负有主要责任却未受到起诉。许多军阀、财阀头目作为甲级战犯被捕，但未经起诉又都被释放。即使是已判刑的各级战犯，在1950年麦克阿瑟自行发布第5号命令后，纷纷"宣誓出狱"。①

美国占领当局发动的整肃始于1945年10月，最初整肃的对象是特务警察和公教人员。1946年1月4日，盟军总部正式颁布了政治整肃的两项指令。一项指令规定，取缔所有支持日本军国主义、国家主义的政党、社团组织。大政翼赞会、大日本一心会、黑龙会等一批法西斯组织被取缔。另一项是"解除公职令"，命令日本政府解除战犯、职业军官、法西斯政党及社团头目等七种人的公职。在整肃中，进步党的274名国会议员，包括总裁在内的被整肃者达260名；自由党43名议员被整肃了30名。② 整肃持续到1948年5月，共甄别了71.7万余人，被整肃者达20.1万余人。③然而，美国占领当局把这次整肃视为改换日本政治领导的重要手段，其目的是清除阻碍日本归顺美国的右翼极端分子，促使日本各种政治集团在符合美国利益的条件下重新组合。所以整肃进行得很不彻底，后来很多人先后被解除了整肃，其中不少人又担任了公职。

(二)恢复民主自由权利，制定新宪法

1945年10月4日，盟军总部颁布了"关于民权自由的指令"，命令日本政府撤销限制政治、信仰及人民自由的一切法令和制度，废除治安维持法；立即释放包括日共领导人在内的全部政治犯；撤销秘密警察机关和思想警察制度；罢免内务大臣和一批高级警官，废除特别高等警察。1945年10月11日，盟军总部又发布了"关于保障基本人权和政治自由的指令"，

---

① ［日］吉田茂《十年回忆》第1卷，世界知识出版社1963年版，第54页。

② ［日］日本历史学研究会编：《太平洋战争史》第5卷，商务印书馆1963年版，第86页。

③ ［英］琼斯等著、复旦大学外文系英语教研组译《国际事务概览：1942—1946年的远东》(下)，上海译文出版社1979年版，第534-535页。

即著名的"五大改革指令"：赋予妇女选举权，实现男女平等和妇女解放；鼓励工人的团结和工会自由；促进自由主义教育，废除具有压制性的各种制度；促进经济机构的民主化。

日本原宪法《大日本帝国宪法》是 1889 年制定的，其有利于法西斯军国主义的滋长。1945 年 10 月，占领当局指令修改宪法，日本保守势力竭力维护旧宪法精神和天皇体制。在占领当局和民众压力下，1946 年 3 月 6 日，由盟军总部拟定的宪法草案公布，11 月 3 日，《日本国宪法》在国会获得通过，1947 年 5 月 3 日正式生效。

与旧宪法相比，新宪法的明显进步在于：确立了天皇象征制和国民主权原则，规定"天皇是日本国的象征，是日本国民整体的象征，其地位以主权所属的全体日本国民的意志为依据"；实行以议会内阁制为核心的三权分立制度；宣布放弃战争，规定"永远放弃作为国家主权发动的战争、武力威胁或使用武力作为解决国际争端的手段"，"不保持陆海军及其他战争力量，不承认国家的交战权"；尊重和保障国民的权利，宣布"全体国民在法律面前一律平等"。① 新宪法的制定对日本根除军国主义和走向和平具有深远的意义。

(三) 解散财阀，进行农地改革

财阀是日本垄断资本与封建生产关系相结合的产物，它不仅控制着日本的经济命脉，还操纵着国家机器，是天皇专制政权的重要经济基础和对外侵略战争的罪魁祸首。1945 年 10 月，根据占领当局的指令，解散财阀、禁止垄断的改革开始实施，11 月，首先冻结了三井、三菱等日本最大的 15 家财阀的资产。1946 年 4 月，政府成立了"控股公司整理委员会"，指令日本各财阀交出证券和凭证，强制拍卖，割断了资本的内部联系，使股权分散，形成共同持股的竞争机制。改革打破了财阀家族垄断的半封建经济格局，为日本经济民主化发展铺平了道路，也为垄断资本主义创造了自由发

---

① 《日本政府机构》，上海人民出版社 1977 年版，第 128-139 页。

展的空间。朝鲜战争爆发后，日本垄断资本势力又有所抬头，但这与财阀家族垄断已大不相同。

日本明治维新以后确立的近代土地所有制，是寄生地主制。它是天皇制的阶级基础之一，也是法西斯军国主义滋生的土壤。1945 年 12 月 9 日，盟军总部发布关于农地改革的备忘录，命令日本政府在三个月内提交一项把土地转让给耕种者的计划。然而，日本国会于 1945 年 12 月 28 日通过的《土地调整法》明显偏袒地主，企图继续维护封建土地所有制，因遭到广大农民的反对而搁浅。

在美国施加的压力下，1946 年 10 月 11 日，日本议会通过了《修正土地调整法》和《建立自耕农特别措施法》，重新规定：(1)自耕农土地不得超过 3 町步①，北海道为 12 町步；(2)在农村而不自耕的地主的土地不得超过 1 町步，北海道为 4 町步；(3)不在农村的地主的土地和超过规定以上的土地，均由国家收购转卖给有经营能力的佃农；(4)改实物地租为货币地租。②

随着改革的进行和土地所有权的转变，农村的阶级关系发生了根本变化，自耕农和半自耕农由战前占农户总数的 47.7%上升到改革后的农户总数的 87.6%，佃农和半佃农数量则由占农户总数的 48.1%下降到 11.7%。③ 农地改革对日本军事封建资本主义的基础，即半封建的土地所有制，进行了根本的改革。它完成了自明治维新以来尚未完成的资产阶级土地革命，对日本的和平与发展具有重大的意义。

(四)进行思想文化教育改革

法西斯军国主义的思想、文化和教育是日本发动对外侵略战争的重要

---

① 1 町步约等于我国 14.8 市亩。

② ［日］安原和雄、山本刚土：《战后日本外交史》第 4 卷，东京三省堂 1984 年版，第 65 页。转引自方连庆等主编：《战后国际关系史(1945—1995)》(上)，北京大学出版社 1999 年版，第 37 页。

③ ［日］日本历史学研究会编：《太平洋战争史》第 5 卷，商务印书馆 1963 年版，第 95 页。

根源之一。1945 年 9 月后，盟军总部先后发布了关于言论与新闻自由的指令、关于邮件检查的指令、"废除日本政府对电影企业的统制"的指令和废除日本政府关于"对法西斯军国主义进行批判的书籍的禁令"。这一系列指令，有利于禁止宣扬法西斯主义和打破法西斯军国主义的禁锢。

近代以来，为了维护统治和宣扬侵略扩张政策，日本统治阶级将神社神道奉为国教，鼓吹崇尚神道，忠君报国。1945 年 12 月 15 日，盟军总部发布"废除政府对国家神道的保护、延续、管理和传播"的指令，宣布政教分离，禁止日本政府给予神社神道任何经济、政治上的支持，禁止神社神道或其他宗教宣传法西斯军国主义，废除一切研究、传播神道，训练神官的公立机构，禁止一切教育机构传播神道主义，禁止政府工作人员以官方身份参拜神社或参加有关神道的其他仪式，对所有公民不得进行宗教歧视等。① 这些政教分离措施的实行，有利于打破神道的束缚和民主思想的传播、普及。

1945 年 10 月 25 日，盟军总部发布"关于教育的管理政策"的指令，禁止传播军国主义和极端民族主义思想，取消军事训练，改订课程内容，整肃反动教师和行政人员。1945 年 12 月 31 日，盟军总部又颁布停止讲授修身、日本历史和地理等课程的指令。1947 年 3 月，日本议会通过了《教育基本法》和《学校教育法》，规定尊重学术自由、教育机会均等、实行九年制义务教育、男女同校、教育与宗教分离等。这些措施从根本上确立了资产阶级民主教育制度。

总之，二战胜利后，美国为实现其全球霸权战略单独占领了日本。为了根除法西斯军国主义对和平的威胁和使日本更好地服务于美国战略的需要，美国在军事、政治、经济、思想文化教育等领域对战后日本实施了非军事化和民主化的改造。由于美国自身利益和其全球冷战战略的需要，美国对日本的改造有很大的局限性和不彻底性。

---

① 胡德坤、罗志刚：《第二次世界大战与战后世界性社会进步》，湖北人民出版社 1993 年版，第 351-352 页。

三、两次大战后对战败国处置的比较

从维护世界和平与安全的角度讲，大战之后对战败国进行处置是必要的。但是，战败国处置是一个相当复杂的问题。不同的处置方式可能会对和平产生截然不同的影响。

一战后，战胜国对战败国的处置很显然是失败的。《凡尔赛和约》签订时，主要战胜国标榜其是为了和平，为了战争不再发生。但在"绞死德国皇帝"的切齿痛恨之下，根本不可能出现真正的和平，而只能是"胜利者的和平"。①《凡尔赛和约》规定：重新划分德国的疆界；德国的海外殖民地全部被瓜分；军备方面德国要接受严格的限制；德国必须支付协约国大量赔款。对此，列宁指出，《凡尔赛和约》是"高利贷者的和约，刽子手的和约，屠夫的和约，他们把德、奥抢劫一空，弄得四分五裂。他们剥夺了这两个国家的全部生活资料，使孩子们挨饿，甚至饿死。这真是骇人听闻的、掠夺性的和约"②。

为报普法战争之仇并防止德国东山再起，法国力图最大限度地削弱德国。它要求德国支付巨额战争赔款，坚持国际联盟是遏制德国崛起的关键。③ 甚至为了逼迫德国就范，法国不惜冒险入侵鲁尔。一战后战胜国对德国全面苛刻的掠夺，导致了德国强烈的复仇主义。德国人普遍把《凡尔赛和约》斥为"奴隶条约"，"差不多每一个德国人都或多或少地是'修正条约派'"④。

"无论是谢德曼政府、斯特莱斯曼政府，还是希特勒政府，都难以容

---

① ［美］爱德华·麦克诺尔·伯恩斯、菲利普·李·拉尔夫著，罗经国等译：《世界文明史》第4卷，商务印书馆1988年版，第31页。

② 《列宁全集》第31卷，人民出版社1985年版，第291-292页。

③ A. J. P. Taylor, *The Origins of the Second World War*, London：Hamish Hamilton，1961，p. 39.

④ ［美］保罗·肯尼迪著，陈景彪等译：《大国的兴衰——1500—2000年的经济变迁与军事冲突》，国际文化出版公司2006年版，第345页。

忍，摆脱凡尔赛条约的桎梏是他们的既定政策"①。对这种始终如一的"既定政策"，德国百姓持积极态度。当 1938 年希特勒"不经流血就消除了最使德国人民的民族意识受到压抑的凡尔赛和约的后果"时，德国人对希特勒的"信仰已大大加深"，"只有少数人怀疑这种政策的诚实性"，"而看透希特勒魔鬼本性的人则更少"。②

一战后战胜国对战败国的处置是野蛮的、残酷的，具有明显的复仇主义色彩。但是，由于德国对英、法、美等大国具有不同的战略意义，构成凡尔赛体系的一系列条约又存在种种矛盾，它们"既不是铁一般的和约，也不是和解式的和平；它既不像法国人希望的那样严厉得足以把德国人永远踩在脚下，也不是宽大得足以使被征服的人安于自己新的处境"③。

作为战败国，虽然战后德国的军事实力被严重削弱。但是，德国的军事潜力仍然很大。按照《凡尔赛和约》，德国必须支付巨额战争赔款。但事实上，它并没有支付多少赔款，相反却得到大量的贷款。对此，保罗·肯尼迪就断言："1919 年后它(指德国)仍然是一个潜在的了不起的大国。"④一战后，很多德国人根本不承认战败，他们把《凡尔赛和约》对德国苛刻的惩罚最终变成了仇恨和战争。毋庸置疑，一战后战胜国对战败国残酷的处置，为日后国际和平与安全留下了严重的隐患，直接造就了二战爆发的一大根源。

相比之下，二战的反法西斯同盟国对战败国的处置是谨慎和较为成功的。大战尚在进行中，丘吉尔就反复提醒罗斯福和斯大林要"明智一点"，要记住一战后赔款问题上的大失败"。⑤ 为此，既要确保德、日等国无法再

① 李铁城、陈鲁直主编：《联合国与世界秩序》，北京语言学院出版社 1993 年版，第 29 页。

② ［德］K. 蒂佩尔斯基希著，赖铭传译：《第二次世界大战史》，解放军出版社 1992 年版，第 1 页。

③ ［美］H. 斯图尔特·休斯著，陈少衡等译：《欧洲现代史》，商务印书馆 1984 年版，第 162 页。

④ ［美］保罗·肯尼迪著，陈景彪等译：《大国的兴衰——1500—2000 年的经济变迁与军事冲突》，国际文化出版公司 2006 年版，第 328 页。

⑤ William Hardy Mcneil, *America, Britain and Russia, Their Cooperation and Conflict, 1941—1946*, London: Oxford University Press, 1953, p. 550.

对战后世界和平与安全造成威胁，又要避免强加给它们过多的重担。这是美、苏、英三国在处置战败国时必须注意的问题。因此，在雅尔塔会议等一系列国际会议上，"绞死德国皇帝"的誓言再也听不到了。新口号"德国人还要吃饭"，却经常被提到。

虽然战时美、苏、英三大国很早就讨论过分割或肢解德国的问题，但最后不了了之，取而代之的是对德国的分区占领。日本在投降后先是由美国全面占领，1951年后改为半占领。同时，反法西斯盟国更加注重战后对战败国的非军事化、民主化改造与和平建设。

雅尔塔会议通过了《关于被解放欧洲的宣言》。宣言声明，三国将"共同协助所有被解放的欧洲国家之人民或欧洲前轴心国附庸国之人民"，"能够摧毁纳粹主义和法西斯主义的最后残余，并通过创建他们自己选择的民主制度和程序来实现这一目标"。[1] 波茨坦会议再次强调，要在民主基础上改造德国的政治生活，永远消灭德国军国主义和法西斯主义，等等。总体而言，不论是盟国战后对德国的占领与改造，还是美国战后对日本的占领与改造，都较好地执行了战时既定的对战败国的非军事化、民主化的和平改造政策。这对维护战后世界的和平与安全具有重大而深远的意义。

二战战胜国对德政策的目的，"是摧毁德国的军国主义和纳粹主义"，"使之永远不能再威胁世界和平"[2]。1945年2月6日，雅尔塔会议上罗斯福提出筹建联合国提案时曾明确地表示，他对"世界即使不能保持永久和平也至少能保持50年的和平抱有信心"[3]。战后70多年以来，尽管国际形势错综多变，但无世界大战的世界整体和平局面却长期维持。这与反法西斯同盟国对法西斯战败国基本成功的处置是密不可分的。

---

① Robin. Edmonds, *The big three*：*Churchill, Roosevelt, and Stalin in peace and war*, New York：Norton, 1991, p. 493.

② William L. Neumann, *Making the peace*, 1941-1945：*the diplomacy of the wartime conferences*, Washington, D. C.：Foundation for Foreign Affairs, 1950, p. 79.

③ Herbert Feis, *Churchill, Roosevelt, Stalin*：*The Way They Waged and the Peace They Sought*, Princeton, New Jersey：Princeton University Press；London：Oxford University Press, 1957, pp. 552-553.

　　挑起战争的国家，必须为自己犯下的战争罪行承担应有的责任。但是，惩罚本身不是目的。战胜国对战败国的处置，更应该关注战败国未来的和平发展问题。只有当战败国走上正常的和平发展之路，世界和平才有希望。所以，对战败国妥善的处置方式，不是对其进行苛刻的榨取和掠夺，将其置于死地，而是要消除战争的根源，使其走向和平发展之路。

　　综上所述，第二次世界大战的胜利，为对法西斯战败国的改造、清除战争之源和将其导向和平创造了条件。大战胜利后，为清除战争爆发的根源和维护战后世界和平，反法西斯盟国对德、日两大战败国进行了占领与改造。与一战后战胜国对战败国失败的处置不同，二战的反法西斯同盟国对战败国的处置是基本成功的。尽管盟国对战败国的改造具有一定的局限性和不彻底性，但是，这些改造毕竟从军事、政治、经济、教育、思想意识形态等诸方面对法西斯军国主义进行了较为全面和彻底的扫荡，在很大程度上铲除了战争爆发的法西斯军国主义根源，从而为将这些国家导向和平之路奠定了基础。盟国对法西斯战败国的占领与改造，为战后世界和平做出了重大贡献。

第五节　战后世界和平格局的形成与世界和平

　　第二次世界大战确立的雅尔塔体制下的战后世界格局①，在内容上大

---

　　①　世界格局，又称国际格局，是指活跃于国际舞台上的各种力量(包括主权国家、国家集团、国际组织等)之间，在一定的历史时期内，相互联系又相互制约，并依据一定的规则所形成的一种结构、形式或状态。传统上，从构成格局的主角数目将世界格局分为单极格局、两极格局和多极格局等。历史上所形成的各种格局，都包含有以下三个方面的基本要素：①地位安排。一种格局实际上是有关各方实力和利益斗争的结果，实力大小不同的国家，其地位排序有所不同；②行为规则。规则是构成秩序的核心内容。每一种规则及由之而形成的某种秩序都既是维护正常国际交往的客观要求，更是大国维护自身特权和利益的有效工具；③协调机制，既是格局安排的具体体现，又是维护有利的格局秩序、防止矛盾激化破坏整体安排的必要条件。有效的协调机制是一种格局能够得以维护和延续的重要因素。参见戴德铮、阮建平：《国际格局与世界和平》，《世界经济与政治》2001年第3期，第24-25页。

致包括以美、苏两国为中心的两极世界格局，国际和平组织联合国，以国际货币基金组织、世界银行和关税与贸易总协定为支柱的战后世界经济体制，以及作为两极世界格局一部分的改造后的德、日等战败国。从本质上讲，以这些为主要内容和支撑的战后世界格局是一种和平的世界格局，其形成为战后世界和平奠定了较为坚实的制度性、机制性和框架性基础。

一、两极世界格局与战后世界和平

历史表明，二战形成的战后两极世界格局，总体上有利于战后世界整体和平局面的形成，对战后世界和平起到了某种决定性的作用。

第一，战后两极世界格局承认维护世界和平的重要性，承认不同社会制度国家之间的共处与合作。这是战后世界整体和平得以维持的必要前提。

雅尔塔会议通过的《关于被解放的欧洲的宣言》明确提出，"我们决心与其他爱好和平的国家进行合作，以建立一种在法制下的世界秩序，致力于全人类的和平、安全、自由与普遍幸福"①。这虽然具有一定的宣传成分，但毕竟反映了世界各国人民呼吁和平的普遍心声，反映了雅尔塔体制下两极世界格局对和平重要性的认知。

经过二战，人类反对战争、追求和平的愿望更加强烈和理性。战后，声势浩大的和平运动在世界各国尤其是欧美国家兴起。这些和平运动对执政当局和社会民众都产生了显著影响。这种形势之下，主要大国不敢轻易发动战争，无心也不愿发动世界大战。因此，为了本国根本利益，美、苏两国在古巴导弹危机等事件中都尽力克制。在众多地区冲突中，两国经常相互妥协，有意识地限制冲突扩大升级。因此，二战结束以来，虽然局部冲突和战争不断，却始终没有发生世界大战。和平成为不可逆转的时代潮流，世界维持了整体和平的局面。

---

① 《德黑兰 雅尔塔 波茨坦会议记录摘编》，上海人民出版社 1974 年版，第 217 页。

二战前，帝国主义国家极端仇视苏俄（苏联）。苏俄建立之初，协约国多次进行武装干涉，以扼杀新生的苏维埃政权。图谋落空后，帝国主义国家虽被迫承认了苏联，但长期将其排斥于国际舞台之外。苏联在二战中抗击德国的突出表现、由此产生的重大影响和已显示出的巨大发展潜力，使罗斯福可能不重视英国和丘吉尔，却不能不重视苏联和斯大林。罗斯福认为，战后世界和平能否维持主要取决于大国之间的合作，关键在于苏联能否继续合作。这是罗斯福始终高度关注的一个大问题①。

罗斯福希望，战时美苏两国的合作战后能长期继续。他的这一设想没能完全实现，但是，不同社会制度国家的战后共处却实现了。哪怕在冷战对峙最敏感时期，苏联与西方大国在联合国仍然保持接触。外长们的会谈，也不时进行。冷战期间，就裁军等一系列国际热点问题美苏双方不时接触、磋商甚至达成重要协议。

第二，战后世界美苏两极均势格局和"核恐怖平衡"，在客观上都有利于维护战后世界和平。

经过二战，德、日、意等国败降，英、法两国衰落，对大战胜利做出重大贡献的美、苏两国脱颖而出。二战促成了世界格局从多极向两极的演变。在资本主义世界，单极取代多极：美国一国独大，任何其他国家都不具备挑战美国霸权的实力。在二战战时和战后外交中，苏联具有浓厚的大国沙文主义和民族利己主义色彩。但是，作为两极世界中的社会主义国家，苏联战后总体上实行了和平外交，属于遏制世界战争、维护世界和平的力量。

雅尔塔体制下，美苏两国都拥有与本国实力大致相当的国际地位和势力范围。只有它们两国具有发动世界大战的实力，但双方实力大致均衡，都无法征服对方。因此，战后美苏双方既对抗又合作，既竞争又依存，既冷战又缓和，都能将矛盾和斗争控制在不引发世界大战的范围内，因而始

---

① Daniel Yergin, *Shattered Peace*, Boston：1977, p. 42.

终未将冷战升级为"热战"，这在客观上对维护世界和平无疑具有积极作用。①

美苏双方的综合国力及其衍生的国际影响力，大致相当。这是美苏两极均势的基础。同时，美苏双方都掌握了大量核武器，足以短时间内将对方乃至地球毁灭。这与传统的均势格局不同。"核武器和导弹，已经割断了传统战争与对外政策及人的作用之间的联系。过去，任何国家都想在战争中用尽全部军事力量打败敌人。但现在，核战争的自杀性后果，使拥有核武器的国家都不敢轻易发动战争。"②所谓的"核恐怖平衡"便由此形成。客观上，核恐怖平衡对国际关系而言具有一定的稳定作用，具有一种自发的约束战争的能力。它能够阻止大国之间大规模使用武力，使有关国家更为理智、审慎地处理国际事务。

美国和苏联都曾明确表示，在一定危急条件下，不排除使用核武器的可能性。但是，战后 70 多年的历史证明，哪个国家也不敢贸然首先进行核打击。核武器使用的自杀性后果，很大程度上限制了美苏两个超级大国的战争行动。核恐怖平衡，从某种意义上说，已成为维护战后国际关系稳定乃至世界和平的一种有效约束力。1962 年，古巴导弹危机发生。危机将美苏两国推向核战争的边缘，但最终双方选择了妥协。古巴导弹危机的和平化解，充分证明了核恐怖平衡对制约战争和维护和平的重要客观作用。

第三，战后两极世界格局，在一定程度上推动了战后世界经济与政治的发展，为战后世界和平创造了一定的条件。

战后两极世界格局是二战胜利的产物。20 世纪 60 年代之前，两极格局主要表现为社会主义阵营与帝国主义阵营的对立与斗争。苏联是社会主义阵营的核心，有浓厚的大国沙文主义和民族利己主义色彩。但是，这一时期，在援助有关社会主义国家革命和建设方面，苏联发挥了积极作用。

---

①　胡德坤：《论反法西斯的第二次世界大战对战后世界的影响》，《武汉大学学报》(哲学社会科学版)1995 年第 4 期，第 25 页。

②　Hans J. Morgenthau, Revised by Kenneth W. Thompson, *Politics Among Nations：The Struggle for Power and Peace*, Beijing：Peking University Press, 2004, p.194.

在广大亚非拉地区，社会主义阵营国家积极支援当地民族解放运动。在粉碎战后殖民体系斗争中，这起到了重要的作用。为了与苏联抗衡，通过"马歇尔计划"和"道奇路线"等政策，美国在战后援助了西欧和日本。这促进了战后有关资本主义国家的经济恢复和发展，为西欧和日本的崛起创造了条件。

二战后，由美国主导的国际金融与贸易体系确立。这就为战后资本主义世界的经济恢复和高速发展营造了有利的国际经济环境。20世纪60年代之后，资本主义世界形成了美、日、西欧三足鼎立的格局。作为世界头号超级大国，美国受到来自内部的严峻挑战，控制国际事务的能力迅速下降。随着民族解放运动的蓬勃发展，美国在第三世界的影响力也极大削弱。几乎同时，中苏两国关系趋于破裂，社会主义阵营走向解体。在世界社会主义运动和亚非拉民族解放运动中，苏联的影响力和控制力大大降低。美苏两极相互抗衡，相互对冲，从客观结果看，确实为战后世界的稳定与和平创造了一定的条件。

第四，战后两极世界格局中孕育并不断发展的多极化趋势，体现了历史的进步性，有利于更好地维护战后世界和平。

二战沉重打击了欧洲各国，造成了欧洲和德国的分裂。大战中，东欧逐步成为苏联的势力范围。战后，东欧各国先后从比较落后的社会制度走上社会主义道路。这体现了历史的进步。在战后西欧，英国国力大为衰落，法国勉强维持大国地位。夹在美苏两极之间，为维护国家安全和进行战后重建，西欧各国只能与美国结盟并接受其援助。

战后西欧没有哪个国家能够单独承担欧洲复兴的重任，只有走联合之路。因此，联邦德国和法国开始和解，开启了西欧联合和一体化的进程。法德和解与西欧一体化，消除了欧洲战乱的重要根源，大大促进了欧洲局势的稳定，从而有利于战后世界的稳定与和平。通过一体化，西欧的经济实力和政治影响力不断增强。西欧一体化是促进世界格局多极化趋势不断发展的动力之一。

与此同时，亚太地区的发展变化同样不断冲击着美苏两极格局，从而促进了战后世界格局多极化趋势不断深入发展。二战后，美国对日本进行了民主化改造。这为日本战后重建与崛起奠定了基础。借助美国复兴日本的政策，利用美苏冷战的有利时机，日本战后逐渐发展为与美国、西欧并立的世界经济三强之一。二战为中华人民共和国成立和中华民族复兴奠定了基础。新中国成立后，国家实力和国际影响力不断增强，成为维护战后世界和平与发展的越来越重要的力量。在亚非拉地区，一系列民族国家独立于世界民族之林。其中一些国家逐步成长为区域性大国，在国际事务中扮演越来越重要的角色。世界多极化趋势的不断发展，体现了历史的进步性，有利于国际关系的民主化和制约国与国之间的战争，从而有利于更好地维护世界和平。

诚然，战后两极世界格局也有对战后世界和平的某些负面影响。但是，总体来讲，两极世界格局对战后世界和平的积极意义远大于其负面影响。

二、联合国的成立与战后世界和平

联合国是当今世界权威性最高、代表性最广、国际影响和活动范围最大的政府间国际组织。作为维护战后世界和平与安全的重要支柱，联合国以诸多方面的综合功能为战后世界和平事业做出了重大的贡献。

第一，作为二战的重要成果之一，联合国以维护战后国际和平与安全为己任，较好地践行了维护战后世界和平的宗旨。

国际实践中，探索如何维护和平是世界各国一致努力追寻的目标。世界历史上，加强自身军事实力、与他国结盟或实行均势政策等维护世界和平的传统方法，先后出现。历史反复证明，这些方法不能从根本上消除战争、实现世界和平。因此，建立权威性的国际组织以维护世界和平与安全的设想逐渐涌现。一战后成立的国际联盟，就是这种设想的第一次实践。它是人类历史上第一个普遍性的以维护世界和平与安全为宗旨的国际组织。国际联盟进行了前所未有的维护国际和平与安全的探索和实验。由于自身先天的缺陷、大国强权的控制、有关国家的蓄意破坏等，国际联盟维护世界和平的实验失败了。二战最终爆发。

国际联盟的失败，客观上为后来联合国的创建提供了经验教训。因此，联合国能够在更高水平上开展维护世界和平的新实践。对此，《联合国宪章》序言称，"我联合国人民同兹决心，欲免后世再遭人类两度身历惨不堪言之战祸……"①联合国的宗旨进一步明确指出，"维护和平与安全；并为此目的：采取有效集体办法，以防止且消除对于和平之威胁，制止侵略行为或其他和平之破坏；并以和平方法且依争议及国际法之原则，调整或解决足以破坏和平之国际争端或情势。"②成立后，联合国在某种程度上一度沦为美、苏两国争霸的工具；并且存在其他方面的一些问题。但是，联合国总体上做到了以维护世界和平为己任，较好地践行了维护战后世界和平的宗旨。

第二，在经济、文化、社会、人权等领域，联合国为国际社会的全面发展做了富有成效的大量工作，为战后世界和平奠定了广泛的经济社会基础。

联合国的宗旨之一是，"促成国际合作，以解决国际间属于经济、社会、文化及人类福利性质之国际问题。且不分种族、性别、语言、宗教，增进并激励对于全体人类之人权及基本自由之尊重。""发展国际间以尊重人民平等权利及自决原则为根据之友好关系，并采取其他适当方法，以增强普遍和平。"③为此，联合国进行了持续不懈的努力，做了大量卓有成效的工作。

联合国机构中，不少是经济及社会理事会的下属单位。世界银行和国际货币基金组织，就在其中。它们对战后世界经济的恢复与发展产生了重要作用。为了促进广大发展中国家的经济和社会发展，从1961年开始，联合国先后实施了四期"联合国发展10年"战略。为了改变不合理的国际旧秩序，广大发展中国家以联合国为平台进行了坚决斗争。1964年，发展中

① 李铁城：《联合国五十年》，中国书籍出版社1995年版，第444页。
② 李铁城：《联合国五十年》，中国书籍出版社1995年版，第445页。
③ 李铁城：《联合国五十年》，中国书籍出版社1995年版，第445页。

国家组建了"77 国集团"，正式提出建立公正合理的国际经济新秩序的要求。1974 年 4 月，《关于建立新的国际经济秩序的宣言》和《行动纲领》，在联合国大会第六届特别会议通过。当年 12 月，第 29 届联合国大会通过了《各国经济权利和义务宪章》。

2000 年 9 月，在联合国首脑会议上，189 个国家签署了《联合国千年宣言》。宣言提出了联合国千年发展目标，旨在 2015 年前将全球贫困水平降低一半。除此之外，在保护环境、救助难民、救灾减灾、防治疾病、保护妇女儿童等诸多领域，联合国开展了大量有益的活动。相对于主权国家而言，联合国发挥了不可替代的积极作用。同时，联合国也是加强南北对话、扩大国际共识、解决矛盾纠纷、共谋合作发展的阵地。联合国为发展中国家和发达国家相互交流、加强往来提供了诸多便利。

在增进和保障全人类的人权和基本自由方面，联合国也发挥了重大作用。1948 年 12 月，联合国大会通过了《世界人权宣言》。1963 年 11 月，联大通过了《联合国消除一切形式种族歧视宣言》。1966 年 12 月，联大通过了《经济、社会及文化权利国际公约》和《公民权利和政治权利国际公约》。1967 年 11 月，联大通过了《消除对妇女歧视宣言》。这一系列纲领性文件，有力地推动了世界人权与自由事业的发展与进步。同时，联合国也为加速世界非殖民化进程做出了突出的贡献。1960 年 12 月，《关于给予殖民地国家和人民独立的宣言》在第 15 届联合国大会获得通过。这一宣言推动了绝大多数殖民地的独立与解放，使数亿人民挣脱了殖民枷锁。这些殖民地争得了民族自决权和发展权，由此走上了尊重人权、自由、民主的发展之路。

第三，作为维护世界和平的支柱和世界裁军的场所，联合国为维护战后世界和平做出了重大的直接贡献。

联合国及其安理会，对维护战后世界和平与安全承担着特殊的责任。消除对和平的威胁、防止战争与冲突发生以及和平解决国际争端等，都是二者的职责所在。根据国家主权不可侵犯、不干涉他国内政、和平解决国际冲突等公认的有关国际准则，二战结束后，联合国安理会尊重国际关系民主化，积极协调有关国家立场，调停了多次重大国际冲突，取得了较好的总体效果。代表性的主要有，印巴战争、中东战争、科索沃战争的停火，柬埔寨问题的政治解决等。

另外，联合国开展了大量国际维持和平行动。所谓联合国维持和平行动，是根据联合国大会或联合国安全理事会通过的决议，联合国向冲突或战乱国家或地区派遣军事观察团或维持和平部队，以恢复和维持地区和平的一种行动。联合国维持和平行动的目的，是防止局部冲突或战乱不断扩大和蔓延，从而为通过和平方式解决问题创造条件。在实践中，对于防止地区冲突或战乱蔓延和扩大，联合国维持和平行动绝大多数起到了积极作用。

1948 年 5 月 29 日，联合国在中东建立停战监督组织。这是的联合国第一次维和行动。至今，联合国已开展了 60 多项维和行动。这些行动分布在世界各地，协助防控冲突、开展谈判。截至 2004 年 12 月，在世界各地联合国仍布置有 16 支维和部队。① 近年来，国际形势复杂多变，联合国维和行动的职能范围随之扩大。除了一些传统性工作，还延伸至许多非传统性工作。比如监督选举、全民公决，保护、分发人道主义援助，协助扫雷及难民重返家园等。联合国上述和平行动有助于冲突各方恢复和平，为最终谈判和平解决争端提供了前提条件。联合国维和行动有效缓和了地区紧张局势，较好地维护了战后世界和平。

自成立之日起，广大会员国就通过联合国平台积极反对军备竞赛，大力推动世界裁军。战后 70 多年来，联合国成立或帮助成立了许多裁军机构。这些机构积极推动裁减军队与军控谈判，对缓和地区乃至国际紧张局势，有效遏制军备竞赛发挥了积极作用。第一届联合国大会于 1946 年 1 月 24 日，通过了设立原子能委员会的决议。之后，裁军经常被列入联合国大会主要议题。期间，1978 年、1982 年、1988 年，联合国大会先后召开了 3

---

① 转引自乔志忠：《论联合国的成立及其作用》，《集宁师专学报》2005 年第 3 期，第 21 页。

次有关裁军的特别会议。1984 年 2 月，日内瓦裁军谈判会议正式组建。它是当今世界唯一的全球性多边裁军谈判机构。日内瓦裁军谈判会议与联合国密切联系，向联合国大会提交工作报告。

经过联合国和有关国家的不懈努力，世界裁军逐渐取得实质性进展。多年来，联合国大会推荐或通过了有关裁军的一系列国际公约或条约。其中包括《不扩散核武器条约》(1968 年)、《禁止生物武器公约》(1972 年)、《禁止化学武器公约》(1992 年)、《全面禁止核试验条约》(1996 年)等。越来越多的国家批准或加入了这些公约或条约。对于全面管控核武器、生物武器和化学武器扩散，销毁生物武器和化学武器，裁减直至最终消除核武器，这些公约或条约发挥了重要作用。因此，联合国对推动战后世界裁军、增进战后世界和平做出了重大贡献。

第四，作为全球性多边协调机构，为增进世界各国和人民相互了解，促进有关国家化解分歧、解决争端和加强合作，联合国做了大量有效工作，在更深层面上有力推动了战后世界和平事业发展。

《联合国宪章》明确规定：各会员国不分大小强弱，都有在联合国表达本国见解的同等地位，都有在联合国及下属机构派驻有关代表的机会。联合国召集各种大量会议。每年 9 月开幕的联合国大会常会，格外引人注目。为获得世界广泛理解和支持，各国政要利用联大这一平台，充分发表政见，积极宣传本国政策。同时，联合国大会也是有关弱小国家争取和平、维护国家和民族权益的申诉场所。这些国家经常利用联合国大会积极发言，以获得广泛同情和支持。利用联合国提供的各种平台和机会，世界各国都积极沟通、加强协调，以最大限度地维护本国利益乃至本集团的利益。从这一角度看，联合国有力推动了战后国际交流与合作，由此大大减缓了战争的爆发或加剧，从而拓宽了战后世界和平的基础。

不能否认的是，联合国毕竟是历史的产物。由于历史、时代的局限性等各种复杂原因，联合国必然有缺点、不足甚至犯过某些错误，但这并不能掩盖其对战后世界和平所作的重大贡献。

三、战后世界经济体制与世界和平

战后世界经济体制，以国际货币基金组织、世界银行和关税与贸易总协定等为支柱。这些支柱的产生，体现了历史的进步性，是世界历史上以前的国际体系所不具备的。战后世界经济体制对战后世界经济恢复和发展发挥了重要作用，为战后世界和平奠定了较为坚实的经济基础。

第一，构建战后世界和平的经济基础，是筹建以三大组织为支柱的战后世界经济体制的重要目的之一。

二战的爆发，与战前混乱的国际金融、贸易秩序息息相关。一战后，世界各国尤其是大国设置了无以复加的关税壁垒。为加强对本国贸易的保护，不少国家实施了一些非关税壁垒手段，如数量控制、许可证制度等。美国接连通过《福德尼-麦坎伯关税法》（1922 年）和《斯穆特-霍利关税法》（1930 年），由此设立了美国历史上最高的关税。欧洲的英国、法国、德国、意大利等国，也大幅提高关税税率，以新的关税代替旧关税。这种贸易保护主义政策，以邻为壑以求自保，产生了严重后果。世界范围内，发达国家之间，发达国家与发展中国家之间，发展中国家之间，都因此产生了严重对立。这加剧了 1929—1933 年的世界经济大危机，并加速了二战的爆发。

痛定思痛，战时反法西斯盟国特别是美国深刻地认识到，由世界经济与贸易割裂引起的经济混乱和经济危机是引发战争的重要原因；构建稳健的世界和平需要坚实的经济基础。美国国务院是战时负责制定战后对外经济政策的主要机构。国务卿赫尔和副国务卿韦尔斯负责本项工作。按照美国传统观点，"国界如果不让货物通过，士兵就要跨过去"。赫尔由此认为，只有实行相对自由的贸易，才能保障世界和平的经济基础。① 韦尔斯也大力宣扬："防止战争最可靠的前提之一，就是保障一切国家的人民拥

---

① William H. Mcneill, *America*, *Britain and Russia*, *Their Cooperation and Conflict 1941-1946*, London：Oxford University Press, 1953, p. 333.

有从事贸易的平等机会。"①从消除战争爆发的经济因素角度出发，考虑构建世界和平的基础，体现了人类和平思想的进步和创新。

第二，战后世界经济体制的确立，有利于战后资本主义世界经济恢复和发展，也为发展中国家经济发展提供了条件和机遇，从而为维护战后世界和平创造了积极的经济条件。

战后世界经济体制以三大经济组织为支撑。它首先有利于美国确立世界经济霸权地位，为美国经济对外扩张创造了条件。与此同时，战后世界经济体制的运行，也有利于战后其他资本主义国家经济恢复与发展。二战后，美元处于等同黄金的地位，成为国际储备货币。作为黄金的有益补充，美元弥补了国际清算能力的一定不足。战后固定汇率制保障了汇率相对稳定，有利于促进资本主义世界信贷、投资和贸易体制的发展。战后建立的国际货币合作与多边体系，有利于缓解某些国家的财政与国际收支困难，有利于推动资本主义世界经济稳定增长。战后建立的相对自由开放的国际贸易体系，引导降低关税，实行互惠互利，协调贸易争端，有利于促进各国经济发展和整个世界经济增长。

战后世界经济体制的建立，首先从总体上有利于发达资本主义国家。战后世界是某种意义上的"富国俱乐部"，资本主义原则在国际经济交往中流行。但是，战后世界经济体制下，也存在发展中国家发展可资利用的条件和机遇。比如，发达国家的发展，一定程度上要依赖发展中国家的资源和市场；战后国际合作机制，越来越趋向于自由、开放、共赢；在某些具体问题上，发达国家之间存在诸多分歧和矛盾。

第三，战后世界经济体制的建立，有利于促进经济全球化和世界历史整体发展，从而大大增强了抑制世界战争的因素。

受两次世界大战影响，世界各国经济曾一度日趋封闭化。这与世界范围内生产国际化和国际贸易自由化的迅速发展背道而驰。二战结束后，战

---

① Richard N. Gardner, *Sterling-Dollar Diplomacy*, Oxford: Clarendon Press, 1956, pp. 8-9.

后世界经济体制的建立对世界经济的重新开放和自由发展起到了关键作用。它有力促进了世界市场和各国国内市场的开放，大大有助于增进货币、金融和贸易领域的国际合作。

战后世界经济体制制定了一系列国际经济合作的规则。通过这些规则，世界各国可以加强在国际金融、贸易和投资领域的交流、协调与合作，建立越来越自由、开放和民主的世界经济体系。有关机构成员国可以相互共享关于货币政策和金融资源利用的信息，有助于各国科学制定货币政策和提高金融资源使用效益。在世界范围内，有关国家可充分利用金融资源，更加机动地解决国际收支方面可能出现的不平衡，从而大大提高有限金融资源的使用效率，更好地促进国际贸易的发展。

雅尔塔体制下，战后世界经济重新走向了开放和自由。战后，生产国际化不断发展，经济国际化日益加深。同时，国际贸易急剧增长，而国内市场相对日益狭窄。因此，世界各国的经济发展越来越依赖于国际市场的稳定与繁荣。这就有力地推动了战后经济全球化的不断发展，世界由此成为一个联系日益紧密的有机整体。世界历史整体发展不断推进，各国一荣俱荣一损俱损，从而使爆发新的世界大战的可能性越来越低。

冷战结束后，两极格局瓦解了。但是，布雷顿森林体系（主要体现为国际货币基金组织、世界复兴开发银行、世界贸易组织及其他国际组织等）不仅存在，而且仍然在发展。这一体系及其有关秩序，使雅尔塔体制有效地维持着世界权力的"均衡"，有力地维持着雅尔塔体制的国际政治经济秩序。[1]

当然，以三大经济组织为支撑的战后世界经济体制不可能没有自身的缺陷、弊端乃至负面的影响，但这并不能否定其对维护战后世界和平的积极意义。

---

[1] Hans J. Morgenthau Revised by Kenneth W. Thompson, *Politics among Nations: the Struggle for Power and Peace*, Beijing: Peking University Press, 2004, p. 183.

四、对法西斯国家改造的和平意义

德日两国军国主义好战成性，法西斯主义根深蒂固。如不对其社会进行全面彻底改造，法西斯主义终归可能死灰复燃。一战的帝国主义争霸战争的性质，决定了大战后战胜国对战败国处置的非正义性。正是这种非正义性及与之相伴的对战败国的掠夺性苛刻处置，造成了德国强烈的复仇主义情绪。同时，战胜国没有对战败国的军国主义和战争势力进行全面彻底的清除和改造。随着战败国国内外形势的发展变化，法西斯势力利用国内民众的复仇情绪不断发展壮大并最终夺取政权，从而逐步走上了复仇和战争之路。

二战的爆发使反法西斯盟国深刻地认识到，不仅要对法西斯战败国进行惩罚，更重要的是要对其法西斯和战争势力进行彻底改造，以清除战争爆发的根源，将其导向和平之路。因此，反法西斯盟国战时就着手规划对战败国的战后处置事务，其中很重要的内容就是要对法西斯战败国进行改造。

雅尔塔会议公报宣称："我们坚定不移的宗旨是：消灭德意志军国主义和纳粹主义，保证德国从此永远不能破坏世界和平，……但只有根绝了纳粹主义和军国主义，德国人民才有过适当的生活以及在国际大家庭中占有一席之地的希望。"①波茨坦会议上，美、苏、英三大国首脑进一步达成了对战败国德国的改造意见：(1)解除德国全部武装，使之完全非军事化；(2)使德国人民确信，他们在军事上已经完全失败，并且不能逃避他们自行加诸本身的责任；(3)消灭国社党及其附属与监督的机构，解散一切纳粹组织，并确保此等机构组织不得以任何形式复活，制止一切纳粹和军事的活动或宣传；(4)使德国政治生活在民主基础上最终获得重新建立，并

---

① [苏]萨纳柯耶夫·崔布列夫斯基编：《德黑兰、雅尔塔、波茨坦会议文件集》，生活·读书·新知三联书店1978年版，第244-245页。

使德国最终能在国际生活中参与和平合作做好准备。① 这就是对法西斯德国进行非纳粹化、非军事化及民主化的改造原则。

1945 年 7 月 26 日，盟国发布的《中美英三国敦促日本投降之波茨坦公告》指出，"欺骗及错误领导日本人民，使其妄欲征服世界者之权威及势力必须永久剔除。盖吾人坚持非将负责之穷兵黩武主义驱出世界，则和平安全及正义之新秩序势不可能"，"直至如此之新秩序成立时，及至日本制造战争力量业已毁灭，有确实可信之证据时，日本领土经盟国之指定，必须占领，俾吾人在此陈述之基本目的得以完成"。"吾人无意奴役日本民族或消灭其国家，但对战争人犯，包括虐待吾人俘虏者在内，将处以法律之裁判，日本政府必须将阻止日本人民民主趋势之复兴及增强之所有障碍予以消除，言论、宗教及思想自由以及对于基本人权之重视必须成立。"在经济方面，"日本将被准许维持其经济所必需及可以偿付货物赔款之工业，但可以使其重新武装作战之工业不在其内。为此目的，可准许其获得原料，以别于统治原料，日本最后参加国际贸易关系当可准许"②。盟国由此确定了战后处置日本的非军事化、民主化及和平经济的原则。

二战的胜利，为对法西斯国家的改造、清除战争根源和将其导向和平之路创造了条件。大战胜利后，根据盟国战时确立的对法西斯战败国的改造原则，反法西斯盟国对德、日法西斯国家进行了占领与改造。盟国不仅对罪大恶极的战犯进行了审判，也对其他法西斯和战争势力进行了整肃；不仅从军事、政治上施行非军事化和民主化的改造，而且从经济和思想意识形态上清除法西斯和军国主义的根源；不仅着眼于对法西斯战争势力的当前改造，而且着眼于为战败国走上和平、民主发展之路奠定长远根基。

总的来说，盟国对法西斯国家的改造，从军事、政治、经济、思想意识形态诸方面对法西斯军国主义进行了较为全面和彻底的扫荡，在很大程度上铲除了战争爆发的法西斯和军国主义根源，从而为这些国家走上和平

---

① ［美］威廉·哈代·麦克尼尔著，叶佐译：《美国、英国和俄国：它们的合作和冲突（1941—1946 年）》（下册），上海译文出版社 1978 年版，第 945 页。

② 《日本问题文件汇编》，世界知识出版社 1955 年版，第 6 页。

发展之路奠定了基础。尽管盟国对法西斯国家的改造具有不同程度的局限性和不彻底性，这些局限性和不彻底性也影响到战后世界的和平与安全。但不能否认的是，盟国对法西斯战败国的改造为战后世界和平做出了重大贡献，它在相当程度上铲除了战争尤其是世界大战的根源，为战后世界整体和平局面的维持创造了必要的前提和奠定了较为稳固的基础。

五、雅尔塔体制与战后世界和平

二战形成的雅尔塔体制下的世界格局，在内容上大致包括以美苏为中心的两极世界格局，国际和平组织联合国，以国际货币基金组织、世界银行和关税与贸易总协定为支柱的战后世界经济体制，以及作为两极世界格局一部分的改造后的德、日等战败国。

基于上面的论述可知，战后两极世界格局，在某种意义上对战后世界和平起到了决定性的作用。作为战后普遍性的国际和平组织，联合国是维护战后世界和平的重要支柱；以国际货币基金组织、世界银行和关税与贸易总协定为支柱的战后世界经济体制，为战后世界和平奠定了较为坚实的经济基础。同时，盟国对法西斯战败国的改造，在很大程度上铲除了战争爆发的法西斯和军国主义根源，为这些国家走上和平发展之路奠定了基础。因此，尽管存在某些缺陷和弊端，但从本质上讲，二战确立的雅尔塔体制下的战后世界格局是一种和平的世界格局，其为战后世界和平局面的形成创造了必要前提、提供了较为稳固的制度性、机制性保障和支撑，从而为战后世界和平奠定了较为坚实的制度性、机制性和框架性基础。可以说，雅尔塔体制为战后世界和平奠定了较为坚实的基础。

雅尔塔体制及其体制下的战后世界格局，不仅维护了冷战时期的世界和平，而且在冷战结束后仍然发挥着维护世界和平的某些积极作用。

有人认为，东欧剧变和社会主义苏联解体，标志着雅尔塔体制的崩溃。但是，苏联解体和冷战结束，只是瓦解了战后两极格局，而不是雅尔塔体制。实践中，两极格局瓦解后，作为雅尔塔体制主体的战后世界政治体制、经济体制仍然主导着当今世格局和国际秩序的运转，并在一个相当长的历史时期内，将继续担负起规范世界政治、经济体制的作用。雅尔塔体制具有坚强的生命力①和良好的适应性。

大国合作是雅尔塔体制的基础。雅尔塔体制主要通过大国合作来维护战后世界和平。五大常任理事国"一致决策"是联合国安理会的主要表决机制。战后大国合作，主要通过这一机制实现。冷战结束后至今，这一机制仍然没有改变。大国合作仍然是冷战后至今国际关系的基本特征。联合国安理会五大常任理事国，仍然深刻影响甚至主导着当代国际关系的发展。目前，国际社会尚未出现能够取代它们的大国或大国组织。

诚然，联合国和安理会需要进行积极的改革，安理会成员国也可能增多。作为二战重要成果的联合国，本身就是大国合作的产物。因此，无论联合国怎样改革，大国主导国际政治的规则不可能被打破。战后至今，大国之间的冲突绝大多数在相互妥协或退让中得到解决，大国之间没有发生全面战争。如果没有发生在主要大国集团之间的世界性的战争，国际体系不会轻易改变。②

联合国和布雷顿森林体系是雅尔塔体制最重要的支柱。冷战结束后至今，联合国和布雷顿森林体系仍然存在，并且在继续发展。这些体系及其机制使雅尔塔体制有效地维持着世界权力"均衡"，有力地维持着雅尔塔体制的国际政治经济秩序。③

冷战时期，联合国曾经被美国操纵，并成为美苏两个超级大国对抗的工具。但这并不能否定联合国对维护战后世界和平所做的重大贡献。联合国的存在意义重大，"创建联合国是战时联盟共同规划战后和平体制的一

---

① 李世安认为，冷战结束后，雅尔塔体系并没有崩溃，崩溃的只是两极格局；"雅尔塔体系具有强大的生命力"。杨和平也持类似观点。参见李世安：《从国际体系的视角再论雅尔塔体系》，《世界历史》2007 年第 4 期；杨和平：《雅尔塔体制"瓦解"质疑》，《信阳师范学院学报》(哲学社会科学版)2002 年第 2 期。

② Robert O. Keohane and Joseph S. Nye, *Power and Interdependence*, Beijing：Peking University Press，2004，p. 7.

③ Hans J. Morgenthau, Revised by Kenneth W. Thompson, *Politics Among Nations：The Struggle for Power and Peace*, Beijing：Peking University Press，2004，p. 183.

项重大成就，它对防止法西斯势力复辟、预防世界战争、发展各国友好关系和促进国际合作事业都有重要作用"。联合国的存在，说明了雅尔塔体系没有崩溃。①

布雷顿森林体系是战后雅尔塔体制的重要支柱之一。冷战结束后，布雷顿森林体系没有崩溃。首先，世界银行、世界贸易组织和国际货币基金组织至今仍然存在，并且在世界经济发展中仍然发挥着举足轻重的作用。这些机构都是布雷顿森林体系建立的主要机构。其次，布雷顿森林体系的一大组成部分是有关国际贸易机制。《关税及贸易总协定》是布雷顿森林体系的一种重要国际机制。冷战结束后，世界贸易组织(WTO)在关贸总协定的基础上建立。世界贸易组织的建立，进一步规范了当今国际经济秩序。布雷顿森林体系因此进一步发展、完善。

再者，货币"双挂钩"制度出现了问题，并不代表布雷顿森林体系的崩溃。"双挂构"是指布雷顿森林体系下美元和黄金挂钩，各国货币又和美元挂钩。同时，美元和黄金有固定的比价，35美元为一盎司；并且，各国货币对美元的汇率浮动上下不得超过1%。20世纪70年代，"双挂构"制度发生问题。美元与黄金的比价因美元贬值发生了变化。1971年，美元与黄金的比价提高到1盎司38美元。1976年，浮动汇率制实行，各国可以自由买卖黄金。但是，美元在国际货币中的中心地位并没有动摇，许多国家的货币仍与美元挂钩。② 这种变化，可以看作布雷顿森林体系在新形势下作出的必要调整和修正。

因此，冷战结束后，虽然两极格局已解体，但是雅尔塔体制并没有崩溃。相对而言，雅尔塔体制具有坚强的生命力和良好的适应性。它不仅有效地维护了冷战时期的世界和平，而且继续维护着冷战后世界的政治和经济秩序，继续发挥着对世界和平的应有的积极作用。

综上所述，第二次世界大战确立的雅尔塔体制下的战后世界格局，在

---

① 王绳祖主编：《国际关系史》第六卷，世界知识出版社1995年版，第520页。
② 李世安：《从国际体系的视角再论雅尔塔体系》，《世界历史》2007年第4期，第50页。

本质上是一种和平的世界格局。战后两极世界格局，在某种意义上对战后世界和平起到了决定性的作用；作为战后普遍性的国际和平组织，联合国是维护战后世界和平的重要支柱；以国际货币基金组织、世界银行和关税与贸易总协定为支柱的战后世界经济体制，为战后世界和平奠定了较为坚实的经济基础；同时，盟国对法西斯战败国的改造，在很大程度上铲除了战争爆发的法西斯和军国主义根源，为这些国家走上和平发展之路奠定了基础。第二次世界大战确立的战后世界和平格局，为战后世界和平局面的形成创造了必要前提、提供了较为稳固的制度性、机制性保障和支撑，从而为战后世界和平奠定了较为坚实的制度性、机制性和框架性基础。

第四章　二战与战后世界新兴和平力量的壮大

第二次世界大战促进了战后世界新兴和平力量①的壮大。大战为战后发展中国家的兴起和社会主义阵营的形成创造了有利的国际条件和奠定了内部基础。在欧亚抵抗运动和战后民族解放运动的基础上，战后发展中国家兴起，社会主义阵营亦逐步形成。发展中国家和社会主义国家的兴起，改变了国际社会的结构。战后国际社会由资本主义阵营、社会主义阵营和发展中国家三大部分组成。这三大部分结合形成了由不同社会制度国家组成的战后多元国际社会。

战后多元国际社会的形成，极大地增强了世界和平力量，有效地制约了世界战争势力，为战后世界和平提供了强有力的力量支撑，并奠定了坚实的结构基础。其中，作为二战重要组成部分的中国抗日战争，不仅为二战的胜利和战后国际和平组织的创建作出了重大贡献，而且为中华人民共和国的成立奠定了基础。作为战后多元国际社会的重要一员，中华人民共和国是维护战后世界和平的重要力量。中国抗日战争以自身特有的方式为战后世界和平作出了重大贡献，从另一个角度体现了第二次世界大战对战

---

① 战后世界和平力量，除了以发展中国家和社会主义国家为重要组成部分外，还应包括其他和平力量，如战后世界和平运动等。本书所讨论的战后世界和平力量，侧重于二战前后国际力量对比的变化，即以发展中国家和社会主义国家的兴起为标志的战后多元国际社会的形成。战后世界新兴和平力量主要指社会主义国家和新独立的发展中国家。

后世界和平的奠基作用。

第一节　二战与战后民族解放运动的兴起

规模空前的第二次世界大战，将世界广大殖民地、半殖民地国家和地区卷入战争。世界反法西斯战争考验和锻炼了殖民地、半殖民地人民，冲击和破坏了这些国家和地区的帝国主义殖民统治。二战破坏了殖民统治的旧世界，同时也为战后民族解放运动的兴起创造了条件，孕育和造就了民族国家的新世界。①

一、殖民地、半殖民地为二战胜利做出了重大贡献

二战是人类历史上一次规模空前的战争，占世界人口绝大多数的殖民地、半殖民地不可避免地被卷入这场战争。二战大大提升了殖民地、半殖民地的国际地位。广大殖民地、半殖民地为二战的胜利做出了重大贡献。

殖民地、半殖民地因其重要的战略位置，对反法西斯战争具有十分重要的军事战略意义。南亚的锡兰是印度洋上的交通枢纽。它连接着英国至印度、澳大利亚的"生命线"航路，直接关系到英国经好望角到南非、中东的运输安全。新加坡陷落以后，锡兰在军事战略上的重要性突出，成为英国和其盟军在远东的重要后方基地和补给中心。

地中海是英帝国连接成为整体的关键。英国殖民地马耳他位于地中海中部，是大西洋通往地中海东部和印度洋的交通要冲。马耳他拥有英国海军在地中海上的唯一大型基地，控制了马耳他就意味着控制了地中海。二战期间，驻在马耳他的盟军轰炸机对轴心国及其北非海上交通线进行了毁灭性的打击，阻断了轴心国在利比亚和突尼斯的增援部队，以及燃料、弹药等补给品的供应，大大加速了轴心国的失败进程。

---

① 本节内容参考了胡德坤、罗志刚的《第二次世界大战与战后世界性社会进步》（湖北人民出版社 1993 年版）中"第二次世界大战与发展中国家的兴起"部分有关内容，特此感谢。

非洲是盟军运送兵员和战争物资的后方基地。地中海航路被封锁以后，非洲沿岸港口，尤其是南非开普敦港的战略地位显著提高，成为连接欧亚非及大洋洲的主要通道。据英国海军部 1945 年 5 月 17 日公布的资料，在二战期间，有 400 个船队经过开普敦港口，运输盟军 200 万人以上。法属西非的达喀尔、赛拉勒窝内的佛里敦，集中了 100 艘以上船队。① 法属赤道非洲是盟国军队的战略基地和作战基地。黑角港负责给往来佛里敦和南非的盟国船只提供粮食和燃料。乍得的机场负责给从塔科腊迪飞往中东的飞机加油。据统计，仅 1942 年一年，总共有 2994 架飞机在乍得的拉密堡机场着陆；有 6944 架飞机经由这个机场飞往利比亚战场或经由巴士拉飞往东部战场。②

殖民地、半殖民地在军事上所发挥的积极作用，帮助盟国对轴心国在战略上处于优势。同时，殖民地、半殖民地也以自己的方式为大战的胜利作出了重大贡献，加速了法西斯的失败。

一方面，殖民地、半殖民地为盟国提供了大量的战略物资和积极的财政支援。战争期间，广大殖民地、半殖民地人民为盟军提供了大量战略物资和农产品。印度为 300 万人的英印军、南非军以及驻扎在缅甸的美军和中国军队提供粮食，并为这些军队生产被服、装备、弹药和轻武器。印度还为盟国提供所需的全部马钱子、咖啡因和山道年。中东地区战时所需军用物资也几乎都由印度提供。到 1943 年，印度为盟国所提供的物资超过澳大利亚、新西兰和南非提供物资的总和。战争期间，加拿大共生产了 16000 多架飞机，38000 辆装甲运输车和坦克，24000 门野炮和高射炮，3000 多艘登陆船只和数百艘护航舰、扫雷艇等。③

战争爆发时，英国在橡胶、油、棉、铜等 20 余种重要的战争初级产品

---

① ［苏］亚·尤·施皮尔特著，何新译：《第二次世界大战中的非洲》，世界知识出版社 1961 年版，第 82 页。

② Robert July, *A History of the African People*, New York：Waveland Press, 1980, p. 121.

③ ［苏］《第二次世界大战史（1939—1945）》第 12 卷（上册），上海译文出版社 1989 年版，第 305 页。

中，除了煤以外，其余都需从国外进口，而这些几乎都是由英属殖民地、自治领所提供。尼日利亚的锡、黄金海岸的锰、赛拉利昂的铁、罗德西亚的铜等，都大批运到英国。比属刚果是盟国所需钻石的主要供应地，其出产的铀是美国制造原子弹不可缺少的战略物资。此外，殖民地附属国人民还在经济上给盟国以大力援助。如战争结束时，英国政府以英镑结存的形式从印度和英镑区共借 27.23 亿英镑，仅印度就占 11.38 亿英镑，其他殖民地(包括叙利亚、黎巴嫩和伊拉克)共 6.07 亿英镑。①

另一方面，殖民地、半殖民地为盟国提供了丰富的兵源和劳动力资源。大战期间，成千上万的亚洲、非洲、拉丁美洲的殖民地、半殖民地人民在各反法西斯盟国军队中作战。由各殖民地人民组成的参加作战的军队达 320 万人。② 英帝国正规军至 1945 年 3 月共有 8764000 人，其中殖民地和自治领提供的就有 4179000 人(印度 2064000 人，南非联邦 198000 人，南罗德西亚及其他殖民地约 549000 人)。巴西有 50000 名远征军参加了意大利战场上的军事行动。墨西哥的一个空军中队在太平洋作战区参加作战。法属非洲殖民地有 37.2 万人直接参战，其中 16.6 万人是在非洲以外服役，在法军中有 14.1 万人在非洲以外作战。③

在巴黎解放前，"自由法国"军队里的非洲人数量比法国人还多。戴高乐领导的"自由法国"运动，主要依靠法属非洲殖民地的人力、物力和财力，在非洲的土地上发展壮大起来，又是以非洲为基地光复法国的。1945 年 5 月 15 日，G. 莫内维尔(后来的圭亚那总统)不无感慨地说："没有帝国，法国就不会有今天的解放；幸亏有了帝国，法国才取得了胜利。"④据估算，有 30 万左右的非洲人参加了解放法国的战斗。另外，还有难以数计

① J. A. Gallagher, *The Decline, Revival and Fall of the British Empire*, Cambridge：Cambridge University Press, 1982, p. 22.

② 北京大学历史系编：《第三世界的兴起》，人民出版社 1978 年版，第 47 页。

③ Hodgkin Thomas, *Nationalism in Colonial Africa*, London：St. Martin's Press, 1956, p. 325.

④ Henry S. Wilson, *African Decolonization*, London：Edward Arnold, a Division of Hodder Headline PLC, 1994, p. 256.

的殖民地附属国人民在反法西斯军队中从事修建防御工事、机场、道路、港口、运输等辅助性工作。无数殖民地人民为反法西斯战争的胜利献出了生命。

二、大战为民族解放运动的兴起奠定了基础

二战从思想、经济、社会、组织诸方面为战后民族解放运动奠定了基础，从而为战后发展中国家的兴起开辟了广阔的道路。

第一，二战刺激了殖民地、半殖民地民族资本主义的发展，为战后民族解放运动的兴起奠定了经济基础。

大战期间，德国占领了欧洲大部分地区，日本占领了盟国主要原料产地东南亚。因此，盟国对于殖民地、附属国物质资源的依赖性大大增强。在这种形势下，宗主国竞相鼓励殖民地发展生产，实行经济自给自足。除了被日本占领的东南亚和直接成为战场的少数北非殖民地的经济遭到不同程度的破坏外，其他殖民地、半殖民地的经济都获得了较大发展。英国殖民部政务次官哈罗德·麦克米伦提出："为了战争的胜利，我们需要大规模地扩大殖民地生产。"[1]

为了满足军事上的需要，殖民主义者不得不放松对殖民地经济的一些控制，允许其某些工业的发展，如兴办工矿业、制造业及发展交通运输业。由于经济转入战时轨道，同时也因为商船吨位的不足和交通运输线的破坏和封锁，主要资本主义国家对殖民地附属国工业品的出口锐减，它们从殖民地附属国的进口却大幅度增加。英国从非洲的进口额，1944年比1938年增加80%。1936—1940年，美国从非洲的进口额增加了265.4%。[2]

同时，美国大量资本流入非洲。据不完全统计，1943—1950年，仅美

---

[1]　A. N. Poter, A. J. Stockwell, *British Imperial Policy and Decolonization*, *1938-1964*, Vol. 1, London：the Macmillan Press, 1987, p.110.

[2]　J. A. Gallagher, *The Decline*, *Revival and Fall of the British Empire*, Cambridge：Cambridge University Press, 1982, p. 24.

国私人资本对非洲的直接投资，就从 13 亿美元增加到 35.02 亿美元。这样就给殖民地附属国民族工业的兴起和发展创造了有利条件。1939—1944年，印度的工业生产总值数增长了 26.8%。① 战时印度最重要的工业部门的利润增长尤为显著：黄麻业利润增长了 8 倍，棉纺织业利润增加了 5 倍，制革业利润增加了 2 倍；机械制造业和制糖业利润增加了 1 倍。相对于1935—1939 年，1940—1944 年比属刚果的工业总产量平均增长了 89%。②

战争促进了殖民地附属国原料采掘业的发展。1944 年，非洲煤的开采总额达 2600 多万吨，比 1938 年大约增加了 50%。1939—1946 年，黄金海岸的锰产量提高了 100%，成为盟国锰原料的最大供应者；1940 年，北罗德西亚的铜产量比 1935 年增加了 86%；尼日利亚的锡产量在 1938—1943年增长了 41%。埃及的石油开采量 1944 年为 149.7 万吨，比 1938 年大约增加了 50%。③

大战期间，许多殖民地、半殖民地也建立起或扩大了基础工业，加工业也得到迅猛发展，为殖民地民族资本主义的稳步发展奠定了基础。1939—1945 年，南非联邦加工制造业产值几乎增长了 100%，南罗德西亚的加工业总产值由 800 万英镑增加到 1860 万英镑，增长了 1.3 倍。④ 战时，印度建成了有色金属工业，包括为飞机引擎锻炼复杂的铝合金。印度成为合金钢、高碳工具钢、不锈钢以及为皇家空军生产特种钢、防弹盘和硅钢的生产国，其钢产量从 1939 年的 106.6 万吨增加到 1943 年的 142.5万吨。⑤

---

① J. A. Gallagher, *The Decline*, *Revival and Fall of the British Empire*, Cambridge：Cambridge University Press, 1982, p. 25.

② A. N. Poter, A. J. Stockwell, *British Imperial Policy and Decolonization*, *1938-1964*, Vol. 1, London：the Macmillan Press, 1987, p. 112.

③ Robert July, *A History of the African People*, New York：Waveland Press, 1980, p. 123.

④ ［苏］亚·尤·施皮尔特著，何新译：《第二次世界大战中的非洲》，世界知识出版社 1961 年版，第 85 页。

⑤ Henry S. Wilson, *African Decolonization*, London：Edward Arnold, a Division of Hodder Headline PLC, 1994, pp. 258-267.

战前，印度仅能生产小型船只，但到 1942 年，就建成了拥有 5 万名工人的造船工业。印度还建立起自己的化学工业，约 400 种以前完全依赖进口的药物，战时改由本地生产。南非联邦的钢铁工业也得到飞速发展，钢铁生产能力从 1934 年的年产 18 万吨，上升到 1947 年的 57.5 万吨，到 1951 年达到 120 万吨。① 大战期间，拉丁美洲的民族经济也有了较快发展。1938—1947 年，拉丁美洲各国制造工业产量增加了 1/3～1/2；加工工业按产值计算，在 1935—1945 年共增加了 35%～50%；1937—1945 年钢产量增加了 2 倍，水泥和煤产量各增加了 1/2 左右。② 许多国家由此奠定了冶金、机械制造、石油化工和电器工业的基础。

大战期间，宗主国无法提供殖民地所需的大量生活用品。同时，许多殖民地驻扎了大量军队，对生活日用品的需求急剧增加，这就大大促进了殖民地食品加工业、纺织业等民用工业的发展。尼日利亚战时建造了一座拥有 60 台织布机的纺织厂，出现了几十家制糖厂，还兴建了一些制革厂。比属刚果的食品加工企业 1938 年为 423 个，1944 年增加到 729 个；同期，木器生产企业由 330 个增加到 577 个。③

战时对粮食、蔬菜的大量需求，为殖民地附属国农业的发展提供了良机。1940—1943 年，英属圭亚那的粮食产量是战前的两倍，牙买加的粮食耕地面积从 8 万亩增加到 20 万亩，粮食达到自给。许多殖民地附属国大面积将经济作物改种粮食作物和蔬菜。到 1943 年，毛里求斯将 3.4 万亩地从种糖改为种蔬菜，并计划稻米、茶叶自给，减少了面粉的进口。④

二战大大促进了殖民地、半殖民地交通运输业的发展。由于苏伊士运河和地中海航道被封锁，南非及其他沿海非洲各国大规模建造船舶修理基

① Henry S. Wilson, *African Decolonization*, London: Edward Arnold, a Division of Hodder Headline PLC, 1994, pp. 267-271.

② Hodgkin Thomas, *Nationalism in Colonial Africa*, London: St. Martin's Press, 1956, p. 327.

③ Kwame Nkrumah, *Towards Colonial Freedom*, London: Heinemann, 1962, p. 69.

④ A. N. Poter, A. J. Stockwell, *British Imperial Policy and Decolonization, 1938-1964*, Vol. 1, London: the Macmillan Press, 1987, p. 115.

地，扩建港口，购置飞机，建造机场。战前，非洲的航空业极度落后。但是，因大战期间广泛使用空军运送军队和物资，非洲为此开辟了以下国际航线：美国—冈比亚—利比里亚—尼日利亚，美国—比属刚果—西欧，美国—达喀尔—开罗。同时，扩大了连接达喀尔和美国、欧洲的空运以及非洲内部英属西非各殖民地之间，西非与埃及之间，毛里求斯与大陆之间的航空线。① 殖民地、半殖民地的公路、铁路运输及交通工具都有了相应的发展。

经济与交通运输业的发展促进了市场经济的繁荣和城市化进程。尼日利亚首都拉格斯 1914 年只是一个拥有 7.5 万人口的小镇，1950 年人口增加到 23 万，1962 年则发展到 67.5 万。加纳首都阿克拉的人口从 1941 年的 2 万增加到 1950 年的 13.5 万，到 1962 年则增加到 32.5 万。同期，扎伊尔首都利奥波德维尔的人口从 2.3 万猛增到 11 万。②

战时经济的发展削弱了封建或半封建制度的基础，破坏了宗主国殖民统治的基础，加强了殖民地附属国内部的团结，大大增强了反对殖民统治的物质力量。这一切都有利于战后民族解放运动的兴起和高涨。

第二，二战改变了殖民地、半殖民地的社会结构和阶级关系，为战后民族解放运动的兴起奠定了阶级、组织和社会基础。

战时殖民地、半殖民地经济的发展，促使当地阶级关系和社会结构发生了巨大变化。首先，民族资产阶级逐渐形成和壮大。战前，除南亚、东南亚和北非少数殖民地外，几乎没有一个殖民地出现过民族资产阶级政党。而战争期间，各国民族资产阶级相继建立了自己的政党和政治团体：1943 年摩洛哥建立了资产阶级政党独立党，1944 年 8 月 26 日成立了"尼日利亚和喀麦隆国民会议"，1944 年成立了尼亚萨兰非洲人大会和肯尼亚非洲人联盟，等等。

---

① [苏]亚·尤·施皮尔特著，何新译：《第二次世界大战中的非洲》，世界知识出版社 1961 年版，第 82 页。

② 高岱、郑家馨：《殖民主义史》（总论卷），北京大学出版社 2003 年版，第 83 页。

战后初期，资产阶级政党或团体更是大量涌现。1947 年，成立了黄金海岸统一大会党。1952 年初，突尼斯的新宪政党已发展到 40 万人。据统计，1961 年非洲各地共出现了 147 个大大小小的民族主义政党和组织，其中，战前建立的只有 8 个，而 139 个都是在大战期间和战后建立的。① 随着经济实力的不断增强，这些民族资产阶级政党和团体要求独立自主地发展民族工商业，摆脱帝国主义控制的愿望日趋强烈。他们以实现殖民地自治乃至最终独立为自己的发展目标，并在战争过程中逐步掌握了独立运动的领导权。

殖民地、半殖民地工业的发展，也促进了当地工人阶级队伍的不断壮大。据官方统计，印度工人人数从 1938 年的 173.8 万增加到 1945 年的 264.3 万。尼日利亚的工薪阶层从 1939 年的 18.3 万人上升到 1946 年的 30 万人。② 在北非，工人总数从战前的 300 万人增加到 500 万人，在撒哈拉以南非洲，工人总数在同期内从 500 万人增加到 800 万人。1940 年，拉美各国采矿业和交通运输业的工人总数为 640 万人，到 1955 年已增加至 1160 万人。③

工人阶级不仅在数量上有较大的增长，而且在素质上也有所提高。大战期间，为获得必要的劳动力，宗主国纷纷在殖民地招募工人。为使他们能熟练操作复杂机器，宗主国开始制定职业培训计划，对非熟练工人进行技术培训。为补充橡胶缺口，英国在黄金海岸创办了专门学校，负责向青年传授橡胶采割和加工技艺。出于战争的需要，殖民主义者还放宽了对殖民地人民参加技术部队的限制，利用他们来从事技术性很强的工作。1943 年，英国殖民地部队炮兵中英国人的比例缩减到 10%（在和平时期为

① D. K. Fieldhouse, *Black Africa*, *1945-1980*: *Economic Decolonization & Arrested Development*, London: Allen & Unwin Ltd, 1986, pp. 27-28.

② Ronald Dreyer, *Namibia and Southern Africa*: *Regional Dynamics of Decolonization 1945-1990*, New York: Kegan Paul International Ltd. , 1994, p. 157.

③ Kwame Nkrumah, *Towards Colonial Freedom*, London: Heinemann, 1962, p. 71.

40%)①，这就大幅提高了非洲人在炮兵中的比例，也间接为非洲培养了技术工人。

随着工人阶级数量和素质的不断提高，工人运动也蓬勃开展起来。大战前夕，只有东南亚殖民地工会组织比较健全，而战争期间和战后初期几乎在所有的殖民地都有了工会组织，甚至出现了工会联合会。1942 年，英属殖民地一共只有 288 个工会，会员总数仅 8.3 万人，到 1945 年，已增加到 1400 个工会，会员达 100 多万人。尼日利亚工会由战前的 5 个增加到 1944 年的 85 个，并在 1942 年成立了"尼日利亚工会联合会"。②

工人阶级的组织协调和斗争水平也进入一个新的阶段。1957 年成立的黑非洲工人总联合会，成为领导工人斗争的中心。在工会的组织和领导下，工人的罢工斗争风起云涌。1945 年，尼日利亚爆发了历史上第一次罢工，参加者达 15 万人之多。在印度，1945 年有 850 起罢工，近 80 万工人参加。1938—1942 年，黄金海岸工人共举行了 24 次罢工，迫使英国当局于 1942 年 9 月承认工会为合法组织。③ 殖民地工人阶级将罢工斗争与争取民族独立运动结合起来，要求摆脱殖民主义的奴役和压迫，从而使工人斗争水平不断提高。

大战期间，亚洲各殖民地共产党的力量得到空前发展。日本在东南亚一度频频获胜，英军屡遭败绩。为取得亚洲人民的广泛支持，英国当局对殖民地人民实行了一些让步。比如，承认马来亚和印度共产党的合法地位，释放被囚禁的共产党人。这些国家的共产党人利用合法身份，积极参加反法西斯战争。革命力量由此迅速得到较大发展。

印度共产党在 1942 年以前只有 2000 名党员，1944 年就增加到 3 万人，1946 年夏又增加至 5.3 万人。1945 年夏，缅甸共产党从地下转入公

---

① D. K. Fieldhouse, *Black Africa, 1945-1980: Economic Decolonization & Arrested Development*, London: Allen & Unwin Ltd, 1986, p. 31.

② Ronald Dreyer, *Namibia and Southern Africa: Regional Dynamics of Decolonization 1945-1990*, New York: Kegan Paul International Ltd., 1994, pp. 159-160.

③ Kwame Nkrumah, *Towards Colonial Freedom*, London: Heinemann, 1962, p. 75.

开。到 1946 年底，缅甸共产党已拥有党员 6000 名。① 亚洲各国共产党领导了抗日游击战，建立了共产党领导下的人民武装。1944 年 8 月，缅甸成立了"缅甸反法西斯人民自由同盟"，1945 年其盟员超过 20 万人，抗日武装人民志愿军逾 5 万人。1946 年，越南共产党领导的人民解放军亦达 1 万多人。1942 年 1 月，日军占领马尼拉后，菲律宾共产党领导的人民抗日军曾发展到 2 万人。②

大战期间，出于军事上的考虑，英国还给抗日游击队提供部分武器。英国向缅甸提供了约 1.5 万件步兵武器。1944 年末至 1945 年 8 月，马来亚从盟军方面获得约 3500 件步兵武器。③ 各国游击队还从日本侵略者手中缴获了大批武器弹药。亚洲殖民地、半殖民地的共产党，在大战中积累了丰富的游击战经验和领导艺术，建立了抗日民族统一战线，为打败日本法西斯做出了卓越贡献，逐步成长壮大为战后民族解放运动的中坚。

第三，二战进一步促进了殖民地、半殖民地的民族觉醒，为战后民族解放运动的兴起奠定了思想基础。

二战中，成千上万的殖民地人民远涉重洋，奔赴欧亚非各战场作战。在与其他民族的广泛接触中，殖民地、半殖民地人民的政治觉悟大大提高。黄金海岸民族解放运动领袖克瓦米·恩克鲁玛说："参加过 1939 年爆发的世界大战的退伍军人回到黄金海岸，在他们有机会拿自己的命运同其他国家人民的命运加以比较后，他们就对自己的处境感到不满；任何路线，只要能改善他们的处境，他们就准备采取。人们对英国直到当时为止采取的殖民政策普遍感到不满。其次，俄国革命及其后果也发生了它的影

---

① John Springhall, *Decolonization since 1945*: *The Collapse of European Overseas Empires*, New York: Palgrave Publishers Ltd. , 2001, pp. 53-55.

② J. A. Gallagher, *The Decline*, *Revival and Fall of the British Empire*, Cambridge: Cambridge University Press, 1982, p. 27.

③ ［苏］阿奇卡索夫、普洛特尼克夫主编:《第二次世界大战史(1939—1945)》第 11 卷，上海译文出版社 1989 年版，第 191-216 页。

响，它传播了工人的团结、工会运动、自由和独立等思想。"①殖民地、半殖民地中参加过二战的军人，成为战后民族解放运动的骨干力量。

二战打破了非洲长期的封闭状态。大战期间，英国首次在非洲大陆以外使用了殖民地部队，这对于增强殖民地人民的革命意识影响很大。津巴布韦民族解放运动领导人 N. 西索尔说："战争期间，非洲人开始与世界各国人民有了实际的交往。在生死搏斗中，他们相互结识。非洲人看到那些自诩文明、爱好和平的白人是怎样残杀别国人民……这些都使非洲人在心理上发生了革命性的变化。"②战时有许多人到印度，也有许多印度人到非洲。印度的民族解放运动尤其受到非洲的广泛关注。1945 年，尼日利亚民族解放运动领导人阿沃洛沃，在谈到印度民族解放运动对非洲的影响时说："印度是被压迫民族的楷模，它为自治政府所做的斗争受到殖民地人民的敬仰和同情。"③

为了取得殖民地人民对反法西斯战争最大限度的支持，殖民统治者不得不考虑殖民地人民日益高涨的民族主义情绪，尽量缓和他们与殖民地、半殖民地人民的矛盾，着手对殖民政策实行部分调整。英国殖民大臣哈罗德·麦克米伦指出："战争需求是压倒一切的，必须最大限度予以满足。"④在 1942 年 6 月 24 日的议会辩论中，他指出："殖民帝国的指导原则应该是他的各个组成部分之间的伙伴关系原则，从伙伴关系之中产生谅解和友谊。"⑤

按照这一原则和战争需要，英国对殖民地政策作了部分调整。如实行

---

① ［加纳］克瓦米·恩克鲁玛：《恩克鲁玛自传》，世界知识出版社 1960 年版，第 3 页。

② Kwame Nkrumah, *Towards Colonial Freedom*, London：Heinemann, 1962, p. 77.

③ John Springhall, *Decolonization since 1945：The Collapse of European Overseas Empires*, New York：Palgrave Publishers Ltd. , 2001, pp. 9-10.

④ ［英］哈罗德·麦克米伦：《麦克米伦回忆录》第 2 卷，商务印书馆 1982 年版，第 173 页。

⑤ A. N. Poter, A. J. Stockwell, *British Imperial Policy and Decolonization, 1938-1964*, Vol. 1, London：the Macmillan Press, p. 120.

宪政改革，对殖民地允诺战后给予"自治"或"独立"等。1942 年，英国政府答应战后允许印度独立。大战前只有少数白人移民区享有部分自治权，而战争期间，英国殖民统治者同意将自治权扩大到其他殖民地。1944 年 3 月 15 日通过的法国抵抗运动全国委员会纲领，在殖民政策方面规定："政治和经济权利也适合于殖民地的当地居民。"①战争结束后，殖民地、半殖民地人民要求立即将这些诺言兑现。

英国战时政府是由保守党和工党共同组成的联合政府。工党在殖民地问题上的激进态度对广大英属殖民地人民产生了较大影响。大战爆发后不久，克莱门特·艾德礼就发表声明："工党……谴责帝国主义。我们认为各族人民，不论其种族和肤色，都有平等的自由权利和公平分享世界上一切美好东西的权利。"②在对《大西洋宪章》的理解上，工党与保守党大相径庭。以丘吉尔为代表的保守党竭力将英帝国置于《大西洋宪章》适用范围之外，而工党却拥护《大西洋宪章》的原则。

1941 年 8 月 14 日，即《大西洋宪章》公布的第二天，艾德礼在伦敦对西非学生联合会宣称：《大西洋宪章》的原则"适用于各个种族"，"我们是为各种族人民的自由和社会安全而战"。③ 1942 年，工党会议通过了《殖民地人民自由宪章》。它明确指出："殖民地人民与英国人民在政治、经济、社会上享有完全平等的权利"，要求"废除殖民地法规"。④ 1943 年，工党会议又重申了《殖民地人民自由宪章》的原则，提出他们战时的政策目标是将《大西洋宪章》和"四大自由"运用到殖民地。⑤

---

① 苏联科学院主编：《世界通史》第 11 卷上册，生活·读书·新知三联书店 1984 年版，第 339 页。

② 转引自胡德坤、罗志刚：《第二次世界大战与战后世界性社会进步》，湖北人民出版社 1993 年版，第 56 页。

③ D. K. Fieldhouse, *Black Africa*, *1945-1980*: *Economic Decolonization & Arrested Development*, London: Allen & Unwin Ltd, 1986, p. 365.

④ David Goldsworthy, *Colonial Issues in British Politics 1945-1961*, Oxford, 1971, p. 120.

⑤ David Goldsworthy, *Colonial Issues in British Politics 1945-1961*, Oxford, 1971, p. 121.

为号召殖民地人民参加反法西斯战争，美英等盟国大张旗鼓地宣传"民主、自由、平等"思想。《大西洋宪章》第三条明文规定："尊重各民族自由选择其赖以生存的政府形式的权利。"①1942年的《联合国家宣言》也郑重宣布："对于《大西洋宪章》内所载宗旨与原则的共同方案也已表示赞同。"②

"民主、自由、平等"的口号和《大西洋宪章》所表达的"民族自决权"原则，被殖民地、半殖民地人民利用，成为他们争取民族独立的强有力的武器。《大西洋宪章》发表后不久，美国和加拿大的非洲留学生组织美加学生协会，在章程中庄严宣布："《大西洋宪章》所表达的自由的基本原则，应立即实行"，"我们强烈要求英帝国主义的决策集团和它的盟友，考虑民主事业，给非洲殖民地人民以内部自治"。③

三、大战严重动摇了殖民主义统治的基础

世界殖民体系是资本主义发展的产物。资本主义发展到帝国主义阶段后，世界殖民体系最终形成。第一次世界大战给世界殖民体系造成了严重破坏。尤其是社会主义国家苏联的诞生，打破了帝国主义的一统天下，加剧了殖民统治的危机。第二次世界大战更是严重削弱了殖民主义国家的力量，动摇了殖民统治的基础。

第一，二战严重削弱了殖民主义的经济力量。战争使殖民主义国家付出了沉重的经济代价。战争结束时，西欧各国已是满目疮痍，经济状况极为困难。战争给英法这两个最大的殖民主义国家造成的经济损失尤为严重。由于战争的破坏，英国工业产量明显下降，1946年的工业产值只相当于1937年的90%。大战期间，英国进出口贸易锐减，1938年的出口额为

---

① 《国际条约集》(1934—1944)，世界知识出版社1961年版，第337页。

② [美]威廉·哈代·麦克尼尔著，叶佐译：《美国、英国和俄国：它们的合作和冲突(1941—1946年)》(上册)，上海译文出版社1978年版，第157页。

③ Ronald Dreyer, *Namibia and Southern Africa：Regional Dynamics of Decolonization 1945-1990*, New York：Kegan Paul International Ltd. , 1994, p. 163.

4.71亿英镑，而1944年则降到2.66亿英镑。1938年，英国海外投资总额为35.45亿英镑，1945年减少为24.17亿英镑，共减少了37%。[1]

战争还使英国与其殖民地在财政信贷方面的关系发生了急剧变化。英国从债权国变为最大的债务国。到1945年，英国共欠英属殖民地附属国的债务达23.39亿英镑。战争期间，英国的海外债务几乎增加了5倍，达33.55亿英镑。二战加剧了英国国际收支的不平衡状况。战争期间的收支逆差达40多亿英镑，1946年为3.8亿英镑，1947年更达6.3亿英镑。[2]由于战后贸易入超甚巨，英国资本输出的能力短期很难恢复。战后初期，英国所遭受的财政困难，用经济学家凯恩斯的话来说，就是英国正经历一次"财政上的敦刻尔克"[3]。

战争也使法国蒙受了巨大的经济损失。据法国战争损失委员会估计，战争破坏使法国损失了全部财富的45%。按1945年价格计算，因德国占领而造成的经济损失为48930亿法郎，相当于战前三年的生产总值。1945年初法国的生产总值尚不及1938年的50%。战争期间，法国损失的海外资产为1.3亿~1.6亿法郎。1939年底，法兰西银行的黄金储备曾达2407.4吨，而1944年则减少到1578.6吨，1951年底则进一步减少到486.6吨。战争使法国债台高筑，1944年所欠外债为13.47亿美元，1951年底增加到359.46亿美元。[4]

二战对殖民主义国家经济力量的严重削弱，大大减弱了宗主国对殖民地、半殖民地的控制能力，动摇了殖民帝国统治的经济基础。

第二，二战极大削弱了殖民主义国家的军事实力。大战前，法国是一

---

①　John Darwin, *Britain and Decolonisation：The Retreat from Empire in the Post-War World*, New York：St. Martin's Press, 1988, p. 64.

②　John Darwin, *Britain and Decolonisation：The Retreat from Empire in the Post-War World*, New York：St. Martin's Press, 1988, pp. 64-65.

③　John Darwin, *Britain and Decolonisation：The Retreat from Empire in the Post-War World*, New York：St. Martin's Press, 1988, p. 66.

④　Kwame Nkrumah, *Towards Colonial Freedom*, London：Heinemann, 1962, pp. 72-75.

个欧洲大国，拥有世界第一流的陆军。然而经过二战，其军事力量几乎丧失殆尽。而作为海上霸主的英国，损失也极为惨重。战争期间，为获得美国的租借援助，英国忍痛将海外的一些空军、海军基地转让给美国。经过大战，英美两国海上实力的对比发生了巨大变化。

战前英国海军舰艇吨位为 120 万吨，美国只有 100 万吨。到 1947 年，英国舰艇总吨位上升为 150 万吨，美国却猛增到 380 万吨。美国的战列舰、巡洋舰和驱逐舰吨位是英国海军的 2.5 倍以上，潜水艇吨位是英国的 2 倍，航空母舰吨位几乎为英国的 6 倍。1951 年，英国海军部宣布拥有海军官兵14 万人，而美国却达 85 万人。1939 年，英国的商船总吨位比美国多一半，战后却只及美国的 1/3。① 1945 年 7 月 22 日，在波茨坦会议上，丘吉尔不无伤感地哀叹道："由于战争，我们欠了美国很大一笔债。我们永远不可能拥有像美国那样的海上力量了。战争期间我们建造的主力舰只有一艘，却损失了十艘。"②

战后，殖民主义国家迫于经济困难，也无力重振军备。莫里森任英国财政大臣后称："已无法提供国防部所需的财力和人力。"③1946 年法国议会一致通过社会党议员提出的削减军事预算 20%的提案。殖民主义国家经济和军事霸权的丧失，使其对殖民地、半殖民地的军事控制与防卫能力大为降低。长达几个世纪的旧殖民主义统治时代一去不复返了。

第三，二战大大降低了殖民主义国家的国际地位。二战使英法等老牌殖民主义国家在国际政治中的地位急剧下降。美国取代其统治地位，成为资本主义世界首屈一指的大国。战后初期，美国的经济、军事实力在全世界都处于绝对优势，美国占有资本主义工业生产量的 53.4%，出口贸易额

---

① John Darwin, *Britain and Decolonisation*：*The Retreat from Empire in the Post-War World*，New York：St. Martin's Press，1988，pp. 73-74.

② [苏]萨纳柯耶夫·崔布列夫斯基编：《德黑兰、雅尔塔、波茨坦会议文件集》，生活·读书·新知三联书店 1978 年版，第 369 页。

③ John Darwin, *Britain and Decolonisation*：*The Retreat from Empire in the Post-War World*，New York：St. Martin's Press，1988，p. 75.

的 32.4%，黄金储备量的 74.5%。① 1947 年 6 月，英国外交大臣欧内斯特·贝文沮丧地说，美国"今天正处在拿破仑战争结束时英国的地位，英国掌握全世界财富的约 30%，而今天，美国则掌握大约 50%"②。

战后初期，美国利用自己的巨大实力，一跃而成为世界的霸主。而英法等老牌殖民主义国家因实力衰落，国际影响力下降，在国际事务中扮演次要的角色。美国制造商协会常务副主席维吉尔·约旦毫不掩饰地说："无论战争的结果如何，美国在世界事务和自己生活的所有其他方面都走上了帝国主义道路……虽然英国在我们的援助下在结束这场作战争时不致失败，但是它的经济衰竭和威望的破坏下降到不能再恢复或保持它过去在世界事务中长期占据的统治地位的地步。英国至多会成为以美国的经济资源和陆海军实力为核心的新盎格鲁撒克逊帝国主义的小伙伴……经济力量和政治影响的权杖将归于美国。"③

1957 年 3 月 22 日，《美国新闻与世界报道》刊载题为《英帝国的没落》的文章指出："英国人现在不得不承认这样一个事实，那就是英国在世界上只能起着二等强国的作用……，英国已不再是一个领导国家了。"④英法等殖民主义国家国际地位的下降，使其无法继续旧的殖民主义政策。面对美国全球战略的野心，衰落的英法两国要完好无损地保护殖民利益，将更加力不从心。

第四，二战严重破坏了帝国主义殖民统治体系。首先，战争破坏了旧的殖民统治机构，使之无法继续其殖民统治。1941 年底太平洋战争爆发后不久，印度以东、新加坡、马来亚、缅甸等英属亚洲殖民地及法属印度支

---

①　John Darwin, *Britain and Decolonisation: The Retreat from Empire in the Post-War World*, New York: St. Martin's Press, 1988, p. 76.

②　转引自胡德坤、罗志刚:《第二次世界大战与战后世界性社会进步》，湖北人民出版社 1993 年版，第 18 页。

③　[苏]维·萨·科瓦尔著，毕世良等译:《他们想夺取我们的胜利果实》，世界知识出版社 1965 年版，第 9 页。

④　John Springhall, *Decolonization since 1945: The Collapse of European Overseas Empires*, New York: Palgrave Publishers Ltd. , 2001, p. 15.

那和荷属东印度都被日本占领。英、法、荷等殖民帝国原有的殖民统治机构几乎都遭到了毁灭性破坏。在缅甸,英国殖民统治机构的全部工作人员同撤退的英军一起离开了缅甸。马来亚和荷属东印度的欧洲殖民统治者则被关进集中营,直到战争结束。1945 年,日本发动"三·九"政变,囚禁了法国驻印度支那总督德古和其他官员,解除了法国殖民军 8 万人的武装,法国在远东的殖民统治机构彻底瘫痪。

日本占领英、法、荷等国殖民地后,力图从制度上破坏现存的旧殖民机构,代之以符合日本需要的新殖民机构,或者扶植傀儡政权。但是,日本也没有达到建立自己的殖民统治的最终目的。日本法西斯的暴行激起了亚洲殖民地人民深深的憎恨,"欧洲人过去曾经掠夺他们的财富,而亚洲占领军现在则吸干了他们的骨髓"[1]。亚洲各殖民地人民开展了如火如荼的抗日斗争。

在北非,那些直接成为战场的殖民地、半殖民地,如埃及、突尼斯、阿尔及利亚、摩洛哥等,其旧的殖民统治更是遭到了严重破坏。在撒哈拉以南广大殖民地附属国中,过去一些旧的殖民统治机构都被纳入战争轨道。战时的人力动员、物资生产、安全及战时宣传等一系列庞杂而又艰巨的工作,需要有新的机构、新的统治方式与之相适应。鉴于人力缺乏,同时也是为了争取殖民地民族主义力量的支持,殖民主义者不得不对殖民地人民做出部分让步,如扩大殖民地人民参政权、吸收他们参与殖民地管理、实行一些宪政改革等。1942 年,在黄金海岸,英国首次任命两名非洲人为咨询行政委员会的成员。1939 年,在高级行政部门工作的尼日利亚人只有 23 人,1947 年增加到 182 人,1951 年和 1953 年分别增加到 628 人和 786 人。[2]

二战结束后,殖民统治机构绝大多数难以恢复到战前的状态。法西斯殖民统治也被推翻。这就为战后民族解放运动的兴起和发展创造了有利的

---

① John Darwin, *Britain and Decolonisation*：*The Retreat from Empire in the Post-War World*, New York：St. Martin's Press, 1988, p. 10.

② John Springhall, *Decolonization since 1945*：*The Collapse of European Overseas Empires*, New York：Palgrave Publishers Ltd. , 2001, pp. 12-13.

条件。日本的突然败降和战时英法荷等国殖民统治机构的破坏所产生的权力真空，有助于亚洲殖民地人民取得民族解放斗争的胜利。1945 年 8 月 17 日，印度尼西亚共和国宣告成立；9 月 3 日，越南民主共和国诞生；缅甸人民武装在驱逐日本占领军的过程中，逐步控制了全国大部分地区；马来亚也建立起民主政权机关——人民委员会。

殖民主义者在战场上的失败，打破了"帝国不可战胜"的神话。殖民地人民从中看到了殖民主义者的虚弱，增强了争取民族解放的信心。1940 年 5 月，希特勒军队在占领丹麦和挪威后，又对西欧国家发动了进攻。荷兰和比利时投降。紧接着，6 月 22 日，号称拥有世界一流陆军的法国投降。世界舆论为之哗然。英、法、荷等国在远东殖民地的沦陷，更使西方殖民主义在广大殖民地人民心目中的声望一落千丈。殖民地附属国人民开始对宗主国的保护能力提出质疑。

日本占领新加坡后，缅甸危在旦夕。丘吉尔多次催促澳大利亚派兵增援，均遭断然拒绝。1942 年 5 月，达尔文港遭日本空袭后，澳大利亚一再请求从海外调回本国的部队。战时，澳大利亚总理还多次向英国提出扩大自治领权限的要求。1942 年 5 月，澳大利亚驻中国公使埃格尔斯顿说："英帝国在远东靠的是威望，而现在这种威望已完全被毁掉了。"[①]英国在战场上的失利，在英属非洲殖民地也引起强烈的反响。新加坡、马来亚陷落后不久，1942 年 4 月 6 日，西非学生联合会向殖民大臣递交了一份备忘录，呼吁："为了自由、正义和真正的民主，鉴于马来亚和缅甸的教训……强烈要求英国政府立即给予英属西非殖民地和保护国以内部自治，并切实保证在战后五年内准予完全自治。"[②]

法国败降的消息传到突尼斯后，突尼斯人民立刻掀起反法浪潮。突尼斯的民族主义者散发小册子，号召推翻法国殖民统治。他们声称：法国连

---

① D. K. Fieldhouse, *Black Africa*, *1945-1980*：*Economic Decolonization & Arrested Development*, London：Allen & Unwin Ltd, 1986, p. 206.

② [匈]西克·安德烈著，吴中译：《黑非洲史》第 3 卷上册，上海译文出版社 1980 年版，第 41 页。

自己都保护不了，更谈不上保护突尼斯；"法国已失去昔日的实力，不久就会向我们屈服"；突尼斯的"保护国地位已经葬入敦刻尔克的海水之中"。① 在法属殖民地越南，1941年6月6日，胡志明发表告全国人民书："吾民呻吟于双重压迫之下，既为法贼之马牛，又为日寇之奴隶。呜呼！吾民何辜，遭此浩劫？处此悲痛残酷情况下，吾民束手待毙乎？……如今，解放机会已至，法国本身竟不能援助其统治我国之法人。"②各殖民地、半殖民地人民不断掀起民族解放运动的浪潮。

二战严重削弱了殖民主义的经济和军事力量，导致殖民主义国家的国际地位迅速下降，有力破坏了帝国主义殖民统治体系。因此，二战沉重打击了帝国主义的殖民统治，严重动摇了帝国主义殖民统治的政治、经济和军事基础，为战后民族解放运动的兴起提供了客观条件。

综上所述，第二次世界大战大大提升了殖民地、半殖民地的国际地位，殖民地、半殖民地也以为盟国提供战略物资、财政支援、兵源和劳力等形式为大战胜利作出了重大贡献。同时，二战为战后民族解放运动的兴起作了必要的准备和创造了有利的条件。就内部条件而言，大战从思想、经济、社会、组织诸方面为战后民族解放运动的兴起作了准备和奠定了基础；就外部条件而言，大战沉重打击和严重动摇了帝国主义殖民统治的政治、经济和军事基础，为战后民族解放运动的兴起提供了有利的外部客观条件。二战为战后民族解放运动的兴起奠定了基础和创造了条件，从而为战后发展中国家的兴起做好了准备。

第二节　战后发展中国家的兴起及其世界意义

第二次世界大战促进了世界殖民体系的瓦解，孕育了战后发展中国家

① J. A. Gallagher, *The Decline*, *Revival and Fall of the British Empire*, Cambridge：Cambridge University Press, 1982, p. 31.

② John Springhall, *Decolonization since 1945：The Collapse of European Overseas Empires*, New York：Palgrave Publishers Ltd. , 2001, pp. 131-132.

的兴起。二战结束后，亚洲、非洲、拉丁美洲先后掀起了民族解放运动的高潮，世界殖民体系逐步瓦解，发展中国家作为重要的政治力量登上世界舞台。发展中国家的兴起，极大地改变了世界的面貌，具有深远的意义。

一、战后民族解放运动的高涨与发展中国家的兴起

二战沉重打击了帝国主义殖民统治的基础，促进了殖民地、半殖民地人民的觉醒，并从思想、经济、社会和组织上为战后民族解放运动的高涨做好了准备。大战结束后，在有利的国际、国内条件下，殖民地、半殖民地人民再也无法忍受帝国主义殖民统治的剥削和压迫，不断掀起民族解放斗争的浪潮。民族解放运动成为战后势不可挡的历史潮流。

战后民族解放运动的高潮首先在亚洲出现，接着转向非洲和拉丁美洲。声势不断高涨。从二战结束到20世纪70年代中期，大约30年时间，亚非拉地区形成了一个新兴的民族独立国家体系。发展中国家开始走上世界历史舞台。

战后民族解放运动的焰火首先在亚洲燃起。二战进一步促进了印度人民的觉醒，增强了国大党的实力和威望。在国大党的号召和领导下，战后印度各地掀起了反英斗争和争取民族独立的高潮。1946年2月，英国皇家海军印度士兵发动了反英起义；同时孟买水兵揭竿而起，并引发了20万工人罢工和学生罢课。印度各地的反英斗争风起云涌并突破了甘地主义"非暴力不合作"的限制。面对严重的殖民统治危机，英国政府不得不调整其殖民政策。1947年2月20日，英国首相艾德礼在下院宣布，"英属印度政权将于1948年6月前移交给印度"①。7月18日，英国议会正式通过《印度独立法案》。该法案宣布自1947年8月15日起，在印度境内成立两个独立的自治领：印度和巴基斯坦。

---

① 吴于廑、齐世荣主编：《世界史·现代史编》（下卷），高等教育出版社1994年版，第172页。

　　与此同时，印度尼西亚、菲律宾、缅甸、马来亚的民族解放运动也在迅速开展。1945 年 8 月 17 日，印度尼西亚人民发表了独立宣言，宣告印度尼西亚独立。此后，荷兰殖民者在英美等国支持下，试图重返印度尼西亚，发动了两次殖民战争。印度尼西亚军民同仇敌忾，彻底粉碎了荷兰殖民者的企图。1950 年 8 月，印度尼西亚共和国正式宣告成立。二战中，马来亚、缅甸、菲律宾等殖民地通过配合英美两国军队抗日，赢得了民族自决权。战争结束后，英美两国试图重建在这些地区的殖民统治，遭到当地人民的强烈抵抗。在日益高涨的民族解放运动面前，美国被迫于 1946 年承认菲律宾独立。英国于 1947 年 10 月公布缅甸独立法案，1955 年允许马来亚实行"部分自治"，1959 年 8 月正式承认"马来亚联合邦"在英联邦内的独立地位。

　　西亚地区大多是英法两国的"委任统治地"。二战后，约旦、叙利亚、黎巴嫩、伊朗和伊拉克先后爆发了独立运动。英国迫于形势，于 1946 年宣布结束对约旦的委任统治，承认约旦独立。同年，英法殖民军队先后撤出叙利亚和黎巴嫩，叙利亚宣布独立。1950 年，伊朗人民发动了反对外来经济掠夺和政治控制的斗争，动摇了英美等国在该国的统治。1958 年，伊拉克"自由军官组织"发动起义，推翻了亲西方的费萨尔王朝，宣布成立伊拉克共和国。此后，塞浦路斯（1960 年）、科威特（1961 年）、也门（1967年）、卡塔尔（1971 年）、巴林（1971 年）、阿拉伯联合酋长国（1971 年）等西亚民族国家相继宣告成立。

　　帝国主义殖民体系在亚洲的崩溃，使殖民主义者寄希望于非洲。然而，战后非洲民族解放运动的高涨，同样使帝国主义在非洲的殖民统治日趋瓦解。1945 年 10 月，在曼彻斯特举行的第五次泛非大会通过了《告殖民地人民书》，其宣布："所有殖民地人民都享有掌握他们自己命运的权利。所有殖民地不论在政治上和经济上都必须摆脱外国帝国主义的控制……殖民地和附属国人民为取得政权而斗争是走向彻底的社会、经济和政治解放的第一步，也是彻底解放的必要前提。"它号召"全世界的殖民地和附属国人民联合起来！"①

　　战后非洲的民族解放运动，基本上由北向南发展。二战结束时，非洲只有埃塞俄比亚、利比里亚和埃及三个独立国家，其他广大地区仍处于西方殖民主义国家的统治下。经历战争洗礼的非洲人民，战争结束后立即展开声势浩大的反帝反殖运动。北非地区最先爆发了反对宗主国的民族独立运动。阿尔及利亚首先向法国殖民者发起了挑战，最终迫使法国于1962年3月签署《埃维昂协议》。同年7月，阿尔及利亚宣布独立。突尼斯、摩洛哥等国于1956年分别摆脱法国、西班牙的殖民统治，获得独立。在埃及，1952年以纳赛尔为首的自由军官组织发动革命政变，推翻法鲁克王朝，结束了英军占领埃及74年的历史。

　　北非的民族解放运动对撒哈拉以南非洲产生了巨大的推动作用。20世纪60年代，非洲民族解放运动从西非向东非和南非扩展。1957年3月5日，战后非洲第一个独立国家加纳诞生。之后，非洲民族解放运动进入高潮，1960年有17个非洲国家宣布独立，这一年因此被国际社会称为"非洲年"。再往后，又有15个非洲国家相继宣布独立。到20世纪60年代末，独立非洲国家的数量已达41个，其面积约占非洲大陆面积的84%，人口数量占非洲总人口的88%。②

　　拉丁美洲大部分国家早在18—19世纪就取得了民族独立，但长期以来依然受到欧洲列强的政治控制和经济压迫。美国也一直把拉丁美洲看作自己的"后院"，利用新殖民主义的手段获取政治、经济和军事利益。二战后，美国凭借地缘政治优势，利用英国和法国势力衰微的时机，加紧对拉丁美洲地区进行扩张和渗透。从战后初期到20世纪50年代，美国几乎从政治、经济、军事和外交诸方面牢牢地控制了拉丁美洲，粗暴地干涉拉丁美洲国家的内政。美国新殖民主义遭到了拉丁美洲国家普遍的反抗。20世

①　［美］维农·麦凯著，北方编译社译：《世界政治中的非洲》，世界知识出版社1965年版，第98页。

②　孙颖、黄光耀主编：《世界当代史》，中国时代经济出版社2003年版，第157页。

纪50年代末60年代初，以古巴革命为起点，拉丁美洲国家掀起了举世瞩目的反美风暴，一些附属殖民地相继获得独立。

从二战结束到20世纪70年代中期，亚洲、非洲、拉丁美洲和大洋洲共有80多个国家摆脱殖民主义统治，获得民族独立。作为一支重要的战后国际政治力量，发展中国家在兴起进程中有三个重要的里程碑。

第一个里程碑是1955年的亚非会议。这是亚非新兴国家的第一次盛会。这次会议的召开及其通过的《亚非会议的最后公报》震撼了世界，充分显示了新兴发展中国家团结战斗、走向联合的决心和勇气。它标志着亚非发展中国家作为一支新兴的力量开始登上国际政治舞台。帝国主义、殖民主义主宰亚非人民命运的时代已经一去不复返了。亚非会议所确定的反帝、反殖、和平共处的原则及所产生的"万隆精神"（在维护民族独立、保卫世界和平和反帝反殖斗争中，加强亚非国家团结战斗的精神）不仅极大地鼓舞了正在蓬勃发展的民族解放运动，而且对战后国际关系产生了重大和深远的影响。

第二个里程碑是1961年召开的不结盟国家首脑会议。亚非会议后，战后民族解放运动进一步高涨。此时，美苏两国开始进行全球角逐，争夺广大中间地带。新独立的国家不愿卷入美苏争夺，迫切要求团结合作，走和平中立和不结盟的道路。1961年9月1日至6日，首次不结盟国家和政府首脑会议在贝尔格莱德举行，会议通过了《不结盟国家和政府首脑宣言》和《关于战争的危险和呼吁和平的声明》。会议宣布，全力支持各国人民争取和维护民族独立的斗争，要求清除一切形式的殖民主义，主张用和平共处的原则取代冷战和可能发生的全面核灾祸，强调要消除发达国家和发展中国家之间不断扩大的鸿沟，加强与会国之间的经济合作。不结盟运动的兴起和发展，反映了发展中国家的进一步觉醒和团结。发展中国家成为国际事务中日益活跃的重要力量，推动着国际关系不断向民主与和平方向发展。

第三个里程碑是1974年召开的联合国原料与发展问题的第六届特别会议，包括中国在内的几乎所有发展中国家都出席了会议。会议的主题是讨论改革国际经济秩序。会议最后通过了《关于建立新的国际经济秩序宣言》和《关于建立国际经济新秩序行动纲领》。同年，第29届联合国大会上通过了《各国经济权利和义务宪章》。这些文件正式提出了建立国际经济新秩序的主张，表达了发展中国家反对国际垄断资本控制和剥削的强烈愿望，为创建新的国际经济秩序奠定了法律基础。这些文件的通过，显示了发展中国家的力量，为它们在国际经济领域的斗争开创了新的局面。

战后一系列亚非拉民族国家的建立，使国际关系发生了巨大的变化。以三个里程碑事件为标志，发展中国家作为一支重要的国际力量兴起，并在国际舞台上发挥着越来越重要的作用。

二、世界殖民体系瓦解与发展中国家兴起的世界意义

英国著名历史学家杰弗里·巴勒克拉夫说过："1945—1960年，至少40个国家和8亿人口(超过世界人口的1/4)反抗过殖民主义，并赢得了他们自己的独立。在整个人类历史上，以前还不存在如此迅猛的这样一次革命性反复。亚洲和非洲人民的地位以及他们与欧洲关系的改变，是一个新时代来临的最有力的表现。"[1]

二战前，亚非拉地区只有36个独立国家。战后，伴随殖民体系的瓦解，有90多个国家挣脱了新老殖民主义的枷锁，屹立于世界民族之林。西方列强任意奴役和宰割被压迫民族和人民的时代一去不复返，发展中国家作为一支不容忽视的新兴政治力量登上国际舞台。发展中国家的兴起和不断发展，改变了世界力量的对比。发展中国家不仅在本地区国际事务中发挥了积极作用，而且对整个世界历史发展的方向和进程都产生了不可低估的影响，有时甚至产生决定性的影响。

第一，发展中国家的兴起使联合国的面貌发生了深刻变化，推动了联合国宗旨的真正实践。维护国际和平与安全，制止侵略行为，发展国际间友好关系和促成国际合作，是《联合国宪章》规定的联合国宗旨。这些宗旨

---

① Fieldhouse, D. K., *The Colonial Empire*, London: Macmillan, 1982, p. 386.

是二战的产物，反映了世界各国人民的正义要求。但是，联合国成立后很长一段时间内，大国强权政治在联合国发挥了支配作用。联合国先是成为被美国控制和操纵的表决机器，后又成为美苏两大国争权夺利的重要场所。

随着发展中国家的兴起，联合国的面貌大大改观，联合国的宗旨开始得到更好的尊重和实践。其一，发展中国家的兴起和发展改变了联合国的力量对比。联合国成立初的 51 个会员国中，亚非国家占 13 个。1955 年亚非会议后到 1958 年，加入联合国的国家有 23 个，其中新独立的民族国家占大多数。1960—1966 年，加入联合国的 40 个国家全部是新独立的民族国家。发展中国家在联合国中已占多数。在联合国的一些机构中，发展中国家代表的名额得到增加，联合国宪章的某些条款因此而修改。

其二，联合国日益成为发展中国家为正义而斗争的重要舞台。1960 年，第 15 届联合国大会通过由亚非国家倡议的《非殖民化宣言》，明确要求迅速和无条件地结束各种形式的殖民主义。1971 年第 26 届联合国大会以压倒多数通过恢复中华法人民共和国在联合国一切合法权利的提案。1982 年第 3 届联合国海洋法会议第 11 次会议，以压倒多数通过《联合国海洋法公约》。这些成果都显示了发展中国家在联合国和战后世界的巨大能量。发展中国家在联合国同霸权主义的坚决斗争，使霸权主义和强权政治时常陷入十分孤立的境地。个别大国随意操纵和控制联合国的历史已经终结。

第二，发展中国家坚持不懈地维护自身的合法权益，推动着战后国际旧秩序向公正、合理的国际新秩序转换。发展中国家始终是公正、合理的国际政治经济新秩序的倡导者和建设者。早在 1955 年的万隆会议所通过的最后公报中，发展中国家就提出了大小国家一律平等、相互尊重主权、促进相互利益与合作、采取集体行动稳定原料商品价格等国际政治经济原则。1964 年 4 月，《77 国集团联合宣言》表达了要求改变旧的国际经济秩序和建立新的国际经济秩序的愿望。1974 年 5 月，联合国特别会议确定了建立国际经济新秩序的基本原则和应采取的行动；要求各国在主权平等的基础上参与世界经济事务，促进发展中国家之间的经济、贸易、技术合作，提高自力更生的能力。

20世纪70年代，阿拉伯石油生产国拿起石油武器，夺回了石油定价权，打破了发达国家对石油资本的垄断。发展中国家为维护自身和地区利益，还加强了南南合作，建立了一些有影响力的区域性国际组织组织，如东南亚国家联盟、南亚区域合作联盟、加勒比海共同体等。这些国际组织积极反映发展中国家的呼声，同忽视发展中国家存在的霸权主义和强权政治进行斗争。这些行动都有利于在现行国际秩序下构建更加公正、合理的国际政治经济新秩序。

第三，发展中国家作为反帝、反殖、反霸的主要力量，是促进世界向多极化发展的最积极、最活跃的因素。自近代以来，欧洲大国长期控制并决定人类的命运。二战前，虽然社会主义国家苏联建立，但其国际影响受到很大限制，世界基本上仍是资本主义国家一统天下，旧的强权政治统治世界的局面没有发生大的改变。二战后初期，以美、苏两国为首的两大阵营对峙局面取代了以欧洲为中心的世界政治格局，但此时帝国主义阵营内部以及帝国主义与其他国家的关系中，强权政治仍居主导地位。

随着殖民体系的瓦解和发展中国家的兴起，新兴发展中国家为了捍卫胜利果实，在世界范围内进行了广泛的联合，在反殖反帝的斗争中加强团结合作，积极参与世界政治和经济问题的解决，不断利用各种形式和各种场合表达自己的愿望和要求，使两极世界之外出现了不受其左右的第三种力量。

在发展中国家兴起和发展过程中，原来的中苏、中美关系逆转，中国恢复在联合国的合法席位，以及中国和南斯拉夫等社会主义国家公开宣布同发展中国家的第三世界站在一起，都大大增强了美、苏两极之外的第三种力量，沉重打击了美、苏两极霸权。发展中国家的崛起，又对美、苏霸权的盟国产生了重要影响，加深了它们之间的矛盾，加速了西欧、日本与美国的离心倾向。发展中国家的崛起推动了国际政治力量的重新组合，也迫使美、苏的一些盟国改变了对发展中国家的政策，从而推动两极世界格局向多极化方向发展。

第四，发展中国家的兴起和发展，构成了维护战后世界和平的一支重要力量。发展是新独立的广大发展中国家所面临的首要任务，要发展，首先要有和平的国际环境。因此，维护和平、反对战争是发展中国家的一项重要历史使命。从万隆亚非会议公报到历次不结盟会议宣言，都把争取世界和平作为奋斗目标。

发展中国家主张和平共处，反对军备竞赛，实行不结盟政策，避免卷入任何大国军事集团。它们不仅同超级大国的战争政策进行坚决的斗争，还不断通过地区性组织对本地区的冲突和纠纷进行调解，防止大国插手和干涉。发展中国家的努力不仅限制了霸权主义的扩张，而且为防止大规模战争的爆发做出了重要贡献。正如邓小平所说："整个第三世界是最大的和平力量。第三世界每发展一步，和平力量就发展一步。"①

应当指出的是，战后世界殖民体系瓦解后，新殖民主义甚至所谓后殖民主义仍在继续对发展中国家进行渗透。发展中国家获得了政治上的独立，并在各方面取得了可喜的发展，但在经济、社会、文化等方面面临的任务仍然很艰巨，要走的路依然很长。然而，发展中国家的兴起和日益发展，并在世界事务中发挥越来越重要作用，是不可阻挡的历史必然趋势。

综上所述，第二次世界大战结束后，在有利的国际、国内条件下，殖民地、半殖民地国家掀起了风起云涌的民族解放运动。战后民族解放运动的高潮首先在亚洲出现，接着转向非洲和拉丁美洲。20世纪70年代中期，在广大亚非拉地区形成了一系列新兴的民族独立国家。发展中国家开始走上世界历史舞台。

世界殖民体系的瓦解和发展中国家的兴起，具有广泛而深远的世界意义。发展中国家的兴起和不断发展，推动着联合国宗旨更有效地实践，推动着战后国际旧秩序向公正、合理的国际新秩序转换，推动着战后世界向

---

① 转引自高金钿、江凌飞、邹征远：《和平与发展——当代世界的主题》，解放军出版社1988年版，第79页。

多极化积极转变，增添了维护战后世界和平新的重要力量。世界殖民体系瓦解后，尽管各种形式的新殖民主义仍在继续对发展中国家进行渗透，然而，发展中国家的兴起，并在世界事务中发挥日益重要的作用，是不可阻挡的历史潮流。

第三节　二战与社会主义阵营的形成

第二次世界大战不仅促进了战后民族解放运动的高涨和发展中国家的兴起，也促进了苏联的崛起和社会主义阵营的形成。社会主义阵营的形成，是继十月革命后 20 世纪最重大的历史事件之一，极大地改变了战后国际关系乃至整个世界的面貌，具有重大的世界意义。

一、战时苏联对欧亚抵抗运动的支持与援助

二战中，苏联不仅以实际行动为战胜德、意、日法西斯集团作出了卓越贡献，而且还帮助许多国家取得了反法西斯战争和民族解放战争的胜利。苏德战争爆发后，在进行卫国战争的同时，苏联尽可能地帮助欧洲人民开展反法西斯运动。1941 年 7 月 3 日，斯大林在广播演说中指出："这个反法西斯压迫者的全民卫国战争的目的，不仅是要消除我国面临的危险，而且还要帮助那些呻吟在德国法西斯主义枷锁下的欧洲各国人民。"[1]

首先，苏联支援欧亚抵抗运动的第一个措施，是帮助它们建立和加强自己的武装抵抗队伍。苏联以极大的热情支持苏联领土上的各国反法西斯战士和战俘组建军队，以使之与苏军并肩战斗，共同打击敌人。到 1944 年中期，苏联已帮助波兰、捷克斯洛伐克、罗马尼亚、南斯拉夫和法国组建和配备武装部队共计 104290 名官兵。[2] 二战快结束时，在苏联的帮助下建

---

[1]　[苏]中共中央马恩列斯著作编译局编译：《斯大林文选（1934—1952）》上册，人民出版社 1962 年版，第 267 页。

[2]　Richard Crockatt, *The Fifty Years War：The United States and the Soviet Union in World Politics 1941-1991*, Routledge, 1995, pp. 28-29.

立的外国军事组织总人数达 55 万人以上。① 苏联为它们提供了大约 96 万支步枪、卡宾枪和冲锋枪，4 万挺机关枪，16502 门大炮和迫击炮，1124辆坦克和自行火炮，以及 2346 架飞机。② 与此同时，苏联政府还给波兰、捷克斯洛伐克、罗马尼亚、南斯拉夫、法国等国的武装抵抗组织各种其他军事物资援助。

在远东，1937 年中国抗日战争全面爆发后，苏联政府对中国人民给予深刻的同情，从道义、政治、经济和军事上积极支持中国的抗日战争。在太平洋战争爆发之前，苏联的援助是中国抗日战争获得的主要对外援助。1940 年 8 月下旬，国民政府驻法大使顾维钧在同维希政府领导人赖伐尔的谈话中透露，这个时期"莫斯科给予了中国大量的物资援助，而且还在继续援助。苏联援助中国的物资数量比其他国家援华物资的总和还要多"③。

根据有关材料，从 1937 年中国抗日战争全面爆发到苏德战争以前，苏联向中国提供的武器军械，以空军和陆军的装备为主，其中尤以飞机、大炮与机关枪为重要支援项目；大约共提供 885 架飞机、940 门大炮、8300挺机关枪及其他多种武器。④ 苏联向中国军队派遣了大批军事顾问，苏联飞行员还在中国直接打击日军。1937 年秋至 1942 年初，在中国抗日战争前线和后方战斗和工作的苏联人员超过 5000 人。在财政援助上，1940 年前，中国国民党政府实际获得苏联总数为 1.732 亿美元的贷款。⑤

其次，苏军开进西部邻国领土，在当地抵抗运动的配合下，坚决驱逐

① Herbert Feis, *Churchill, Roosevelt, Stalin: The Way They Waged and the Peace They Sought*, Princeton, New Jersey: Princeton University Press; London: Oxford University Press, 1957, p. 237.

② Bradley F. Smith, *The War's Long Shadow: The Second World War and its Aftermath: China, Russia, Britain, America*, New York: Simon and Schuster, 1986, p. 159.

③ 中国社会科学院近代史研究所译：《顾维钧回忆录》第四分册，中华书局 1986年版，第 391 页。

④ Aitchen K. WU, *China and the Soviet Union*, London: Methuen & Co. Ltd., 1950, p. 269.

⑤ Aitchen K. WU, *China and the Soviet Union*, London: Methuen & Co. Ltd., 1950, pp. 103-106.

法西斯占领者，直接帮助被占领国人民解放自己的家园。1944年5月1日，苏联最高统帅发布命令，指示苏联工农红军"清除我国全部国土上的法西斯侵略者，恢复由黑海到巴伦支海苏联的全部国界……把我们的波兰兄弟和捷克斯洛伐克兄弟以及其他和我们联盟的处于希特勒德国统治下的西欧各国人民，从德国人的奴役中解放出来"①。遵照这一命令，苏联工农红军迅即发起强大攻势，肃清了本土敌人，并打出国界追歼敌人，苏联和欧洲解放运动的联系进一步密切起来。

1944年6月23日，苏军进行了白俄罗斯战役，很快开进波兰领土。苏波两国军队在波兰武装抵抗力量的密切配合下并肩作战，在1945年3月底解放了波兰全部领土。苏军也为捷克斯洛伐克、罗马尼亚、南斯拉夫等中欧、东南欧国家的解放进行了一系列艰苦的战斗。对于西欧某些被占领国家的解放，苏军也做出了自己的贡献。从1944年7月起，直到大战结束，约有700万苏联军人参加了解放欧洲的战争，后来又以174余万人的强大兵力参加对日作战。这样，苏联帮助欧洲和亚洲13个国家的人民，把法西斯侵略者赶出了总面积达220万平方公里、总人口为1.5亿人的领土。在这一过程中，苏军蒙受了重大损失。仅在解放欧洲的战争中，苏军就牺牲100万人以上，加上受伤、失踪的人数，共计300万人。②

再次，苏联利用工农红军开进各国领土作战的时机，尽可能地支持当地抵抗运动，促进其民族解放战争成功地发展为人民民主革命。1943年大战进程发生根本转折后，欧洲一系列被奴役国家的政治形势、阶级力量对比出现了新的变化。革命和进步力量越来越强烈地要求，不能使国家简单地恢复到战前状态，而是要在独立自主的基础上实现深刻的社会和政治改造，建立先进的民主制度。

在欧洲革命形势下产生的、1945年2月雅尔塔会议通过的《关于被解

---

①　John L. Gaddis, *Russia, the Soviet Union, and the United States: An Interpretive History*, Mcgraw-hill, 1990, p. 211.

②　Richard Crockatt, *The Fifty Years War: The United States and the Soviet Union in World Politics 1941-1991*, Routledge, 1995, p. 35

放的欧洲的宣言》，也强调建立欧洲民主秩序，帮助重建民族经济生活。它规定："欧洲秩序的建立，以及国民经济生活的重建，必须通过使被解放的各国人民能够摧毁纳粹主义和法西斯主义的最后痕迹，并建立他们自己选择的民主制度的程序来实现……使那些被侵略国强行剥夺了主权和自治政府的各国人民恢复其主权和自治政府。"①面对欧洲各国的强大革命进步潮流，苏联积极帮助它们建立人民民主政权，与之建立正常关系，并提供各种实际援助。

1944 年 7 月 22 日，波兰工人党、波兰社会党左派和其他进步组织的代表，在波兰小城赫乌姆共同组成"波兰民族解放委员会"，即波兰新的人民政权。1944 年 8 月 1 日，苏联政府正式承认该委员会，并互换外交代表。1944 年底，匈牙利共产党、小农党、社会民主党等进步组织共同组成了临时国民政府。为了帮助困难重重的匈牙利恢复经济和巩固政权，苏联借给匈牙利 1.5 万吨粮食、3000 吨肉、2000 吨糖，1945 年 3 月，又向匈牙利提供了巨额贷款。苏军攻入德国后，克服了许多严重困难，建立了新的民主自治机构，恢复了各民主政党及社会组织。这些都说明，在帮助欧洲各国革命进步力量完成民族解放战争任务的同时，苏联也有力地支持它们开展人民民主革命。

最后，苏联通过工农红军的实际战斗和辉煌战绩，间接地鼓舞和支援了欧亚抵抗运动。苏德战争爆发后，德国的主力被牵制在苏德战场。苏军在一系列大规模战役中消灭大量敌军，希特勒被迫从占领区不断抽调兵力到苏德战场，从而使占领区的德国力量遭到很大削弱。据统计，二战期间，共有 268 个法西斯师从西方调往苏德战场。② 苏军在苏德战场消灭和长期牵制大量德军主力，使德军在欧洲各占领国人数急剧减少，客观上有利于各被占领国抵抗运动的开展。二战期间，苏军的英勇战斗精神和光辉

---

① 《德黑兰 雅尔塔 波茨坦会议记录摘编》，上海人民出版社 1974 年版，第 216-217 页。

② Bradley F. Smith, *The War's Long Shadow: The Second World War and its Aftermath: China, Russia, Britain, America*, New York: Simon and Schuster, 1986, p. 162.

战绩也不断鼓舞着各占领国人民的抵抗运动，为他们提供了强大的精神武器。

战时苏联对欧亚各国抵抗运动和革命进步力量的支持，首先是以苏联实力的大大增强和国际影响力的显著提升为前提。同时，苏联对欧洲革命与进步力量的有力支援，也出于苏联战后安全的考虑，苏联希望周边国家建立对其友好的政府。苏联对欧亚各国抵抗运动和革命进步力量的支持，为各国的解放和人民民主革命的成功创造了有利的外部条件并提供了强有力的支援。

二、欧亚抵抗运动与社会主义世界体系的建立

二战中，法西斯侵略集团肆虐，遭到了世界各国人民尤其是被占领国人民的积极抵抗。欧亚各国人民的反法西斯抵抗运动，不仅深深地影响了大战的进程和结局，也改造了占领国自身，为这些国家社会主义制度的建立开辟了道路。

二战不仅向很多国家提出了争取民族解放的任务，而且也促使它们坚决地把民族解放战争进一步发展为人民民主革命，走上社会主义道路。各占领国政府抵抗的失败暴露了旧政权无法真正捍卫民族独立，人民越来越感到旧政权已经过时，今后不是要重建资产阶级民主制度，而是非要实行深刻的人民民主革命不可。[1]

在欧亚各国的抵抗运动中，共产党在民族解放战争和反法西斯战争中增强了自己的力量和影响力，实际上在不同程度地领导着国内人民完成斗争任务。共产党在抵抗运动中领导地位的确立，抵抗运动中社会主义力量的出现与成长，使各国的民族解放战争和反法西斯战争成功地发展为人民民主革命，并为转向社会主义革命提供了可能性。在欧亚许多获得解放的国家里，在抵抗运动的基础上产生了包括共产党人在内的各反法西斯政党

---

[1] 胡德坤、罗志刚：《第二次世界大战与战后世界性社会进步》，湖北人民出版社 1993 年版，第 130 页。

和团体代表广泛参加的人民民主政权。20世纪40年代，许多国家的人民民主革命和社会主义革命是反法西斯抵抗运动发展的必然结果。①

战后初期，东欧地区先后建立了南斯拉夫、阿尔巴尼亚、匈牙利、捷克斯洛伐克、保加利亚、波兰、罗马尼亚和德意志民主共和国等8个人民民主国家。这些国家人民民主政权的建立并走上社会主义道路，都是在反法西斯战争胜利和各自抵抗运动的基础上，依靠苏联的支持和援助，通过驱逐侵略者、废除战前的旧制度、实行民主改革和社会主义改造而逐步建立和发展起来的，但它们也有各自不同的特点。南斯拉夫和阿尔巴尼亚主要依靠本国共产党领导人民开展武装斗争建立政权；罗马尼亚、捷克斯洛伐克和保加利亚是在苏军的援助下，通过共产党领导的武装起义，配合苏军进攻取得胜利而建立；波兰和匈牙利主要依靠苏军的解放；而德意志民主共和国原为苏军占领区，后在西方国家首先分裂德国的情况下宣布成立。

1944年10月，在南斯拉夫人民武装力量和苏军的联合进攻下，南斯拉夫首都贝尔格莱德解放。1944年11月，南斯拉夫民族解放委员会和流亡政府达成组织联合政府的协议。1945年3月，联合临时政府成立，铁托任总理；5月，南斯拉夫全国获得解放；8月，南斯拉夫举行立宪会议选举，原流亡政府成员因从事分裂活动被清除出临时政府；11月，南斯拉夫立宪会议召开，宣布成立南斯拉夫联邦人民共和国，铁托任部长会议主席。

1943年9月，意大利投降后，德国法西斯继续侵占阿尔巴尼亚。1944年5月，阿尔巴尼亚反法西斯民族解放代表大会选出反法西斯民族解放委员会，作为全国行政机构。同年10月，阿尔巴尼亚民族解放委员会改称临时民主政府，由恩维尔·霍查任总理，11月29日，阿尔巴尼亚全国解放。1945年12月，阿尔巴尼亚举行全国普选，组成制宪会议。1946年1月

---

① 胡德坤、罗志刚：《第二次世界大战与战后世界性社会进步》，湖北人民出版社1993年版，第130页。

11 日，阿尔巴尼亚人民共和国宣告成立，霍查任部长会议主席。

1944 年 8 月，苏军在雅西—基什尼奥夫战役中击溃德军主力，进入罗马尼亚境内。1944 年 8 月 23 日，罗马尼亚共产党组织武装起义，推翻了安东尼斯库政权，以塞纳特斯库为首的新政府于当日宣布退出战争，并于 25 日对德宣战。1945 年 3 月 6 日，以格罗查为首的罗马尼亚民族民主阵线政府成立。1946 年 11 月，罗马尼亚举行国会选举。罗马尼亚共产党和各民主政党获胜，国王被迫宣布退位。1947 年 12 月 30 日，罗马尼亚人民共和国宣告成立。

1944 年 8 月，斯洛伐克地区爆发武装起义，解放了国土面积的 1/3。1945 年 4 月，在科希策成立了捷克斯洛伐克共产党领导的民族阵线联合政府，5 月 5 日，布拉格人民举行武装起义，于 5 月 9 日配合苏军解放了首都和全国。1946 年 5 月 26 日，捷克斯洛伐克举行国民议会选举，组成新的联合政府。哥特瓦尔德任总理，贝奈斯任总统。

1944 年 9 月，苏军从罗马尼亚方向攻入保加利亚境内。1944 年 9 月 9 日，保加利亚共产党发动武装起义，推翻了反动政权，成立祖国阵线政府。1946 年 9 月 8 日，保加利亚举行公民投票，废除君主政体。1946 年 9 月 15 日，保加利亚人民共和国宣告成立；11 月 22 日，以季米特洛夫为首的新政府成立。

1944 年 7 月，苏军攻入波兰境内，7 月 20 日，在莫斯科召开波兰人民代表会议，宣布成立波兰民族解放委员会，12 月 31 日，波兰人民代表会议在卢布林举行会议，决定把民族解放委员会改组为临时政府。1945 年 1 月，华沙解放，波兰临时政府迁往华沙。同年 6 月，根据雅尔塔会议决议，波兰组成以临时政府为基础、吸收部分流亡政府代表参加的民族统一临时政府。1947 年 2 月，经选举产生的制宪会议宣布成立波兰人民共和国，贝鲁特当选为总统，并组成以西伦凯维兹为首的新政府。

1944 年 9 月，苏军攻入匈牙利境内，投靠法西斯集团的旧政权随即瓦解。1944 年 12 月，匈牙利共产党和其他民主政党组成民族独立阵线和临时政府，并宣布对德国作战。1945 年 4 月 4 日，匈牙利全境获得解放。

1945 年 11 月，匈牙利召开国民议会，组成联合政府。1946 年 2 月 1 日，匈牙利宣布废除帝制，成立匈牙利共和国。

1945 年 5 月 8 日，德国法西斯战败投降。根据雅尔塔会议和波茨坦会议的协议，德国由苏、美、英、法四国分区占领，苏军占领德国东部地区和东柏林。1948 年，美、英、法三国占领区先后合并，并于 1949 年 9 月成立了德意志联邦共和国。针对西方的行动，1949 年 5 月 30 日，德国苏占区人民代表大会通过自己的宪法，并于 10 月 7 日正式宣告成立德意志民主共和国。格罗提渥任临时政府总理，皮克当选总统。

二战结束后，在欧洲政治地图发生巨大变化时，在亚洲大陆，由于反法西斯抵抗运动的发展和二战的积极影响，越南、朝鲜和中国在共产党的领导下也先后建立了人民民主政权，并逐步走上社会主义道路。

以印度支那共产党领导人胡志明为首的越南独立联盟，于日本宣布投降次日，即 1945 年 8 月 16 日，召开全国人民代表大会，成立民族委员会，即临时政府，并决定发动总起义，夺取全国政权。1945 年 8 月 19 日，越南人民武装解放河内；8 月 24 日，越南傀儡皇帝保大宣布退位，"八月革命"取得胜利；9 月 2 日，胡志明在河内发表独立宣言，宣告成立越南民主共和国。

朝鲜曾沦为日本的殖民地，朝鲜人民为反抗侵略者进行了长期的斗争。1945 年 8 月 9 日，苏军在远东展开对日作战，8 月 12 日进入朝鲜北部，9 月 8 日，美军也在南朝鲜登陆。按照雅尔塔会议和波茨坦会议的协定，苏、美双方以北纬 38°线为界，分别占领了朝鲜的北部和南部。1945 年 10 月 10 日，朝鲜北部的共产党成立，并着手建立各级人民政权，实行民主改革。1945 年 12 月，苏、美、英三国外长在莫斯科达成协议，决定由苏、美两国在朝鲜的军事代表组织苏美联合委员会，负责协助组织朝鲜临时政府，实现朝鲜的统一。但是，该协议未能付诸实施。1948 年 5 月 10 日，在美国的支持下，朝鲜南部单独举行国民议会选举，8 月 15 日成立大韩民国政府。1948 年 8 月，朝鲜北部也举行了普选，产生最高人民会议，9 月 8 日通过宪法，组成以金日成为首相的内阁。1948 年 9 月 9 日，朝鲜民主主义人民共和国宣告成立。朝鲜的分裂成为事实，朝鲜民主主义人民共和国加入社会主义体系。

中国抗日战争为中国共产党革命力量的发展提供了有利时机，为解放战争的胜利准备了条件，为中华人民共和国的成立开辟了道路。抗战胜利后，在中国共产党的领导下，人民解放军推翻了蒋介石政府的独裁统治，取得了人民民主革命的胜利。1949 年 10 月 1 日，中华人民共和国宣告成立。

至此，欧洲和亚洲诞生了一系列人民民主国家，在此基础上形成了社会主义世界体系。

三、战后社会主义阵营的形成及其世界意义

战后社会主义阵营的形成，是以欧亚一系列人民民主国家的建立为前提的。这些国家在创建过程中即不断加强团结与合作，从而最终促成了社会主义阵营的形成。

1947 年 9 月，苏联、波兰、南斯拉夫、保加利亚、罗马尼亚、匈牙利、捷克斯洛伐克、法国、意大利等 9 国共产党和工人党代表在波兰举行会议，正式宣布成立欧洲九国共产党和工人党情报局。会上，苏联代表日丹诺夫作了关于国际形势的主题报告，报告指出，世界已分裂为两大对立的阵营，即"帝国主义的反民主阵营"和"反帝国主义的民主阵营"。此后，苏联先后与东欧各国签订了一系列双边贸易、经济协定。与此同时，东欧各国之间也签订了长期贸易协定。

1949 年 1 月，苏联、保加利亚、匈牙利、波兰、罗马尼亚、捷克斯洛伐克等六国代表在莫斯科举行经济会议，讨论全面解决苏联和东欧各国的经济合作问题，决定成立经济互助委员会。1950 年 2 月 14 日，苏联与中华人民共和国签订了友好同盟互助条约，条约规定：为反对侵略和保卫和平，双方保证共同采取措施，包括其中一方受到侵略，因而处于战争状态时，另一方立即给予军事及其他援助；双方保证以友好合作的精神，并遵照平等、互利、互相尊重国家主权及领土完整以及互不干涉对方内政的原

则，发展巩固两国经济与文化关系，彼此给予经济援助。①

中苏友好同盟互助条约的缔结，标志着社会主义阵营的形成。1955年5月14日，苏联、波兰、捷克斯洛伐克、匈牙利、保加利亚、罗马尼亚、阿尔巴尼亚和德意志民主共和国等8国在华沙缔结了友好合作互助条约，即《华沙条约》。根据条约，建立了华沙条约组织。条约规定，在一个或几个缔约国遭到武装进攻时，其他缔约国应给予军事援助。《华沙条约》的签订，使苏联和东欧国家正式结成军事同盟，进一步巩固和加强了社会主义阵营。

社会主义阵营的形成不是偶然的，它是二战及战后特定历史条件的产物。社会主义阵营首先是二战的产物，二战的胜利直接为社会主义阵营各个国家的诞生创造了最重要的条件。德、日、意法西斯国家战败，法西斯被消灭，大大削弱了国际反动力量；英、法及其他资本主义国家虽胜但元气大伤，帝国主义力量进一步遭到削弱；世界殖民体系遭到严重冲击，殖民地、半殖民地国家进一步觉醒，民族解放和民族独立运动如火如荼地开展；苏联在大战中迅速崛起，在全世界面前显示了社会主义制度的优越性和威力，扩大了社会主义的影响力和吸引力，并且积极支持欧亚抵抗运动和民族解放战争。这些都为战后一系列社会主义国家的诞生创造了最重要的外部环境和条件。

毛泽东曾指出："假如没有苏联的存在，假如没有反法西斯的第二次世界大战的胜利，假如没有打倒日本帝国主义，假如没有各人民民主国家的出现……假如没有这一切的综合，那么，堆在我们头上的国际反动势力必定比现在不知大多少倍。在这种情形下，我们能够胜利吗？显然是不能的。胜利了，要巩固，也不可能。"②这一论断同样适用其他社会主义国家。没有二战的胜利，社会主义就不可能在短时间内超出一国范围，形成世界体系，社会主义阵营的建立和巩固就无从谈起。

①　John L. Gaddis, *Russia*, *The Soviet Union*, *and the United States*: *An Interpretive History*, Mcgraw-hill, 1990, p. 273.

②　《毛泽东选集》(合订本)，人民出版社1964年版，第1363页。

同时，社会主义阵营也是美苏冷战的产物。二战使美国的经济、军事实力迅速膨胀，随之而来的是美国政治野心的同步膨胀。杜鲁门上台后曾一再声称，"我们赢得的胜利把领导世界的持续重担放到了美国人民的肩头"，"全世界应该采取美国制度"，"不管我们喜欢与否，未来的(国际)经济格局将取决于我们!"①凭借自身膨胀的实力，美国政府确立了其全球霸权战略，向全世界全面扩张。

正当美国的实力与野心在战后达到空前高度时，苏联和世界各国的人民革命力量也在全世界范围内达到一个新的高度。这样，美国把苏联和一系列人民民主国家视为其全球霸权道路上的最大障碍，把这一切归罪于共产主义和苏联。

由于社会制度和意识形态的根本对立，加之苏联和各人民民主国家妨碍了美国的称霸计划，美国对苏联和共产主义的冷战遏制由此开始。继"杜鲁门主义""马歇尔计划"后，大西洋公约组织拼凑完成，以美国为首的帝国主义阵营形成。他们加紧对苏联和各人民民主国家的政治敌视、经济封锁和军事遏制，并随时准备武力干涉各国内政。为有效应对帝国主义阵营的冷战遏制和封锁，苏联和各人民民主国家不得不加紧相互间的团结与合作，以谋求国家的安全、政权的巩固和经济的发展。欧亚新生的人民民主国家便组成了一个以双边和多边条约为法律依据、以中苏同盟为核心的社会主义阵营。

社会主义阵营的形成反映了历史的进步，具有深远的世界意义。

首先，社会主义阵营的形成，从根本上改变了当代国际关系的构成和少数资本主义大国决定世界命运的局面。二战前，帝国主义总体上受到削弱，世界殖民体系瓦解，但少数资本主义大国左右世界局势的局面仍未改变。二战彻底改变了以欧洲为中心的传统国际格局，德、意、日法西斯国家战败，英、法等西欧国家实力受到严重削弱，美、苏两强迅速崛起。二

---

① [美]哈里·杜鲁门著，李石译：《杜鲁门回忆录》第2卷，生活·读书·新知三联书店1974年版，第115-116页。

战促成了世界格局由多极向两极的转变。苏联的崛起和社会主义阵营的形成，极大地改变了国际关系的构成，社会主义国家的国际地位空前提高，国际作用和影响大为增强。少数资本主义大国左右世界局势和决定世界命运的局面一去不复返了。

其次，社会主义阵营的形成，有利于亚非拉民族解放运动的开展，加速了帝国主义殖民体系的瓦解。欧亚一系列人民民主国家的诞生和社会主义阵营的形成，极大地鼓舞了亚非拉人民开展民族解放斗争的信心和勇气，为他们提供了无形的精神动力和支援。同时，作为国际正义力量的代表，社会主义阵营国家积极声援各国的民族解放运动，并给予力所能及的物质和经济支援。再者，社会主义阵营的形成和对民族解放运动的支持，有力地牵制了新、老帝国主义的力量，也限制了帝国主义国家肆无忌惮和大规模动用军事手段镇压民族解放运动，为亚非拉民族解放运动的开展创造了有利的国际条件。

第三，作为和平与民主力量的强大堡垒，社会主义阵营的形成有利于维护战后世界和平与安全。和平是社会主义国家的共同追求，社会主义阵营的形成即体现了世界和平力量的增强。社会主义阵营的形成，有利于阵营内部各国政权的巩固，大大加强了各人民民主国家的团结与合作，有效震慑和钳制了帝国主义阵营对外发动战争和侵略。社会主义阵营是一切爱好和平的国家和人民的坚强后盾，它积极支持世界上一切正义的和平力量与和平运动，坚决反对霸权主义和强权政治。这一切都有利于战后世界的稳定与和平。

当然，社会主义阵营作为特定历史阶段的产物，不可避免地带有历史局限性，如其没有很好地研究同帝国主义国家的斗争策略等。再者，苏联方面的原因，也给社会主义国家关系的健康发展带来了消极影响，这在很大程度上决定了日后社会主义阵营的瓦解。但并不能由此否认社会主义阵营的积极意义。

综上所述，第二次世界大战摧毁了法西斯战争势力，从总体上削弱了世界帝国主义的力量，促进了苏联的崛起和社会主义制度影响的扩大。这一切为战后一系列人民民主国家的出现和社会主义阵营的形成创造了有利的外部环境和条件。同时，大战也促进了欧亚各占领国内部革命和进步力量的增强，为其走上人民民主革命和社会主义道路做好了准备。在欧亚各国反法西斯抵抗运动的基础上，在苏联的积极支援下，利用二战胜利创造的有利时机，欧亚一系列占领国成功地建立了人民民主国家，并逐步走上社会主义道路。

面对战后美国的全球扩张和冷战政策，新生的人民民主国家不断加强团结与合作，最终结成了以苏联为核心的社会主义阵营。可以说，第二次世界大战促成了战后一系列人民民主国家的出现和社会主义阵营的形成。社会主义阵营的形成具有重大和深远的意义，它极大地改变了世界的面貌，有力地推动了世界历史的进步与发展。

第四节　中国抗日战争与战后世界和平

中国抗日战争是世界反法西斯战争的重要组成部分，开辟了世界反法西斯战争的东方主战场，具有伟大的世界意义。同时，抗日战争也是100多年来中国人民反对帝国主义侵略第一次取得完全胜利的民族解放战争，是中华民族伟大复兴的历史转折点。正如毛泽东指出的，"伟大的中国抗战，不但是中国的事，东方的事，也是世界的事"，"我们的敌人是世界性的敌人，中国的抗战是世界性的抗战"。① 中国抗日战争以自身特有的方式，为第二次世界大战的胜利和战后世界和平做出了重大贡献。

一、中国抗战对二战的重大贡献

中国抗日战争为二战的胜利做出了重大贡献。中国开辟了世界反法西斯战争的东方主战场，也是第一个世界反法西斯主战场，是战胜日本法西

---

① 北京大学法律系编：《毛泽东同志国际问题言论选录》，世界知识出版社1959年版，第59-60页。

斯的决定性力量。中国是世界反法西斯统一战线的积极倡导者和推动者。中国抗战在战略全局上支援和配合了盟国的作战：迫使日本放弃"北进"计划，迟滞了日本"南进"步伐，为盟国实施"先欧后亚"战略提供了前提，从而为二战的最终胜利奠定了坚实的基础。

（一）中国是战胜日本法西斯的决定性力量

中国抗日战争开辟了世界反法西斯战争的东方主战场。1931 年九一八事变是中国抗日战争的起点，由此揭开了世界反法西斯战争的序幕。日本武装侵占中国东北之后，很快又在上海、热河等地挑起战端，继续扩大在中国的侵略。1937 年 7 月 7 日，日本制造了卢沟桥事变，开始了全面侵华战争。面对日本法西斯的野蛮侵略，中国政府和人民在中国共产党倡导的抗日民族统一战线的旗帜下，克服困难，奋勇抗战，开辟了世界上第一个大规模的反法西斯主战场。对此，美国总统罗斯福曾赞扬说："中国人民在这次战争中是首先站起来同侵略者战斗的。"[1]

中国抗日战场是世界反法西斯的东方主战场。中国战场始终抗击着日本法西斯的陆军主力。太平洋战争爆发前十多年时间里，亚太地区完全依靠中国独立地支撑着抗击日本法西斯的战争。太平洋战争爆发后，虽然美、英等国开辟了太平洋战场，但是，日本派往南太平洋地区作战的兵力仅有 10 个师团，约占日本陆军兵力总数的 20%，而被牵制在中国战场上的日军仍然有 34 个师团之多，约占日本陆军总数的 80%。[2] 战后，许多日本史学著作公认："当太平洋上的战火已经燃烧到这般程度的时候，日本陆军的主力仍然被死死地钉在中国战场上，寸步难移。"[3]

---

① ［美］罗斯福著，关在汉编译：《罗斯福选集》，商务印书馆 1989 年版，第 361 页。

② ［美］约翰·科斯特洛著，王伟等译：《太平洋战争 1941—1945》上册，东方出版社 1985 年版，第 35 页。

③ ［日］日本历史学研究会编，金锋等译：《太平洋战争史》（第四卷），商务印书馆 1962 年版，第 43 页。

从消灭敌人的有生力量来看，中国战场是亚洲反法西斯战场中歼灭日军数量最多的战场。"特别是在 1937 年'七·七'全国开始的 3000 多个浴血奋战的日日夜夜中，中国军队进行重要战役 200 余次，大小战斗近 20 万次，歼灭日军 150 余万人，歼灭伪军 118 万人。战争结束时接受投降日军128 万人，接受投降伪军 146 万人。"①另据战后日本众议院预算委员会发布的材料，从 1931 年侵略中国东北开始，至 1945 年 9 月战败投降为止，日本军人、军事人员及附属人员战、病、伤亡者共计 2874000 人。② 这些确凿的数字有力地证明，中国战场在整个反法西斯战争中处于东方主战场的重要地位。

从付出的代价来看，中国也是世界反法西斯战争中付出代价最高的国家。据不完全统计，在整个抗日战争过程中，"中国军队伤亡 380 余万人，中国人民牺牲 2000 余万人，中国军民伤亡总数达 3500 余万人"③，"占整个世界大战中全世界伤亡人数的五分之二还多"，"中国财产损失 600 余亿美元(按 1937 年美元计算，下同)，战争消耗 400 多亿美元，间接损失达5000 亿美元"④。对于中国抗日战争在整个反法西斯战争中的作用和地位，罗斯福在 1945 年 1 月 6 日的国情咨文中说，美国"忘不了中国人民在七年多的时间里怎样顶住了日本人的野蛮进攻和在亚洲大陆广大地区牵制住大量的敌军"⑤。

---

① 军事科学院军事历史研究部：《中国抗日战争史》(下卷)，解放军出版社 1994年版，第 624-625 页。

② [日]井上清、铃木正四著，杨辉译：《日本近代史》(下) 商务印书馆 1972 年版，第 716 页。

③ [日]日本历史学研究会编，金锋等译：《太平洋战争史》(第四卷)，商务印书馆 1962 年版，第 625 页。

④ 军事科学院军事历史研究部：《中国抗日战争史》(下卷)，解放军出版社 1994年版，第 625 页。

⑤ [美]罗斯福著，关在汉编译：《罗斯福选集》，商务印书馆 1989 年版，第 480页。

（二）中国积极倡导和推动建立世界反法西斯统一战线

九一八事变极大地冲击了华盛顿会议所确立的美、英等国的在华利益。但面对日本法西斯的野蛮侵略，美、英等西方国家不敢正面对抗，企图用牺牲中国人民的利益来缓和它们与日本的矛盾。西方国家的绥靖政策使日本法西斯的侵略野心急剧膨胀，终于使九一八事变所引起的局部侵略战争最终演变成世界大战。

建立广泛的世界反法西斯统一战线，是战胜德、日、意、法西斯，夺取二战胜利的重要保证。中国坚决打击绥靖主义，同"远东慕尼黑阴谋"进行坚决斗争，对于世界反法西斯统一战线的形成，起到了重要的推动作用。

九一八事变后，中国社会就开始了关于结盟抗日的讨论。1937 年 5月，在延安中国共产党全国代表会议上，毛泽东指出，鉴于日本侵华所造成的新形势，"中国不但应当和⋯⋯苏联相联合，而且应当按照可能，和那些现时愿意保持和平而反对新的侵略战争的帝国主义国家建立共同反对日本帝国主义的关系"①。七七事变爆发后，中国共产党促进与中国国民党的合作，建立了中国抗日民族统一战线。

此后，两党多次发表宣言、指示，主张迅速建立国际反法西斯统一战线，联合世界上一切和平民主力量共同抵抗法西斯侵略。1938 年 3 月 29日至 4 月 1 日，国民党临时全国代表大会上通过《抗战建国纲领》，中国正式确立了结盟抗日的外交方针，并为之进行不断的外交努力。

1941 年 6 月苏德战争爆发，12 月太平洋战争爆发。太平洋战争迫使美、英两国对日宣战。至此，法西斯的疯狂侵略使中、美、英、苏等大国走到了一起，结成世界反法西斯统一战线的时机成熟了。在中国政府的提议下，1941 年 12 月 23 日，中、美、英三国在重庆召开东亚军事联合会

①　中共中央文献编辑委员会编：《毛泽东选集》第 1 卷，人民出版社 1991 年版，第 233 页。

议，通过了《远东联合行动初步计划》，中英两国签订了《共同防御滇缅路协定》。会议还决定中、美、英三国在重庆正式成立军事会议，以加强对日作战的协调。1942年1月1日，由中、美、英、苏4国领衔，26个国家在华盛顿签署了《联合国家宣言》，这标志着世界反法西斯统一战线的正式形成。

中国抗战挫败了国际绥靖主义者的种种阴谋活动，鼓舞和坚定了世界人民反法西斯斗争的信心和勇气。正是在中国抗战的推动下，在中国抗日民族统一战线的鼓舞和示范下，世界民主国家不断加入反法西斯统一战线。中国抗战直接推动和促进了世界反法西斯统一战线的形成与扩大。

(三) 中国抗战在战略全局上支援和配合了盟国的作战

1. 中国抗战迫使日本放弃"北进"计划，有效地支援了苏联的卫国战争。

"北进侵苏"是日本帝国主义长期以来奉行大陆政策、妄图称霸亚洲和世界的重要目标之一。自1932年起，日本每年都制定进攻苏联的作战计划。1936年8月7日，日本政府所通过的《国策基准》进一步规定："北上"进攻苏联，"南进"夺取南洋，"陆军军备以对抗苏联在远东所能使用的兵力为目标……海军军备应以对抗美国海军，确保西太平洋的制海权为目标"。①

因此，苏联在远东地区作了认真的防御准备。但九一八事变后，日本之所以占领了中国东北却不"北进"苏联，主要是由于中国抗战有力地牵制了日本法西斯的北进步伐。到1938年底，日本投入中国战场的陆军兵力已达32个师团，占其总兵力的94%②，而"北进"苏联又主要是依靠陆军，日本此时根本没有兵力可以抽调。日军参谋长杉山元在回答外相松冈立即

---

① 彭明主编：《中国现代史资料选辑(1937—1945)》(上册)，中国人民大学出版社1989年版，第167页。

② [日]服部卓四郎著，张玉祥等译：《大东亚战争全史》(第1册)，商务印书馆1984年版，第78页。

对苏开战的要求时说："日本现在中国使用兵力太大，实际上（对苏开战）办不到。"①

苏德战争爆发后，德国多次要求日本从东边发动对苏战争。但是，日本已不可能满足德国的要求。1941 年 8 月 9 日，日军统帅部不得不通告："终止本年在北方行使武力之企图。"日本参谋本部认为："陆军大部分兵力正在对华作战，已经没有余力。并且绝对不能允许中途放弃对华战争……对北方之作必要的准备，等到德苏战争出现有利于日本的进展，譬如斯大林政权崩溃或苏联远东地区陷入混乱的时候，再行使武力解决北方问题……"②

正如斯大林所说："只有当日本侵略者的手脚被（中国）捆住的时候，我们才能在德国侵略者一旦进攻我国的时候避免两线作战。"③中国的持久抗战粉碎了日本法西斯的"北进"计划，使苏联避免了两线作战，有力地支援了苏联卫国战争。

2. 中国抗战迟滞了日本"南进"步伐，极大地配合了美英等国在太平洋战场的作战。

1939 年 9 月欧战爆发后，欧美等国集中力量对付德国法西斯，在亚洲、太平洋地区的军事力量则十分薄弱，客观上为日本"南进"提供了良机。1940 年 5 月至 6 月，德军横扫西欧。日本备受鼓舞，南进野心迅速膨胀。德国也极力怂恿日本南进，以达到与日军会师中东，共同瓜分世界的目的。

然而，日本却未能利用上述有利时机立即对美英两国开战。对此，日

---

①　[日]服部卓四郎著，张玉祥等译：《大东亚战争全史》（第 1 册），商务印书馆 1984 年版，第 80 页。

②　[日]服部卓四郎著，张玉祥等译：《大东亚战争全史》（第 1 册），商务印书馆 1984 年版，第 144 页。

③　[苏]瓦·伊·崔可夫著，万成才译：《在华使命》，新华出版社 1980 年版，第 36 页。

本访德特使寿内寺一道出了实情:"中日战争不结束,南进是办不到的。"①事实确实如此。1939年冬,中国正面战场发动了大规模的冬季攻势,打破了日本从中国逐年撤军的计划,使日本非但未能从中国撤出军队南进,相反,却于1940年4月又向中国派遣了2个师团参加对华作战。1940年8月至12月,八路军又发动了百团大战,使日军遭到侵华以来最惨重的失败。之后,日军抽调军队,加强了对华北敌后解放区的重点进攻。日军因此不得不推迟打通粤汉、湘桂铁路的战略计划,以至推迟了"南进"的时间。

中国军民久战不屈,迫使日本一再推迟发动太平洋战争的时间,为美、英等国加强其在太平洋地区的战备赢得了宝贵时间。太平洋战争爆发一年后,丘吉尔还心有余悸地说:"日本苟于同时(德国入侵苏联时)对英美宣战,则吾人所受巨祸及苦痛之深,殆不可设想矣。"②

中国军队还出国作战,配合美、英盟军在太平洋—东南亚战场上的对日反攻作战。1943年11月至1945年3月,中国先后以18个军20多万人的兵力,在滇西、缅北地区与美、英盟军共同对日作战。中国军队在整个印、缅地区的作战过程中,与盟军一道共歼灭日军16万人,前后牵制日军达7个师团之多③,有力地配合了美、英盟军在太平洋上的对日反攻作战。

3. 中国抗战为盟国实施"先欧后亚"战略提供了前提,为大战最终胜利奠定了基础。

1940年9月28日,罗斯福召开由国务卿和三军首脑参加的高级决策会议,确定了"在大西洋采取攻势,在太平洋采取守势"的"大西洋第一、欧洲第一"的战略原则,即通常所说的"先欧后亚"战略原则。

中国的持久抗战,为美英等盟国顺利实施"先欧后亚"战略提供了前

① [日]服部卓四郎著,张玉祥等译:《大东亚战争全史》(第1册),商务印书馆1984年版,第146页。
② 郭汝瑰、黄玉章主编:《中国抗日战争正面战场作战记》(下册),江苏人民出版社2002年版,第137页。
③ 颜声毅:《现代国际关系史》,知识出版社1984年版,第442页。

提，为确保反法西斯战争的最终胜利奠定了基础。太平洋战争爆发后，日本被一时的胜利冲昏头脑，制定了一个用 5 个师攻打澳大利亚、夺取锡兰，与希特勒在印度洋会师的狂妄计划。对此，丘吉尔曾忧心忡忡，担心中国一旦崩溃，至少会使日军 15 个或 20 个师腾出手来。① 然而，中国在抗日战争中不但没有崩溃，反而愈战愈强。1943 年，美军在太平洋战场开始反攻时，日军还有 43 个师团另 24 个独立混成旅团和 75 个飞行中队被牵制在中国战场，分别占其陆军和空中作战力量的 64% 和 45%。而在太平洋上的日军只有 22 个师团和 72 个飞行中队。② 日军大本营统帅部深感太平洋战场兵力不足，但又无法从中国战场抽调。

对于中国抗战对盟军在欧洲和太平洋战场的战略配合作用，西方盟国领导人曾予以高度评价。1942 年春，罗斯福对自己的儿子说："假如没有中国，假如中国被打垮了，你想一想有多少师的日本兵可以因此调到其他方面来作战？他们可以马上打下澳洲，打下印度——他们可以毫不费力地把这些地区打下来，他们并且可以一直冲向中东……和德国配合起来，举行一个大规模的突击，在近东会师，把俄国完全隔离起来，割吞埃及，斩断通过地中海的一切交通线。"③

二、中国与战后国际和平组织的创建

作为战时"四强"之一和联合国主要创始国之一，中国积极倡导和策划建立战后和平组织；中国全力参与联合国的筹备、组织工作，为《联合国宪章》的制定做出了重大贡献；中国努力为弱小国家、民族利益代言，为联合国的成立做出了难能可贵的贡献。中国为联合国的创建所做

① ［英］温斯顿·丘吉尔：《第二次世界大战回忆录》第 5 卷，南方出版社 2003 年版，第 273 页。

② ［日］日本历史学研究会编，金锋等译《太平洋战争史》（第四卷），商务印书馆1962 年版，第 617 页。

③ ［美］伊利奥·罗斯福著、李嘉译：《罗斯福见闻秘录》，新群出版社 1949 年版，第 49 页。

的重大贡献①，同时也是对战后世界和平所做的重大贡献。

(一)中国全力参与联合国的筹备与组织工作

敦巴顿橡树园会议是筹建战后国际和平组织的第一个具体步骤。由于苏联的坚持，此次会议先后分苏美英第一阶段会议(苏联阶段，1944 年 8 月 21 日—9 月 28 日)和中美英第二阶段会议(中国阶段，9 月 29 日—10 月 7 日)两阶段进行的。中国虽然没有参加第一阶段会议，但为使美、英、苏三国会商时充分了解中国的立场，中国代表团在 8 月 22 日向会议提交了《国际组织宪章基本要点节略》，对宪章的一般原则、组织机构、运作程序、托管制度、经费等重要问题全面阐明了中国政府的主张。② 在美、英、苏三国会议的闲暇之时，中国代表团成员还积极与美、苏两国保持联系，随时了解会议的进展情况，并向他们通报中国代表团的看法，以便相互沟通。③

在第二阶段会议中，中国代表团除支持第一阶段会议达成的协议外，还提出七项补充建议，这些补充建议被称为"中国建议"。它们包括：(1)维持和平与安全必须根据正义与国际公法之原则，以免新的国际组织沦为强权政治的工具；(2)保障各国政治独立与领土完整，以增加各国特别是小国的安全感；(3)对侵略应予定义，并尽量列举侵略的各种行为；(4)组织国际空军以作为安全理事会权威的象征和采取行动的手段；(5)国际公法的方针与修订应由大会倡导，以有利推进符合国际公法原则的安全；

① 关于中国对联合国创建所做的贡献，刘晓莉的博士论文《第二次世界大战与联合国的成立》(武汉大学 2006 年博士学位论文，胡德坤教授指导)有专门论述。此处参考了其相关内容，特此感谢。

② 秦孝仪主编：《中华民国重要史料初编——对日抗战时期》第三编，《战时外交》(三)，中国国民党中央委员会党史委员会编印 1981 年版，第 885-887 页。

③ 中国社会科学院近代史研究所译：《顾维钧回忆录》第五分册，中华书局 1987 年版，第 401-407 页。

（6）国际法庭应能强制裁判；（7）应促进教育和文化合作。①

对中国提出的七项补充建议，美国和英国代表团并不完全赞同，三国就分歧之处展开了讨论。对于第一点，英国最初认为国际法是不明确的，当出现争端时，国际法只会引起争论。经中国代表团据理力争，美国表示支持中国的立场，英国才同意将其列入联合国宪章。对于第二点，美英方面坚持第一阶段草案中"主权平等"字样已包含政治独立与领土完整的含义，因此不必列入，最后中方不再坚持此点。对于第三点，美英方面均反对给侵略下定义，因为一方面难于对侵略下令人满意的定义，另一方面原草案已说明将制止侵略，中方表示对此问题可作进一步考虑。对于第四点，美英两国明确表示无法予以同意。对于第五点，美英两国接受中国的要求。对于第六点，美英双方原则上同意，但又称："此问题复杂，可由修订法庭法规之专家委员会讨论决定"。对于第七点，美英两国同意"经济与社会理事会"应特别设法促进教育及其他国际文化合作。讨论的结果是，美、英两国接受了中国补充意见中的第一、五、七点，对第六点表示原则接受，第三点留待以后讨论，而对第二、四点则予以拒绝。②

因此，中国代表团全力参与敦巴顿橡树园会议的两个阶段，从而使会议结束时正式发表的《关于建立普遍性国际组织的建议案》明显体现了中国观点③。

1945 年 4 月 25 日，由美、苏、英、中四大国发起的旧金山会议开幕。中国派出了包括中国共产党代表在内由各党派及无党派人士共 10 人组成的代表团。中国对会议的方针是促进会议成功，"将不吝一切之努力，以助

---

① U. S. Department of States, *Foreign Relations of the United States*, 1944, *Vol. 1, General*, Washington D. C. : Government Printing Office, 1966, pp. 864-865.

② U. S. Department of States, *Foreign Relations of the United States*, 1944, *Vol. 1, General*, Washington D. C. : Government Printing Office, 1966, pp. 865-866.

③ 陈鲁直、李铁城：《联合国与世界秩序》，北京语言学院出版社 1993 年版，第 381 页。

成集体安全永久和平之确立"①。

在旧金山会议上，中国代表团独立提出了许多见解与提议。其一，对确定安理会职权提出了三点修正案："一、授权安全理事会当发生紧张情势时在最后决定之前采取临时办法；二、授权安全理事会采取办法以实现国际法院的判决；三、授权安全理事会确定向本组织提出请求的非联合国会员国应当享有的权利。"②

敦巴顿橡树园建议案第八章《维持和平及安全之办法》的乙节"和平之威胁或侵略行为之断定以及应付之办法"第二款规定："安全理事会断定任何和平之威胁、和平之破坏或侵略行为是否存在，并应作成建议，或决定维持和恢复和平及安全之办法。"③综合该节第二款及其他各款，④ 它们存在严重的不足，首先，在和平被破坏或侵略行为发生之后，而安理会的建议或决定做出之前这段时间，安理会面对破坏和平或侵略行为该怎么办，敦巴顿橡树园建议案中没有提出采取临时措施加以制止。其次，如果破坏和平或侵略行为提交联合国司法机构——国际法院处理，在国际法院判决以后，而有关当事国拒不执行国际法院判决，安理会又应当怎么办呢？再次，建议案要求非联合国会员国承担维护和平的义务，那么，非联合国会员国是否具有相应的权利呢？对此，建议案没有明确的规定。

国际联盟严重的教训之一就是当侵略发生以后，它不能迅速地做出决定，或根本不能做出决定，或做出的决定也不能有效地执行，使侵略行为不断升级，从而最终让侵略者把世界和平破坏殆尽。针对橡树园建议案的上述不足与国际联盟的教训，中国代表提出上述 3 点建议，这些建议被旧

---

① 荣孟源主编：《中国国民党历次代表大会及中央全会资料》（下册），光明日报出版社 1985 年版，第 597 页。

② ［苏］C. B. 克里洛夫：《联合国史料》第一卷，中国人民大学出版社 1955 年版，第 83 页。

③ ［苏］C. B. 克里洛夫：《联合国史料》第一卷，中国人民大学出版社 1955 年版，第 44 页。

④ ［苏］C. B. 克里洛夫：《联合国史料》第一卷，中国人民大学出版社 1955 年版，第 44-46 页。

金山大会接受，列入《联合国宪章》。

其二，对安理会非常任理事国的选举，中国代表提出"要斟酌地域上的公匀分配。"①此项建议经会议同意列入《联合国宪章》第 23 条，它规定选举安全理事会非常任理事国时"宜充分斟酌地域上之公匀分配。"②

其三，关于国际托管目的问题，这是旧金山会议争论的焦点之一。英、美两国主张托管目的为"自治"，法国提案根本没有谈到托管领土的"自治"问题。③ 中国方案"规定了托管领土朝着独立的道路发展"④。中国这一提案遭到了英、法、美三国的强烈反对，但得到苏联及广大中小国家的支持，最后大会以折衷的形式采纳中国提案并写进《联合国宪章》。

中国还通过下列两种方式为旧金山会议的成功做出了重要贡献。第一，中国与其他大国合作，组织、领导大会各项工作。第二，协调立场、调解关系、缓和矛盾。旧金山会议是一次大型的重要国际会议，更是一次有关各国利益、维护国际和平与安全的制宪会议，与会各国观点、立场存在巨大的差异。对此，中国代表开展了积极的、多方面的工作，取得了很大的成效，有力地促进了会议的顺利进行。中国代表"善于斡旋调解，得到各国代表的好评。"⑤

(二) 中国努力为弱小国家、民族利益代言

在创建联合国过程中，中国站在公正立场上，代表弱小国家、民族特别是东方弱小国家、民族的权益，要求联合国在其组织、宪章与活动中坚

① ［苏］C. B. 克里洛夫：《联合国史料》第一卷，中国人民大学出版社 1955 年版，第 84 页。

② 方连庆：《现代国际关系史资料选辑》（下册），北京大学出版社 1987 年版，第 416 页。

③ ［苏］C. B. 克里洛夫：《联合国史料》第一卷，中国人民大学出版社 1955 年版，第 143-145 页。

④ ［苏］C. B. 克里洛夫：《联合国史料》第一卷，中国人民大学出版社 1955 年版，第 146 页。

⑤ 石源华：《中华民国外交史》，上海人民出版社 1994 年版，第 598 页。

持反对强权政治、殖民统治，实行民族平等、种族平等及民族自决原则。

针对《大西洋宪章》各民族自决权原则方面的消极性及涉及对象的局限性，中国提出了 3 条原则作为补充，即"一、大西洋宪章，尤其是关于各侵略国武装解除及各国与各民族自决等原则，一律适用于全世界。二、日本之领土，应以其 1894 年发动侵略战争以前之范围为准。三、各民族及各种族一律平等，为世界和平与进化之要素。"①敦巴顿橡树园会议前夕，蒋介石致电罗斯福，公开声称中国是东方国家的代表，必须参加会议，"盖东方人民如无代表，则此会议将对于世界之一半人类失去意义也"②。中国这一努力虽然没有取得具体结果，但它表明了中国对民族自决、民族与种族平等的立场。

为反对强权政治，维护弱小国家、民族的权益，中国建议在联合国宪章中确定正义及国际法原则，要求扩大安理会在制止侵略、维持和平方面的职权，要求联合国保证各国"政治独立、领土完整，反对外来侵略"③。为反对殖民统治，促进殖民地独立，中国既坚决主张给予托管领土人民的独立权，也要求给非自治领土"加上有关独立的内容"④。

三、中华人民共和国的成立与战后世界和平

中国抗日战争促进了人民民主力量和中国共产党的大发展，为中华人民共和国的成立奠定了基础。抗战胜利后，中国共产党领导中国人民迅速推翻了国民党的统治，建立了中华人民共和国。中华人民共和国的成立大大增强了战后世界和平力量。中国始终不渝地坚定奉行独立自主的和平外

① 秦孝仪主编：《中华民国重要史料初编——对日抗战时期》第三编，《战时外交》(三)，中国国民党中央委员会党史委员会编印 1981 年版，第 797-798 页。
② 秦孝仪主编：《中华民国重要史料初编——对日抗战时期》第三编，《战时外交》(三)，中国国民党中央委员会党史委员会编印 1981 年版，第 826 页。
③ 中国社会科学院近代史研究所译：《顾维钧回忆录》第五分册，中华书局 1987 年版，第 421 页。
④ 陈鲁直、李铁城主编：《联合国与世界秩序》，北京语言学院出版社 1993 年版，第 384 页。

交政策，成为维护战后世界和平的坚强堡垒，为战后世界和平做出了重大贡献。

（一）抗日战争与中华人民共和国的成立

中国抗日战争是鸦片战争以来中华民族反侵略战争中第一次赢得彻底胜利的伟大民族解放战争。抗日战争为人民民主力量和中国共产党的大发展，创造了有利时机和条件。

抗日战争促进了人民民主力量的大发展。日本帝国主义入侵中国严重地"迫害着中国各民族的生存，迫害着中国人民的革命"。① 中日民族矛盾上升为中国的主要矛盾。中国共产党从民族大义出发，正确处理民族矛盾和阶级矛盾的关系，高举抗日民族统一战线旗帜，推行全面抗战路线，大力推动民主力量的发展，把争取民族解放的斗争和争取人民民主的斗争有机地结合起来。正如毛泽东所指出的："抗日与民主互为条件"，"民主是抗日的保证，抗日能给予民主运动发展以有利条件"②。

抗战全面爆发后，在抗日民族统一战线中，中共坚决支持各党派爱国力量、各爱国人士坚持抗战的言行。各民主党派的政治态度随着抗战的进行发生了很大的变化。他们不仅拥护国共合作和抗日民族统一战线，还逐渐认清了国民党坚持独裁、反对民主的真面目和共产党政策的正确性，积极参加共产党领导的民主运动。民主党派转而倾向于共产党，不仅壮大了中国共产党领导的人民革命力量，还为中华人民共和国成立后中国共产党领导的多党合作和政治协商制度奠定了初步的基础。

抗战初期，国民党正面战场连连失利，华北、华中、华南的大片国土失陷。中国共产党领导的八路军、新四军和其他抗日武装，执行了游击战争的正确战略战术，挺进华北、华中、华南敌后建立抗日根据地，开辟了敌后解放区战场，并迅速发展成为中国抗日的主要战场，成为抗日战争的

① 《毛泽东选集》第 2 卷，人民出版社 1991 年版，第 622 页。
② 《毛泽东选集》第 1 卷，人民出版社 1991 年版，第 274 页。

中流砥柱。

　　敌后战场不断地消耗着日军的有生力量。在日本华北方面军中任职的加登川幸太郎曾经这样评论道：由于解放区开展游击战争，"笔者在任时，整个方面军一天平均死伤50名。50名虽不多，但一年就有18000人离开了战列，是大消耗战"①。经过十四年抗战，中国共产党领导下的抗日根据地的面积发展到近100万平方公里，人口发展到1亿人，武装力量从3万余人发展到正规军127万余人，民兵达268万人。②

　　抗战时期，中国共产党在指导思想上更加成熟，政治上、组织上达到空前团结和统一。毛泽东完成了新民主主义理论体系的构建，科学地解决了有关中国革命和建立新中国的一系列基本问题；经过整风运动，党员素质普遍提高，形成了理论联系实际、密切联系群众、批评与自我批评的优良作风；通过领导抗战，培养和锻炼了一大批干部，极大地提高了党驾驭领导反侵略战争和正确处理民族矛盾、阶级矛盾关系的能力。

　　中国共产党得到迅速发展，党员由3万余人增加到121万余人。"我们的党，已经是一个全国范围的，广大群众性的，在思想上、政治上、组织上巩固的，有了自己领袖的马克思列宁主义的党。它在今天，就已经成为中国政治生活中的决定因素了"。③

　　中国共产党赢得了人民的广泛信任和大力支持。抗战爆发后，中国共产党首倡建立抗日民族统一战线，努力维护和巩固统一战线，得到全国人民的拥护，地位和威望空前提高。特别是抗战后期，共产党的奋发有为和国民党的极度腐败形成鲜明对比，共产党得到了广大人民群众的信任和支持。

　　"我们党已经成了中国人民抗日救国的重心，已经成了中国人民解放

---

　　①　[日]加登川幸太郎：《中国和日本陆军（下）》，东京：圭文社1978年版，第225页。转引自胡德坤：《中日战争史（1931—1945）》，武汉大学出版社2005年版，第462页。

　　②　胡德坤：《中日战争史（1931—1945）》，武汉大学出版社2005年版，第465页。

　　③　《刘少奇选集》上卷，人民出版社1981年版，第320页。

的重心，已经成了打败侵略者、建设新中国的重心。"①就连美国人也认为：
"中国共产党已变成中国最有动力的力量。"②中国抗日战争中国共两党政
治力量的消长和人心向背，决定着两党兴衰的政治走向与历史命运。

抗日战争也冲击和扫荡了中国社会反动的落后的腐朽势力，严重削弱
了统治阶级的力量；抗日战争的胜利还为中华人民共和国的诞生创造了有
利的国际条件。③ 抗战胜利后，中国共产党领导中国人民迅速推翻了国民
党的统治，建立了中华人民共和国，中国进入一个崭新的时代。

(二) 中华人民共和国是维护战后世界和平的重要力量和坚强堡垒

同世界一切友好国家建立外交关系，是中华人民共和国第一代领导人
的真诚愿望。早在革命胜利前，中国共产党就曾多次强调，未来的中国将
与美、苏、英等国家团结合作，共同维护远东和世界的和平。

毛泽东表示："任何外国政府，只要它愿意断绝对与中国反动派的关
系，不再勾结或援助中国反动派，并向人民的中国采取真正的而不是虚伪
的友好态度，我们就愿意同它在平等、互利和互相尊重领土主权的原则的
基础之上，谈判建立外交关系的问题。中国人民愿意同世界各国人民实行
友好合作，恢复和发展国际间的通商事业，以利发展生产和繁荣经济。"④
中华人民共和国成立后，以毛泽东为核心的第一代领导人逐步把这种良好
愿望运用到实践中，形成了富有中国特色的和平外交政策。

1949 年 9 月，《中国人民政治协商会议共同纲领》对中华人民共和国的
外交政策做出了一系列的规定。"中华人民共和国外交政策的原则，为保

---

①　《毛泽东选集》第 3 卷，人民出版社 1991 年版，第 1027 页。

②　《中美关系史资料汇编》第一辑，世界知识出版社 1957 年版，第 133 页。

③　胡德坤、韩永利认为：抗日战争为中共革命力量的成长壮大创造了有利条件；
抗日战争严重削弱了统治阶级的力量；抗日战争的胜利为中华人民共和国的诞生创造
了有利的国际条件。参见胡德坤、韩永利：《中国抗战与世界反法西斯战争》，社会科
学文献出版社 2005 年版，第 442-459 页。

④　中共中央文献研究室编：《毛泽东外交文选》，中央文献出版社、世界知识出
版社 1994 年版，第 88 页。

障本国的独立、自由和领土完整，拥护国际的持久和平和各国人民间的友好合作，反对帝国主义的侵略政策和战争政策"，"凡与国民党反动派断绝关系，并对中华人民共和国采取友好态度的外国政府，中华人民共和国中央人民政府可在平等、互利及互相尊重主权的基础上，与之谈判，建立外交关系"，"中华人民共和国际联盟合世界上一切爱好和平、自由的国家和人民，首先是联合苏联、各人民民主国家和各被压迫民族，站在国际和平民主阵营方面共同反对帝国主义侵略，以保障世界的持久和平"①。这一系列内容明确了中华人民共和国外交政策的原则和根本出发点，确立了中华人民共和国独立自主和平外交政策的基本框架。

1953 年 12 月 31 日，周恩来总理在接见来访的印度代表团时，首次完整地提出了和平共处五项原则，认为各国应"互相尊重主权和领土完整、互不侵犯、互不干涉内政、平等互利、和平共处"。中国提出的和平共处五项原则内容得到了印方的同意，并被写进 1954 年 4 月 29 日中印双方签订的《关于中国西藏地方和印度之间的通商和交通协定》的序文中。随后，在 1954 年 6 月 25 日至 29 日中国总理周恩来访问印、缅时发表的中印、中缅总理联合声明中得到确认，并由中国、印度和缅甸共同倡议，把它作为国际关系的普遍准则而施行于各国关系中。

1956 年 11 月 1 日，中国发表了《中华人民共和国政府关于苏联政府1956 年 10 月 30 日宣言的声明》，把和平共处的原则进一步应用到了社会主义国家的关系上，中国外交进入了一个新的境界。和平共处五项原则的提出标志着中华人民共和国独立自主和平外交政策的正式确立。

中华人民共和国始终不渝地坚定奉行独立自主的和平外交政策，成为维护战后世界和平的重要力量和坚强堡垒，为维护战后世界和平做出了重大贡献。

综上所述，中国的抗日战争是世界反法西斯战争的重要组成部分和东

---

① 李宝俊：《当代中国外交概论》，中国人民大学出版社 1999 年版，第 14-15页。

方主战场。中国抗日战争为第二次世界大战的胜利和战后世界和平做出了重大贡献。中国开辟了第一个世界反法西斯主战场，是战胜日本法西斯的决定性力量；中国积极倡导和推动建立世界反法西斯统一战线，中国抗战在战略全局上支援和配合了盟国的作战；中国积极倡导、策划和参与战后国际和平组织的创建，为联合国的成立和战后世界和平做出了重大贡献。

中国抗日战争也是中华民族伟大复兴的历史转折点。抗日战争促进了中国共产党和人民民主力量的发展壮大，为中华人民共和国的成立奠定了基础。中华人民共和国成立后，始终不渝地坚定奉行独立自主的和平外交政策，成为维护战后世界和平的坚强堡垒，为战后世界和平做出了重大贡献。总之，中国抗日战争以自身特有的方式为战后世界和平做出了不可磨灭的重大贡献。作为反法西斯的第二次世界大战的重要组成部分，中国抗日战争为战后世界和平所做的重大贡献，从另外一个角度体现了第二次世界大战的胜利对战后世界和平的伟大贡献和重要奠基作用。

第五节　多元国际社会的形成与战后世界和平

第二次世界大战的胜利，极大地改变了世界的面貌。二战促进了战后发展中国家的兴起和社会主义阵营的形成，为战后国际社会增添了新生力量，促成了战后多元国际社会①的出现。战后多元国际社会的形成，体现了国际社会的巨大进步，对于维护战后世界和平具有尤为重要的意义。

一、多元国际社会的形成是二战的重要成果之一

发展中国家的兴起和社会主义阵营的形成，为战后国际关系增添了新的内容和血液。战后兴起的发展中国家和社会主义世界体系，是战后多元

---

① 所谓多元国际社会，是指二战后发展中国家和社会主义国家兴起，改变了国际社会的结构，世界不再是资本主义的一统天下，社会主义由一国发展成一大阵营，国际社会由资本主义世界、社会主义阵营和发展中国家三大部分构成，由此形成的由不同社会制度国家组成的多样化的国际社会。

国际社会的重要组成部分。战后多元国际社会的形成并不是偶然的。二战促进了战后民族解放运动的高涨和发展中国家的兴起，促进了苏联的崛起和社会主义阵营的形成。

　　一方面，二战涤荡了法西斯军国主义势力，严重削弱了殖民主义国家的力量，促进了国际反殖民主义和社会主义力量的壮大，引起并加剧了新、老殖民主义国家之间的矛盾，促进了世界殖民体系的瓦解，为战后发展中国家的兴起和社会主义阵营的形成创造了有利的外部条件和国际环境。另一方面，二战打击和削弱了殖民地、半殖民地国家和被占领国的旧政权或腐朽统治阶级的力量，进一步促进了当地人民的民族觉醒，促进了其社会革命和进步力量的增长，不同程度地促进了当地经济社会的发展，为战后民族解放运动的高涨、发展中国家的兴起和社会主义阵营的形成准备了内部条件和奠定了基础。

　　大战结束后，在有利的国际国内条件下，觉醒了的殖民地、半殖民地人民无法继续忍受帝国主义殖民统治的剥削和压迫，不断掀起民族解放斗争的浪潮。战后民族解放运动的高潮首先在亚洲出现，接着转向非洲和拉丁美洲，声势越来越大。从大战结束到 20 世纪 70 年代中期，大约 30 年时间，在广大亚非拉地区形成了一个新兴的民族独立国家体系。

　　与此同时，在反法西斯战争胜利和各自抵抗运动的基础上，依靠苏联的支持和援助，通过驱逐侵略者，东欧地区先后建立了一系列人民民主国家。通过废除战前的旧制度、实行民主改革和社会主义改造，东欧人民民主国家逐步走上社会主义道路。在亚洲，由于反法西斯运动的发展和二战的积极影响，越南、朝鲜和中国在共产党的领导下也先后建立了人民民主政权，并逐步走上社会主义道路，社会主义阵营逐步形成。

　　这样，在二战创造的有利的国际、国内条件下，在欧亚抵抗运动和民族解放运动的基础上，发展中国家兴起，社会主义阵营亦逐步形成。发展中国家和社会主义国家的兴起，改变了国际社会的结构，世界不再是资本主义一统天下，社会主义由一国发展成一大阵营，国际社会由资本主义阵营、社会主义阵营和发展中国家三大部分构成，共同形成了由不同社会制度国家组成的多元国际社会。战后多元国际社会的形成，是反法西斯的二战的重大成果之一，其出现大大有利于世界的和平与进步。

二、多元国际社会对维护战后世界和平具有重大意义

战后多元国际社会的形成意味着国际社会的巨大进步，对于维护战后世界和平具有重大的意义。

第一，广大发展中国家的兴起和壮大，改变了国际力量的对比，壮大了世界和平力量，对于制约战争和维护战后世界和平起到了十分重要的作用。

二战结束后，在亚非拉广大地区出现了一大批新生的民族独立国家，它们逐步形成了一个强大的第三世界。第三世界地域辽阔，人口众多，是一支举足轻重的和平力量。它们拥有极为丰富的自然资源及物产、重要的战略要地和战略通道，一向是帝国主义赖以生存和发展的重要条件。

战后初期，以美国为首的北大西洋公约组织和以苏联为首的华沙条约组织两大军事集团互相对峙，激烈争夺亚非拉广大中间地带；美、英、法等国又试图以新殖民主义取代旧殖民统治，这就对新生发展中国家的独立、主权和安全构成了严重威胁。在这种形势下，20世纪50年代末至60年代初，广大亚非拉国家在万隆亚非会议团结合作精神的鼓舞和推动下，主张在国际事务中不卷入大国军事集团之间的冲突，走团结合作、反帝反殖反霸、和平中立和不结盟的道路。

1961年9月，由南斯拉夫、印度、埃及、印度尼西亚、阿富汗共同发起，第一次不结盟国家首脑会议在贝尔格莱德举行，参加会议的有25个国家，会议一致通过了《不结盟国家和政府首脑宣言》和《关于战争的危险和呼吁和平的声明》。会议宣布，全力支持正在争取独立的阿尔及利亚、安哥拉、突尼斯、古巴及其他国家人民的斗争；要求取消一切设在别国领土上的军事基地，消除一切殖民主义。宣言指出，只有根除殖民主义和帝国主义，才能实现持久和平。会议主张用和平共处原则来代替"冷战"和可能

发生的全面核灾难。①

　　该会议还建议立即设立联合国发展基金，用以消除殖民主义与帝国主义遗留下的经济落后和不平衡状态。此后，不结盟运动成员不断壮大，不结盟运动在国际政治中的地位和作用不断得到加强。2006年9月15日，第14届不结盟国家首脑会议在古巴首都哈瓦那召开。截至当时，不结盟运动共有成员116个，占联合国191个成员国数量的2/3。② 不结盟运动的重要性日益突显。

　　为了捍卫自己的权益，加强经济和政治合作，维护世界和平与安全，反对外来干涉和扩张，第三世界发展中国家在不同地区和不同问题上，还组成了各种联合组织——七十七国集团、非洲统一组织、孔塔多拉集团、安第斯集团、海湾阿拉伯国家合作委员会、东南亚国家联盟等。

　　这些组织在国际政治上越来越活跃，充分显示了发展中国家在为维护战后世界和平中的积极作用。正如邓小平反复强调的，"战争的威胁始终存在，但世界上维护和平的力量在发展，制约战争的因素在增长。制约战争的力量首先是第三世界。第三世界的独立、发展每增加一分，制约战争的力量就增加一分"③。

　　第二，发展中国家的兴起和壮大，推动着国际关系民主化和世界多极化趋势的不断发展，有利于遏制强权政治，从而起到制约战争和维护和平的重要作用。

　　强权政治是国际战争与冲突的直接根源。在强权政治横行无忌的时代，战争是国际关系的常态，和平只不过是两次战争之间的过渡。冷战期间，美、苏两国为了维护和扩大各自的势力范围，依仗其军事强国的地位，各自先后制订称霸世界的全球战略（苏联在20世纪60年代后开始推行

　　①　王斯德、钱洪主编：《世界当代史（1945—1991）》（修订版），高等教育出版社1993年版，第260-261页。
　　②　方华、甘爱兰：《走向新世纪的不结盟运动》，《国际资料信息》2006年第12期，第5页。
　　③　《瞭望》周刊记者：《邓小平纵论国内外形势》，《瞭望》周刊1985年第37期，第9页。

全球扩张政策），在世界各地侵略扩张，直接或间接参与地区性争端，进行军事干预。战后的许多局部战争都带有美、苏两个超级大国操纵的背景。它们为了保持和扩张其阵地，或亲自出马，或将代理人推到第一线，把局部战争变为各自全球战略部署中的重要环节。

战后世界之所以能够维持 70 余年的世界和平，一个非常重要的原因是国际关系民主化获得了很大的发展。国际关系民主化，既是反对强权政治的过程，也是制约战争和维护和平的过程。

同时，发展中国家的兴起，推动了世界多极化趋势的不断发展。发展中国家作为反帝、反殖、反霸的主要力量，是促进世界向多极化发展的最积极最活跃的因素。战后初期，以美、苏两国为首的两大阵营对峙局面取代了以欧洲为中心的世界政治格局，但此时帝国主义阵营内部以及帝国主义与其他国家的关系中，强权政治仍居主导地位。随着殖民体系的瓦解和发展中国家的兴起，新兴发展中国家为了捍卫胜利果实，在世界范围内进行了广泛的联合，在反殖、反帝的斗争中加强团结合作，积极参与世界政治和经济问题的解决，不断利用各种形式和各种场合表达自己的愿望和要求，使两极世界之外出现了不受其左右的第三种力量。

在发展中国家兴起和发展过程中，原来的中苏、中美关系逆转，中国恢复在联合国的合法席位，以及中国和南斯拉夫等社会主义国家公开宣布支持发展中国家的第三世界，都大大增强了美苏两极之外的第三种力量，沉重打击了美苏两极争霸。发展中国家的崛起，又对美苏两霸的盟国产生了严重影响，加深了它们之间的矛盾，加速了西欧、日本与美国的离心倾向。发展中国家的崛起，推动了国际政治力量的重新组合，也迫使美苏两国的一些盟国改变了对发展中国家的政策，从而推动了两极世界格局向多极化的发展。

随着发展中国家的兴起和逐步壮大，国际关系民主化和世界多极化趋势不断增强。崛起的发展中国家进一步积极平等地参与国际政治经济事务，改革现有国际经济、政治秩序中的不合理因素，并与发达资本主义国家形成你中有我、我中有你的日益密切的广泛联系，抑制战争的力量进一步增强。

第三，发展中国家的兴起，特别是中华人民共和国在联合国合法席位的恢复，使联合国的面貌发生了极大的变化，有力地制约了霸权主义和强权政治在联合国和世界的横行，有利于联合国维和功能的积极发挥和战后世界和平的维护。

维护国际和平与安全是联合国的首要宗旨，反映了世界各国和人民的正义要求，但在联合国成立后很长一段时间内，大国强权政治在联合国发挥了支配作用。联合国先是成为美国控制和操纵的表决机器，后又成为美苏两大国争权夺利的重要场所。随着发展中国家的兴起，联合国的面貌大大改观，联合国的宗旨开始得到更好的尊重和实践。

第四，作为和平与民主力量的强大堡垒，社会主义阵营的形成有利于维护战后世界的和平与安全。

爱好和平是社会主义的应有之义，社会主义阵营的形成即体现了世界和平力量的增长。社会主义阵营的形成，有利于阵营内部各国政权的巩固，大大加强了各人民民主国家的团结与合作，有效震慑和钳制了帝国主义阵营对外发动战争和侵略。以苏联为首的社会主义阵营，是制约战后初期美国全球霸权战略的重要力量。

第五，作为社会主义国家和世界上最大的发展中国家，中华人民共和国是维护战后世界和平的重要力量和坚强堡垒。

中华人民共和国的成立，是十月革命后世界历史上最重大的事件之一，它极大地削弱了帝国主义的力量，壮大了社会主义的力量，极大地增强了反对战争、维护世界和平的力量。中华人民共和国成立后，一直奉行独立自主的和平外交政策。中华人民共和国成立前夕通过的《中国人民政治协商会议共同纲领》，对于中国外交的基本原则和政策作了具体的规定，其强调，"中华人民共和国联合世界上一切爱好和平、自由的国家和人民，首先是联合苏联、各人民民主国家和被压迫民族，站在国际和平民主阵营方面，共同反对帝国主义侵略，以保障世界的持久和平"①。《中国人民政治协商会议共同纲领》的规定，为中国和平外交政策的实施奠定了法理基础。

中华人民共和国作为一个大国，始终不渝地坚定奉行独立自主和平外交政策，在坚持和平共处五项原则的基础上，发展同各国的友好往来，对保持战略平衡和牵制美苏两国争霸发挥了重要的作用，使国际关系更加趋向民主与和谐，成为维护战后世界和平的一个重要支柱。中国坚定不移地坚持反对霸权主义和强权政治，主张积极推进国际关系民主化和世界多极化进程。日益崛起和坚持和平发展的中国，不仅成为亚洲太平洋地区和平与稳定的主要因素，也是维护世界和平与安全的重要力量。

综上所述，第二次世界大战为战后民族解放运动的发展和社会主义阵营的形成创造了有利的国际条件和奠定了内部基础。在欧亚抵抗运动和战后民族解放运动的基础上，发展中国家兴起，社会主义阵营亦逐步形成，以新兴发展中国家和社会主义国家为新生力量和重要组成部分的战后多元国际社会形成。第二次世界大战促进了战后多元国际社会的形成。

战后多元国际社会的形成体现了国际社会的巨大进步，对于维护战后世界和平具有重大的意义。多元国际社会的形成，改变了战后世界国际力量的对比，极大增强了世界和平力量；其形成有利于世界和平民主力量的壮大和加强合作，有利于联合国维持和平功能的更好发挥；其形成有力地制约着霸权主义和强权政治的推行，推动着国际关系民主化、世界多极化趋势的不断发展，对制约战争和维护战后世界和平起到了十分重要的作用。战后多元国际社会的形成，极大地增强了世界和平力量，有效地制约了世界的战争势力，为战后世界和平提供了强有力的力量支撑和奠定了坚实的结构基础。

---

① 方连庆等主编：《战后国际关系史(1945—1995)》(上)，北京大学出版社1999年版，第153页。

第五章 综论

世界大战是 20 世纪世界历史的特有现象。两次世界大战在战后和平的筹划过程、对战败国的处置和支撑和平的国际格局等方面的差异，直接决定了两次大战战后和平的本质区别。第二次世界大战之所以成为世界大战与世界和平的时代转折点，并非历史的偶然。

反法西斯的第二次世界大战的胜利，推动了世界历史前所未有的进步，决定了战后世界和平时代的来临。战时反法西斯同盟国关于战后和平的思考，为战后世界和平局面的形成做了先期准备；二战胜利促成的战后世界和平格局和世界新兴和平力量的壮大，为战后世界和平提供了稳固的格局支撑和坚强的力量保障。第二次世界大战为战后世界和平奠定了坚实的基础，开创了战后世界和平的新时代，也因此使 20 世纪世界历史由世界大战时代过渡到战后世界和平时代。

中国抗日战争开辟了世界反法西斯战争的东方主战场，是第二次世界大战的重要组成部分。中国抗战为第二次世界大战的胜利做出了重大贡献。中国因此获得了应有的大国地位，为中华人民共和国的成立创造了一定的有利的国际环境。同时，抗日战争促进了中国共产党领导的革命与进步力量的发展壮大，削弱了腐朽统治阶级的力量，为中华人民共和国的成立打下了基础。中华人民共和国成立以来，坚定不移地奉行独立自主的和平外交政策，成为维护战后世界和平的坚强堡垒。中国抗日战争使新中国崛起为保障战后世界和平的重要力量。

中国始终是世界和平的建设者、全球发展的贡献者、国际秩序的维护者，为维护战后世界和平作出了重大贡献。近年来，中国国家主席习近平提出了人类命运共同体思想。这一思想着眼于世界的和平与发展，以建设持久和平、共同繁荣的和谐世界为崇高目标。当今世界正经历百年未有之大变局，第二次世界大战胜利开启的战后世界和平受到严峻挑战。人类命运共同体思想为继续维护战后世界和平指明了方向。世界各国携手合作共同构建人类命运共同体，是继续维护战后世界和平的必由之路。这是第二次世界大战的历史启示。

一、战争与和平：两次世界大战战后和平的比较研究

第一次世界大战结束仅 20 年，第二次世界大战随即全面爆发。而第二次世界大战结束 75 年来，虽局部战争与冲突时有发生，但世界维持了无世界大战的整体和平，世界和平大势不可逆转。对比两次世界大战的战后和平，就能发现：一战后的和平，是危机四伏、孕育着再次世界大战的、短暂的脆弱的和平；二战后的和平，则是虽局部战争与冲突存在、但和平因素日渐增长、和平潮流不可逆转的、长期的世界整体和平。同是世界大战之后的和平，二者之间存在本质的区别。其中原因值得深思。

造成两次世界大战战后和平本质区别的主要原因，可以从以下三个方面进行分析。

首先，两次世界大战战后和平的筹划过程存在重大差异。

1914 年 8 月，一战全面爆发。1918 年 1 月，美国总统威尔逊提出"十四点计划"。从大战爆发到"十四点计划"提出，欧洲列强一直忙于战争无暇顾及战后和平安排。"十四点计划"率先提出了关于一战后国际秩序的设想。威尔逊称，"征服和扩张的时代已经过去"；"新世界"的所有国家，无论是强大还是弱小，都有享受同等"自由和安全"的权利。威尔逊强调，必须建立各国之间的联合组织，以相互保证"政治独立和领土完整"①。

---

① Richard B. Morris, *Great Presidential Decisions*, New York：Harper & Row, 1973，pp. 390-396.

　　协约国只想通过军事上的胜利来保障国家利益和国家安全。它们对"十四点计划"不感兴趣。因此，战时它们没有也不可能认真考虑战后和平问题。1919 年 1 月，大战刚刚结束，巴黎和会匆忙召开。缔结和约"与其说是协商解决，倒不如说更像法庭上的判决"①。一系列和约短时间内接连产生，"速度之快似乎是不可思议的"②。

　　巴黎和会上，战胜国的条约制订者们根本无法就条约的具体内容进行深入研究。当德国人被召到凡尔赛时，"条约仍然很不完备，德国人仍然在等待"③。甚至当和会讨论国际联盟时，"大多数人听到这个名称……还只有几个月或几个星期"④。可威尔逊等竟然"在令人难以置信的短短 11 天内，把国际联盟的协议草案提交和会的全体会议"⑤。《凡尔赛和约》《国际联盟盟约》《圣日耳曼条约》《纳伊条约》等，都在巴黎和会一次会议上制定完成。

　　关于二战战后和平的筹划则不同，它经过了长期深思熟虑的谋划和准备过程。1941 年 8 月，罗斯福与丘吉尔联合发表《大西洋宪章》，这是"第一份预见战后最终'广泛和永久国际安全体系建立'的英美文件"⑥。《大西洋宪章》的发表，拉开了战时反法西斯盟国战后和平筹划的序幕。之后，就有关战后世界和平的诸多问题，经过先后无数次的会议、协商、争论和妥协，盟国进行了充分的思考、宣传、讨论和酝酿。这些问题包括建立战

---

　　① ［美］爱德华·麦克诺尔·伯恩斯、菲利普·李·拉尔夫著，罗经国等译：《世界文明史》第 4 卷，商务印书馆 1988 年版，第 31 页。

　　② ［美］C. E. 布莱克、E. C. 赫尔姆赖克著，王曾才等译：《二十世纪欧洲史》（上册），人民出版社 1984 年版，第 109 页。

　　③ ［英］华尔脱斯著，封振声译：《国际联盟史》（下卷），商务印书馆 1964 年版，第 46 页。

　　④ ［英］华尔脱斯著，封振声译：《国际联盟史》（下卷），商务印书馆 1964 年版，第 7 页。

　　⑤ ［英］华尔脱斯著，封振声译：《国际联盟史》（下卷），商务印书馆 1964 年版，第 41 页。

　　⑥ Robin. Edmonds, *The big three*：*Churchill*，*Roosevelt*，*and Stalin in peace and war*，New York：Norton，1991，p. 223.

后国际和平组织、安排战后世界经济秩序、处理战后世界殖民地、战败国处置等问题。

据统计，截至1945年5月5日午夜12时，单就敦巴顿橡树园会议拟定的《联合国宪章》的基本轮廓，就先后共有36个国家提出了1200个修正案。① 1945年6月25日，《联合国宪章》才最终获得通过。关于战败国的处置，盟国同样进行了长期、广泛、深入的讨论，但并没有急于形成具有法律效力的条文。处置战败国的"和平条款是分段产生的，起先在战时，由战胜国举行了一系列会议，继而在1945年以后的若干年内又做出了一系列事实上的安排"②。

对主要战败国德国，盟国始终没有一个《凡尔赛和约》式的解决方案。直到1947年2月10日，盟国才签署了对意大利、罗马尼亚、保加利亚、匈牙利和芬兰的"五国和约"。对另一主要战败国日本，1951年9月才召开媾和会议，达成对战败国的最后一个所谓和约。

可以说，一战后的和平，是战胜国仓促强加给战败国的。它没有经过战时和战后认真、充分的酝酿和准备，并充满了自私自利的可耻交易。这种仓促确立的战胜国强加给战败国的和平，是短暂、脆弱和极不稳定的，结果导致世界大战很快再次爆发。而二战战后和平的筹划则要认真、充分、谨慎得多。

汲取一战战后和平筹建的教训，二战的反法西斯同盟国战时很早就开始了战后和平的酝酿和准备。它们确定了"轻重缓急次序，即在战时重点创建联合国，战后再处置战败国。盟国有意把制宪会议安排在战争结束之前，让制宪会议与媾和会议承担不同的责任：前者是规划未来的和平；后者是严肃地清算过去"③。盟国没有在一次或几次会议上就仓促解决问题，而是认真、审慎地进行了大量细致的工作。这些审慎的较为充分的酝酿和

---

① 李铁成主编：《联合国的历程》，北京语言学院出版社1993年版，第57页。

② ［美］帕尔默、科尔顿著，孙福生等译：《近现代世界史》（下册），商务印书馆1988年版，第1137页。

③ 李铁成主编：《联合国的历程》，北京语言学院出版社1993年版，第123页。

准备，在很大程度上避免了一战战后和平筹划的弊端，为战后世界和平的确立做了扎实的铺垫。

第二，两次世界大战战胜国对战败国的处置存在根本不同。

一战后战胜国对战败国的处置是仓促和失败的。《凡尔赛和约》签订是战胜国标榜为了和平，为了不再发生战争。但残酷、苛刻的掠夺带来的只能是"胜利者的和平"①。法国为报普法战争之仇，努力最大限度地削弱德国。它要求德国支付巨额战争赔款，坚持国际联盟必须是一个遏制德国的体制。② 甚至为压制德国就范，不惜冒险入侵鲁尔。这些都只会给德国的不满火上加油，德国人普遍把《凡尔赛和约》斥之为"奴隶条约"③。"无论是谢德曼政府、斯特莱斯曼政府，还是希特勒政府，都难以容忍，摆脱凡尔赛条约的桎梏是他们的既定政策"④。

德国在英、法、美等国大国战略中具有不同的地位，构成凡尔赛体系的一系列条约之间也存在各种矛盾。它们"既不是铁一般的和约，也不是和解式的和平；它既不像法国人希望的那样严厉得足以把德国人永远踩在脚下，也不是宽大得足以使被征服的人安于自己的新处境"⑤。一战后，德国的军事实力受到严重削弱，但军事潜力仍然很大；德国按约要支付巨额战争赔款，但事实上并没有支付多少，相反却得到了数量可观的贷款。许多德国人根本不承认战败，他们把凡尔赛体系的苛刻处置变成了仇恨和战争。因此，一战后战胜国处置战败国确立的凡尔赛式的和平，导致了德国严重的复仇主义和世界大战的再次爆发。

---

① [美]爱德华·麦克诺尔·伯恩斯、菲利普·李·拉尔夫著，罗经国等译：《世界文明史》第4卷，商务印书馆1988年版，第31页。

② A. J. P. Taylor, *The Origins of the Second World War*, London: Hamish Hamilton, 1961, p.39.

③ [美]保罗·肯尼迪著，陈景彪等译：《大国的兴衰——1500—2000年的经济变迁与军事冲突》，国际文化出版公司2006年版，第345页。

④ 李铁城、陈鲁直主编：《联合国与世界秩序》，北京语言学院出版社1993年版，第29页。

⑤ [美]H.斯图尔特·休斯著，陈少衡等译：《欧洲现代史》，商务印书馆1984年版，第162页。

相比之下，二战的反法西斯盟国对战败国的处置是审慎和基本成功的。汲取一战后处置战败国失败的教训，美、苏、英三大国在商讨如何处置战败国时，一方面要确保德国和日本无力再对战后世界和平构成威胁；另一方面又要避免把太苛刻的处置强加于它们而导致强烈的复仇情绪。

雅尔塔会议上，美、苏、英三大国虽然讨论了战后把德国分割或肢解，但其后不了了之，最终只是实施了对德国分区占领与改造。日本投降后，起初由美国单独占领，1951 年旧金山媾和会议后逐步改为"半占领"。同时，为了彻底消除战争爆发的法西斯主义和军国主义根源，相较于一战战胜国对战败国的处置，反法西斯盟国更注重对战败国的非军事化和民主化改造。

雅尔塔会议通过了《关于被解放的欧洲的宣言》。宣言声明，三国将"共同协助所有欧洲被解放的国家之人民或欧洲前轴心的附庸国之人民"，"能够摧毁纳粹主义和法西斯主义的最后遗迹，并建立他们自己选择的民主制度程序来实现"①。波茨坦会议同样强调要在民主基础上改造德国的政治生活，永远消灭德国的军国主义和法西斯主义。

1947 年 2 月，中、苏、美、英、法等战胜国，在巴黎分别与意大利、保加利亚、罗马尼亚、匈牙利、芬兰五个战败国签订了和约，即《五国和约》。《五国和约》明确规定了对战败国的政治民主化与军备限制两大内容。这些内容对战后欧洲乃至世界的和平与稳定都具有重大的历史意义。

战后 75 年以来，国际形势错综多变。冷战期间，世界几度被推向世界大战的边缘。但是，战后世界整体和平却得以维持，没有因战败国处置不当导致新的世界大战的再度发生。二战的战后和平筹划者们，基本实现了维护战后世界和平的构想。早在 1945 年 2 月 6 日，在雅尔塔会议提出筹建联合国提案时，罗斯福就明确表示，他对"世界即使不能保持永久和平但

---

① Robin. Edmonds, *The big three: Churchill, Roosevelt, and Stalin in peace and war*, New York: Norton, 1991, p. 493.

至少保持50年的和平抱有信心"①。

需要指出的是，美国战后对日本实施了单独占领，并且开始推行全球战略。因此，美国对日本的战后改造很不彻底，致使日本军国主义一直没有被根除，日本一直没有就战争罪行进行深刻反省。但是，这与一战后德国强烈的复仇主义存在根本不同。一战后，德国因处罚过重而产生复仇主义。二战后，日本却因处罚太轻而认识不到应负的战争责任。当前，日本军国主义残余尚存值得警惕，但世界和平大势不可逆转。总体而言，二战后盟国对战败国的处置是基本成功的。

第三，支撑两次世界大战战后和平的国际格局存在质的不同。

19世纪末20世纪初，欧洲国家衰落和美、俄两国兴起的趋势已开始凸显。一战时期，苏俄和美国分别提出了重新改造世界的方案：一个是列宁倡导的不同社会制度国家和平共处的政策，另一个是威尔逊为了抵消苏俄影响而提出的以国际联盟替代均衡外交的构想。② 一战后协约国的敌视，使苏俄的和平共处政策不可能产生应有的影响。协约国先是武装干涉苏俄，后又以孤立苏俄(苏联)为目标，将其排斥于凡尔赛体系之外。

与此不同，威尔逊在阐述其"十四点计划"时表示："不是因为我们选择进入世界政治，而是因为……我们已经成为人类历史的决定因素了。……不管你是否愿意，你已不能保持孤立"③。但美国国会的否决使美国最终没能加入国际联盟。

因此，苏俄(苏联)和美国都被排除于一战后的和平体系之外，英、法两国担负了维护战后和平的重担。但是，一战使英、法两国都受到严重削弱，并仍然处于衰落之中。英、法双方对国际联盟本就兴趣不大。美国的

---

① Herbert Feis, *Churchill*, *Roosevelt*, *Stalin*: *The Way They Waged and the Peace They Sought*, Princeton, New Jersey: Princeton University Press; London: Oxford University Press, 1957, pp. 552-553.

② A. J. Taylor, *The Struggle for Mastery in Europe*, Oxford: Oxford University Press, 1977, p. 567.

③ Arthur S. Link, *Wilson*, *the Diplomatist*, *a Look at His Major Foreign Policies*, Baltimore: Johns Hopkins Press, 1957, p. 145.

退出使它们无心也无力妥善经营国际联盟。"国际联盟既没有武器，也没有军队。"①英法两国更多时候选择通过绥靖来满足对和平的需求。但结果是，一再的妥协退让只能是助长了法西斯的扩张野心。

国际联盟的虚弱无力和英法两国对和平的消极作为，使国际联盟越来越失去了吸引力和凝聚力。作为国际联盟的创始会员国，日本和意大利先后于1933年和1937年退出国际联盟；德国于1926年加入国际联盟，1933年又退出；苏联1934年加入国际联盟，1939年被开除。大国中，只有英、法两国一直勉强支撑着国际联盟，但双方缺乏应有的信任与合作。大国的四分五裂使小国先后"背弃了国际联盟，奉行了一条四散溃逃的政策"②。这样，国际联盟犹如一盘散沙，根本无力承担维护战后和平的重任。二战的爆发宣告了国际联盟彻底的失败。

二战结束前后，不仅德、日、意三国一败涂地，而且英、法两国综合国力和国际影响迅速跌落。欧洲战事全面爆发后，法国因败降而国际地位骤降。英国虽位列盟国三大国之一，但国势日衰，国际影响和话语权锐减。对此，丘吉尔十分清楚但又无力扭转："欧洲力量均衡已岌岌可危"，英国将来"很可能被置于一个极不舒服的位置，被夹在两块大磨石之间碾压"③。与一战时不同，苏联因实力骤增自然而然地成为公认的世界强国，美、英两国都不能等闲视之。

1945年1月6日，在致国会的国情咨文中，罗斯福特别强调："我们忘不了莫斯科、列宁格勒和斯大林格勒的英雄保卫战，也忘不了1943年和1944年惊人强大的俄国反攻。"④与一战战后和平体系拒苏俄(苏联)于门外

① [美]斯塔夫里阿诺斯著，吴象婴等译：《全球通史：1500年以后的世界》，上海社会科学院出版社1992年版，第676页。
② [美]斯塔夫里阿诺斯著，吴象婴等译：《全球通史：1500年以后的世界》，上海社会科学院出版社1992年版，第723页。
③ William Hardy, Mcneil, *America*, *Britain and Russia*, *Their Cooperation and Conflict*, 1941—1946, London: Oxford University Press, 1953, pp. 320-321.
④ [美]富兰克林·德·罗斯福著，关在汉编译：《罗斯福选集》，商务印书馆1982年版，第480页。

形成鲜明对比，二战战时苏联就迅速崛起为仅次于美国的世界强国并强势融入战时和战后国际格局。随着英、法等传统西方大国的衰落，美国迅速上位成为资本主义世界头号强国。美国和苏联成为二战战后和平体系的主导，以欧洲为中心的传统国际格局被完全打破。

美国和苏联是战后世界无可争议的两个超级大国，完全具备执行联合国决议和维护战后世界和平的实力和资格。冷战时期，美、苏两国之间长期相对和平共处，是战后世界和平得以维持的重要原因之一。同时，作为战后世界和平重要支柱的联合国，影响越来越大，越来越得到世界各国的信任。

美国、苏联，英国、中国和法国，是联合国安理会五大常任理事国，共同承担维护战后世界和平的特殊责任。联合国不像国际联盟那样软弱无力，其权威和影响是国际联盟无法比拟的。因此，联合国是维护二战战后世界和平的坚强支柱。联合国重视弱小国家的地位和权益，即使"最小、最无足轻重的成员国也感到它们是世界整体的一部分"①。

由上可知，两次世界大战在战后和平的筹划过程、战胜国对战败国的处置、支撑战后和平的国际格局等方面存在的差异或不同，直接决定了两次世界大战战后和平的本质区别：一者孕育了再次的世界大战，另一者则开启了战后世界和平的新时代。从根本上说，这一切都由两次世界大战不同的战争性质所决定的。第一次世界大战是帝国主义列强之间的非正义的争霸战争；第二次世界大战则是世界人民的反法西斯的正义战争。正是两次世界大战不同的性质，从根本上决定了两次大战战后和平存在本质的区别。

二、第二次世界大战是从世界大战到世界和平的时代转折点

世界历史上爆发了无数次各种各样的战争。总的来说，随着科学技术的不断发展，战争的形态在不断演变，战争的破坏性越来越强，战争的规

---

① 李铁城主编：《联合国的历程》，北京语言学院出版社1993年版，第124页。

模往往越来越大，战争的影响相应也会越来越深远。世界大战是 20 世纪特有的历史现象，第二次世界大战则是世界大战发展的顶峰。

世界历史发展到 20 世纪，具备了爆发世界大战的条件和可能。19 世纪末 20 世纪初，自由资本主义发展到垄断资本主义阶段。与此同时，资本主义掀起了瓜分世界的狂潮。到 19 世纪末，世界被最终瓜分完毕，世界由此成为一个紧密联系的整体。由于资本主义经济政治发展的不平衡，新兴大国崛起并谋求重新瓜分世界和争夺世界霸权。世界已被瓜分完毕，帝国主义大国因争霸而引起世界大战成为可能。同时，19 世纪后期到 20 世纪初第二次工业革命的发展，为世界大战的爆发提供了物质条件和经济基础。两次世界大战就是在这样的历史大背景下爆发的。

第一次世界大战从 1914 年 8 月 4 日英国向德国宣战算起，到 1918 年 11 月 11 日德国与协约国签署停战协定为止，历时四年零三个月。全球有 35 个国家和地区共 15 亿人口（约占当时世界人口总数的 2/3）卷入大战。一战战事活动的中心在欧洲大陆，波及亚洲和非洲，以及大西洋、北海、地中海、太平洋等海域。参战军队 6540 万人，军人死亡 871 万人，平民死亡 1261 万人，合计死亡 2100 多万人。物质财产损失 3300 多亿美元。其中各交战国家直接用于战争的费用 1863 亿美元，相当于自拿破仑战争起到 1914 年，全世界 100 多年所有战争开支总和的 10 倍。①

二战的序幕从 1931 年日本侵略中国的九一八事变揭开。1939 年 9 月 1 日，德国入侵波兰，二战全面开始。1945 年 9 月 2 日，日本签署投降书，二战正式结束。从二战全面开始算起，至大战正式结束，先后参战或卷入的国家和地区 84 个，共约 20 亿人（占当时世界人口总数的 4/5 以上），战火遍及欧洲、亚洲、非洲和大洋洲，以及大西洋、太平洋、印度洋、地中海和北冰洋。参战军队 1.1 亿人，军人死亡 2700 多万，加上平民死亡人数，共高达 7000 万。战争中仅直接军费支出，就占各交战国家国民收入总

---

① 参见李巨廉：《战争与和平——时代主旋律的变动》，学林出版社 1999 年版，第 127-128 页。

和的 60%～70%。物质财产损失一般统计为 4 万多亿美元(约等于第一次世界大战的 12 倍)。① 除战争所造成的直接经济损失之外，间接损失难以估算。二战的持续时间之长、规模之大、影响之深远，远非世界历史上任何一次战争所能比拟。因此可以说，二战是世界大战乃至人类战争的顶峰。

二战结束后，尽管局部战争与冲突时有发生，甚至几度走到了世界大战的边缘，但是，这些战争与冲突的升级最终都得到了有效控制，全球性的世界大战没有爆发，世界进入整体和平的新时代，和平越来越成为不可逆转的时代潮流和主题。而这一切无不与反法西斯的二战有关。第二次世界大战的胜利为战后世界和平奠定了坚实的基础，使 20 世纪世界历史由世界大战时代过渡到战后世界和平的新时代。

第一，战时反法西斯盟国关于战后和平的思考，为战后世界和平作了较为充分的谋划和准备。

作为一战的和平安排，凡尔赛-华盛顿体系是一战结束后才仓促开始筹划的。这种仓促安排的结果就是催生了二战于不久之后爆发。汲取一战解决和平问题失败的教训，二战的反法西斯同盟国在战时很早就开始了对战后和平的思考和策划。1941 年 8 月，由美、英两国发表后被苏联同意的《大西洋宪章》，就已明确地阐述了盟国关于战争目标和战后重建和平的原则。此后，围绕关乎战后世界和平的建立战后国际和平组织、构建战后世界经济秩序、处理战后殖民地和法西斯战败国的处置等重大相关问题，以美、苏、英三国为主导的盟国，通过各种层次和级别的会晤、会议以及其他各种形式，展开了全面的讨论、协商、争夺甚至交锋。

美、苏、英三国的国家实力、国际地位和影响力以及对大战的贡献，决定了它们成为盟国战后和平思考与规划的三大主导国。三国各自的实力地位、战略目标和国家传统等差异，决定了其对战后和平的思考不尽相同，甚至存在很大分歧和无法超越的障碍。但由于反法西斯的共同使命和

---

① 参见李巨廉：《血碑：震撼全球的两次世界大战》，西苑出版社 2000 年版，第 3-7 页。

维持战后世界和平的共同目标，它们最终达成了不少的共识，取得了难能可贵的成果。

总体而言，三国都不同程度地主张建立普遍性的国际和平组织以维护战后和平，都原则同意对法西斯战败国进行非军事化和民主化改造。在建立战后国际经济秩序问题上，美、英两国存在明显的分歧和利益冲突，但实力的衰退和对美国援助的需求，使英国最终与美国就建立自由国际贸易和金融秩序达成妥协。苏联不反对美、英两国构建战后自由国际经济秩序，但兴趣不大，也担心美、英双方用之干涉其国内事务，因此没有加入该秩序。美、苏两国或基本坚持或坚决主张反殖民主义立场，因实力和形势所限，英国也不得不对原有的殖民政策做出调整。

诚然，战时盟国对战后和平的思考和规划不可能完美无缺。但总的来说，它们汲取了一战解决和平问题失败的教训，在一定程度上反映了当时世界人民的和平要求，是盟国战时和战后和平安排的先导，为战后世界和平作了较为充分的思想和舆论上的准备。

第二，第二次世界大战促成了战后世界和平格局的出现，为战后世界和平提供了较为稳固的格局支撑。

二战使美、苏两国崛起为世界的两强和战时与战后世界秩序的主导国，促成了雅尔塔体制的建立。雅尔塔体制下的战后世界格局，在内容上大致包括以美、苏两国为中心的两极格局，国际和平组织联合国，以国际货币基金组织、世界银行和《关税与贸易总协定》为支柱的战后世界经济体制，以及作为两极格局一部分的改造后的德、日等战败国。

二战促成了世界格局从多极向两极的演变。战后两极格局承认世界和平的重要性，认可不同社会制度国家的共处与合作，对战后世界和平起到了某种决定性的作用。美、苏两极均势及"核恐怖平衡"，客观上有利于维护战后世界和平；两极格局在一定程度上推动了战后世界经济与政治的发展，为战后世界和平创造了某些条件；两极格局中孕育的不断增长的多极化趋势，有利于战后国际关系的民主化和更有效地制约战争。

二战促成了联合国的成立，联合国以维护战后国际和平与安全为首要目的，是维护战后世界和平的有力保障。联合国为国际维和与裁军事业做出了大量的直接贡献；联合国在经济、社会、文化、人权等领域的大量卓有成效的工作，为战后世界和平奠定了广泛的经济、社会基础；联合国为战后世界各国增信释疑和加强合作做了大量工作，从更广、更深层面促进了战后世界和平事业的发展。

以三大经济组织为支柱的战后世界经济体制，以构建战后世界和平的经济基础为目的之一，为战后世界和平奠定了较为坚实的经济基础。战后世界经济体制的建立，有利于战后世界经济的恢复和发展，也为发展中国家提供了可资利用的条件和机遇，从而为维护战后世界和平创造了积极的经济条件；其建立有利于促进经济全球化和世界历史整体发展，从而大大增强了战后世界抑制战争的因素。

二战的胜利，为对法西斯战败国的占领与改造创造了条件。盟国战后对战败国的和平改造，从军事、政治、经济、思想意识形态诸领域对法西斯军国主义进行了有力的扫荡，在很大程度上铲除了战争爆发的法西斯和军国主义根源，将这些国家导向了和平发展之路，从而为战后世界和平创造了必要的前提。

因此，尽管存在某些缺陷和弊端，但从本质上讲，二战确立的雅尔塔体制下的战后世界格局是一种和平的世界格局，其为战后世界和平创造了必要前提，提供了较为稳固的制度性、机制性保障和支撑，从而为战后世界和平奠定了较为坚实的制度性、机制性和框架性基础。

第三，第二次世界大战促进了战后世界新兴和平力量的壮大，为战后世界和平提供了强有力的力量保障。

二战促进了战后发展中国家的兴起和社会主义阵营的形成。一方面，二战严重削弱了殖民主义国家的力量，促进了国际反殖民主义力量和社会主义力量的壮大，引起和加剧了新、老殖民主义国家之间的矛盾，促进了世界殖民体系的瓦解，为战后发展中国家的兴起和社会主义阵营的形成创造了有利的外部条件和国际环境。另一方面，二战打击和削弱了殖民地、半殖民地和被占领国的旧政权或腐朽统治阶级的力量，进一步促进了当地的民族觉醒、革命和进步力量的增长，不同程度地带动了当地经济社会的发展，为战后发展中国家的兴起和社会主义阵营的形成准备了内部条件和奠定了基础。

二战结束后，觉醒了的殖民地、半殖民地人民不断掀起民族解放运动的浪潮，在亚非拉地区逐渐出现了一系列新兴的发展中国家。与此同时，在反法西斯抵抗运动的基础上和二战的积极影响下，东欧地区和亚洲的越南、朝鲜和中国先后建立了一系列人民民主国家，并逐步走上社会主义道路，社会主义阵营亦逐步形成。发展中国家和社会主义国家的兴起，改变了国际社会的结构，世界不再是资本主义的一统天下，社会主义由一国发展成一大阵营，国际社会由资本主义阵营、社会主义阵营和发展中国家三大部分构成，共同形成了由不同社会制度国家组成的多元国际社会。

战后多元国际社会的形成对于维护战后世界和平具有重大意义。(1) 发展中国家和社会主义国家是战后世界重要和平力量，多元国际社会形成本身即意味着战后世界和平力量的大大增强。(2) 多元国际社会的形成，推动着战后国际关系民主化和世界多极化趋势的不断发展，有利于遏制强权政治和维护战后世界和平。(3) 多元国际社会的形成，使联合国面貌发生了极大的变化，有力地制约了霸权主义和强权政治，有利于联合国更好地维护战后世界和平。(4) 作为社会主义国家和最大的发展中国家，中国是保障世界和平的坚定力量，为维护战后世界和平作出了重大贡献。

简言之，作为第二次世界大战重要成果之一的战后多元国际社会的形成，极大地增强了战后世界和平力量，有效地制约了战后世界战争势力，为战后世界和平提供了强有力的力量支撑和奠定了坚实的结构基础。

总之，战时反法西斯盟国关于战后和平的思考，为战后世界和平进行了先期准备；第二次世界大战胜利促成的战后世界和平格局和世界新兴和平力量的壮大，为战后世界和平提供了稳固的格局支撑和坚强的力量保障。第二次世界大战胜利带来的这些成果，都是世界历史前所未有的进步，对战后世界和平具有重大意义。同时，反法西斯的第二次世界大战本身就是对战争势力的清剿，大战的胜利意味着战争势力的衰亡。因此可以说，第二次世界大战为战后世界和平奠定了坚实的基础，开创了战后世界和平的新时代，也因此使 20 世纪世界历史由世界大战时代过渡到战后世界和平时代。

当然，第二次世界大战及其衍生问题也给战后世界和平带来了一定的负面影响。比如，作为第二次世界大战的产物，雅尔塔体制滋生的霸权主义和强权政治在某种程度上导致了战后世界的局部动荡与战争；出于对社会主义国家和各国共产党革命力量的仇视，战后资本主义阵营向社会主义阵营发动了近半个世纪的冷战，严重影响了战后世界的和平局面；由于美国对日本的单独占领与不彻底改造，战后日本的军国主义一直没有根除，成为亚洲乃至世界和平与稳定的潜在隐患；大战中诞生的核武器，在维系战后世界核恐怖平衡的同时，也对战后世界的和平与稳定造成了一定消极影响。但是，这些影响战后世界和平的消极因素，本身不应是正义的反法西斯战争的产物，而是特定时代的历史产物。同时，第二次世界大战胜利所带来的战后世界前所未有的历史进步，远远超过了其对战后世界的不应有的消极影响。第二次世界大战对战后世界和平的历史奠基作用不容质疑，战后世界和平的时代主题与潮流不可逆转。

三、中国抗日战争使中国崛起为保障战后世界和平的重要力量

中国抗日战争是第二次世界大战的重要组成部分，开辟了世界反法西斯战争的东方主战场，为大战的胜利和战后世界和平做出了重大贡献。中国因此重新获得了应有的大国地位。同时，中国抗日战争为战后世界重要和平力量中华人民共和国的成立奠定了基础。可以说，第二次世界大战是中国崛起和中华民族复兴的开端，中国抗日战争使中国崛起为保障战后世界和平的重要力量。正如毛泽东所指出："中国是全世界参加反法西斯战争的五个最大的国家之一，是亚洲大陆上反对日本侵略者的主要国家。中

国人民不但在抗日战争中起了极大的作用，而且在保障战后世界和平上将起极大的作用，在保障东方和平上则起决定的作用。"①

第一，中华民族艰苦卓绝的长期抗战，使中国重新获得了应有的大国地位。

自鸦片战争以来，中国逐步沦为半殖民地半封建社会，成为列强欺凌、宰割的对象，国际地位一落千丈。九一八事变是中国抗日战争的起点，并揭开了世界反法西斯战争的序幕。七七事变是中国全民族抗战的开端，由此开辟了世界反法西斯战争的东方主战场。共同的法西斯敌人把中、美、英、苏等国联合到反法西斯统一战线上，中国赢得了改变自身国际地位的重要契机。中国的顽强抗战引起了美、英等国的关注，中国战场的战略地位和中国的国际地位获得了包括美、英、苏等国在内的越来越多国家的广泛认同。

1942 年，丘吉尔说："如果中国停止抵抗，我们将面临巨大困难。"②1942 年 2 月 7 日，美国总统罗斯福致电蒋介石："中国军队对贵国遭受野蛮侵略所进行的英勇抵抗已经赢得美国和一切热爱自由民族的最高赞誉。"③抗战时期苏联驻华最高军事顾问崔可夫元帅回忆说："在我们最艰苦的战争年代，日本没有进攻苏联，却把中国淹没在血泊中。稍微尊重客观事实的人，都不能不考虑到这一明显而又无可争辩的事实。"④

中国在世界反法西斯战争中的表现，证明中国完全具备了世界大国的资格。美国积极主张中国加入大国行列，并为此创造一定条件。1941 年 12 月 27 日，就即将发表的《联合国家宣言》致罗斯福的备忘录中，总统顾问霍普金斯建议签署国家名单"打破按字母编排的顺序，把像中国和苏联这

---

① 《毛泽东选集》第 3 卷，人民出版社 1991 年版，第 1033 页。

② 李世安：《太平洋战争时期的中英关系》，中国社会科学出版社 1994 年版，第 96 页。

③ ［美］罗斯福著，关在汉编译：《罗斯福选集》，商务印书馆 1989 年版，第 345 页。

④ ［苏］瓦·伊·崔可夫著，万成才译：《在华使命》，新华出版社 1980 年版，第 38 页。

样的国家提到同我国和联合王国并列的地位。"罗斯福接受建议，将中国排在美英苏后，名列第四。他对参加签字的中国代表说："欢迎中国列为四强之一。"①中国作为战时四强之一首次出现在国际文件和世界政治舞台上。

尽管与美、苏、英三大国相比，中国仍然贫弱，尽管出于战时和战后长远利益的考虑，美国支持中国的大国地位，但是，从根本上说，正是中国顽强的长期抗战和巨大的民族牺牲，才赢得了中国应有的世界大国地位。从此，中国不仅为大战的胜利继续坚持抗战，而且为筹划战后世界和平做出了重要贡献。

1943年10月，莫斯科三国外长会议邀请中国共同签署关于普遍安全的宣言。四国宣言向世界首次宣布要建立一个新的国际和平组织，四国对在"尽速可行"的时间内建立新的国际组织正式承担了义务。中国作为四大国之一的国际地位受到普遍承认和重视。同年11月，中、美、英首脑举行开罗会议，美国认为，中国应取得它作为四强之一的地位，以平等的身份参加四强小组机构并参与拟定该机构的一切决定。

1944年8月，中国代表团参加了筹建联合国的敦巴顿橡树园会议，并积极参与联合国章程的制定工作。1945年4月，联合国制宪会议在旧金山召开，中国共产党派出代表与国民政府代表共同出席会议。会议期间，中国代表团反对强权政治，强调国家和种族平等、国家主权和民族独立，积极为弱小国家伸张正义，为联合国的创建做出了独特的贡献。中国被确认为联合国安理会五大常任理事国之一，进一步在国际法上确认了大国地位。

第二，利用大战有利时机，中国废除一系列不平等条约，赢得国家的独立。

鸦片战争以来，西方列强强迫中国签订了数以百计的不平等条约。为了废除这些不平等条约，中国进行了长期的斗争。直到抗战爆发前，这些斗争仍然没有取得重大成效，中国仍然不是完整意义的主权独立国家。全

---

① 傅启学：《中国外交史》(下册)，台湾"商务印书馆"1983年版，第511页。

面抗战爆发后，中国抗日战争成为世界反法西斯战争的重要组成部分。废除不平等条约，取消西方列强在华特权，迎来了有利时机。太平洋战争爆发后，1941年12月9日，中国在对德、意、日轴心国宣战通告中宣布："……所有一切条约、协定、合同，所有涉及中、日间之关系者一律废止。""所有一切条约、协定、合同，有涉及中、德或中、意间之关系者，一律废止。"①这样，废除中国与西方列强签订的不平等条约，自然地被提上了议事日程。

太平洋战争的爆发，使中国战略地位的重要性进一步为美、英等盟国所承认。为了使中国继续坚持对日本作战，美、英两国特别是美国在废除对华不平等条约问题上的态度逐渐趋向积极，中国及时抓住了这一历史时机。

1943年1月11日，中美、中英分别在华盛顿和重庆签订《中美新约》和《中英新约》。两个条约都规定，现行中国与美英两国的条约中，凡授权美英政府或其代表管辖其在华人民之一切条款，均予撤销作废；废除1901年在北京签订的议定书，终止该议定书给予美英两国的一切权力；交还北平使馆界的行政与管理权；终止美英两国在上海、厦门公共租界的权利，交还天津、广州的英国租界；撤销美英两国军舰驶入中国领水之特权，撤销美英两国船舶在中国沿海贸易及内河航运之特权；英国放弃其要求中国任用英籍海关总税务司之特权。②

在美、英两国的影响下，比利时、挪威、加拿大、瑞典、荷兰、法国、瑞士、丹麦、葡萄牙等国也先后与中国签订"新约"，废除了这些国家在中国的各种特权。尽管这些新约并不完美，但应当承认，这些新约的签订，使中国收回了过去丧失的诸多国家主权，在国际法理上结束了西

① 章伯锋、庄建平主编：《抗日战争》第四卷《外交》上卷，四川大学出版社1997年版，第1038-1039页。
② 参见王绳祖：《国际关系史》（第六卷：1939—1945），世界知识出版社1995年版，第210页。

方列强在中国享有的特权，洗雪了中国的百年耻辱，成为国际社会中的平等一员。

第三，中国抗日战争扭转了中国历史发展方向，为中华人民共和国的成立奠定了基础。

中国抗日战争使中国重新获得了应有的大国地位，废除了与西方列强的签订的一系列不平等条约，摆脱了半殖民地地位，赢得了国家主权的独立。这就扭转了近代以来西方列强联手扼制中国革命和进步势力的不利局面，客观上为中华民族寻求彻底的独立与解放创造了一定的有利的国际环境。但一个民族的独立与解放最主要的是依靠内部的革命与进步力量。中国抗日战争使中国共产党赢得了人民的广泛信任和大力支持，促进了中国共产党领导的革命与进步力量的发展壮大，为解放战争的胜利打下了坚实的基础。

1935年12月，中共中央召开瓦窑堡会议，提出了建立广泛的抗日民族统一战线的方针。中国共产党首先提出建立抗日民族统一战线，开始受到全民族的广泛关注。全面抗战爆发后，中国共产党始终以大局为重，努力维护和巩固抗日民族统一战线，逐渐得到全国人民的信任和拥护。特别是中国抗战后期，共产党的积极作为和国民党的消极腐败形成越来越鲜明的对比，共产党逐渐得到了人民群众的普遍信任和广泛支持。

中国抗日战争促进了中国共产党组织和其领导的人民武装力量的发展壮大。抗日战争的锤炼，使中国共产党发展成为成熟的马克思主义政党，在思想上、政治上、组织上达到空前团结和统一。抗战后期，中国共产党党员由最初的3万余人增加到121万余人。

抗战时期，中国共产党领导的人民武装力量也得到大发展。中共领导的八路军、新四军和其他抗日武装，实施了游击战争的正确战略战术，挺进华北、华中、华南敌后建立抗日根据地，开辟了敌后解放区战场，并迅速发展成为中国抗日的主要战场，成为抗日战争的中流砥柱。经过十四年抗战的洗礼，中国共产党领导的人民武装从3万人发展到正规军127万人，民兵268万人；革命根据地由陕甘宁边区1块发展到19块，解放区遍布华北、华中、华南的广大地区。①

同时，中国抗日战争冲击和扫荡了中国社会反动的落后的腐朽势力，严重削弱了统治阶级的力量。在中国抗战创造的有利的国际国内条件下，战后中国共产党领导中国人民迅速推翻了国民党的统治，建立了中华人民共和国。

应当承认，尽管中国在第二次世界大战战时重新获得了大国地位，但这种大国地位更多是名义上的，中国战时没有也不可能真正获得美、苏、英等国的平等相待。只有在中华人民共和国成立之后，中国的世界大国地位才真正确立。特别是1971年10月25日中华人民共和国恢复在联合国一切合法权利后，一个崭新大国的崛起备受世界瞩目。

中华人民共和国成立以来，始终不渝地坚定奉行独立自主的和平外交政策，成为保障战后世界和平的重要力量。随着国家实力的日渐增强，中国对维护战后世界和平发挥着越来越重要的作用。毋庸置疑，中国抗日战争为中华人民共和国的成立奠定了坚实的基础，使中华人民共和国崛起为保障战后世界和平的重要力量。

四、共同构建人类命运共同体是继续维护战后世界和平的必由之路

作为保障战后世界和平的坚定力量，中华人民共和国成立70多年来，为维护战后世界和平作出了重大贡献。中国始终是世界和平的建设者、全球发展的贡献者、国际秩序的维护者。当前，中国特色社会主义进入了新时代。在第二次世界大战胜利开启的战后世界和平的基础上，中国继续坚持和平发展道路，积极推动构建人类命运共同体，必将为维护战后世界和平作出新的更大贡献。

2012年11月8日，中国共产党第十八次全国代表大会召开。之后，

---

① 胡德坤：《中日战争史（1931—1945）》，武汉大学出版社2005年版，第465页。

中国国家主席习近平多次在国内外重要场合阐述人类命运共同体思想。简要地讲，中国倡导构建的人类命运共同体，是由不同国家、不同民族组成的利益相连、相互依存、休戚与共的命运集合体。习近平顺应和平、发展、合作、共赢的当今时代潮流，着眼于世界各国紧密联系、人类命运休戚与共的发展大势，高瞻远瞩地提出了人类命运共同体重要思想，为促进世界和平与发展、解决人类共同面临的问题贡献了中国智慧和中国方案。

2017 年 10 月 24 日，人类命运共同体思想被写进了新修订的《中国共产党章程》总纲。其中特别强调指出："维护世界和平，促进人类进步，推动构建人类命运共同体，推动建设持久和平、共同繁荣的和谐世界。"① 2018 年 3 月，中国十三届全国人大一次会议的宪法修正案将"推动构建人类命运共同体"写入《宪法》序言。

人类命运共同体思想先后被载入联合国有关决议。2017 年 2 月 10 日，联合国社会发展委员会第 55 届会议一致通过了"非洲发展新伙伴关系的社会层面"决议，人类命运共同体理念首次被写入联合国决议。2017 年 3 月 17 日，联合国安理会通过关于阿富汗问题的决议，强调要着力构建人类命运共同体。2017 年 3 月 23 日，联合国人权理事会第 34 次会议通过了关于"经济、社会、文化权利"和"粮食权"的两个决议，明确表示要构建人类命运共同体。这是人类命运共同体理念首次载入联合国人权理事会决议。2017 年 11 月 1 日，第 72 届联合国大会裁军和国际安全事务第一委员会会议通过了"防止外空军备竞赛进一步切实措施"和"不首先在外空放置武器"两份安全决议。人类命运共同体理念再次载入两份联合国决议。

人类命运共同体思想，是对包括中国和平思想在内的中国优秀传统文化的创新性发展，是对中华人民共和国成立以来中国和平外交经验的科学总结和理论提升，是对马克思列宁主义的继承、创新和发展。人类命运共同体思想着眼于世界的和平与发展，以建设持久和平、共同繁荣的和谐世

---

① 《中国共产党第十九次全国代表大会文件汇编》，人民出版社 2017 年版，第 75 页。

界为崇高目标和核心要义。人类命运共同体思想被写入《中国共产党章程》和《中华人民共和国宪法》，已经成为新时代中国共产党施政和中国国家建设的科学指南和根本遵循。人类命运共同体思想被载入多项联合国有关决议表明，它已经逐步获得了广泛的国际认同，并凝聚起越来越多的和平希望与发展力量。要和平不要战争，要发展不要贫穷，要合作不要对抗，要共赢不要单赢。人类命运共同体思想直面当今人类共同面临的问题，为世界和平与发展事业指明了前进的正确方向。

承接第二次世界大战胜利开启的战后世界和平，和平与发展仍然是当今时代主题。但与此同时，当今世界正经历百年未有之大变局，国际环境日趋复杂，不稳定性不确定性明显增强。霸权主义、强权政治依然存在，保护主义、单边主义、民粹主义思潮明显抬头，逆全球化态势明显上升，大国竞争明显回归，战乱恐袭、饥荒疫情此起彼伏，传统安全和非传统安全问题复杂交织。个别国家甚至逆历史潮流而动，一再否认甚至美化侵略历史，图谋破坏、颠覆二战胜利成果和弥足珍贵的战后世界和平。对此，世界所有爱好和平和正义的国家和人民绝不答应。

第二次世界大战胜利开启的战后世界和平，是以中国为代表的所有反法西斯国家的人民以巨大牺牲所取得的胜利成果。二战结束75年来，战后世界和平得以维系，是包括中国和中国人民在内的世界所有爱好和平和正义的国家和人民共同努力精心维护的结果。百年未有之大变局下，延续至今的战后世界和平受到前所未有的严峻挑战。世界各国应当携手合作，继续维护来之不易的战后世界和平。人类命运共同体思想为继续维护战后世界和平指明了方向。

共同构建人类命运共同体是继续维护战后世界和平的必由之路，这是第二次世界大战历史的启示。人类命运共同体思想的提出，是在二战结束67年以后。但是，反法西斯的第二次世界大战的爆发及其胜利，从反正两个方面证明了面对人类共同的问题时共同构建人类命运共同体的必要性。因此可以说，反法西斯的第二次世界大战的历史是人类命运共同体思想产生的历史渊源之一。

　　一方面，第二次世界大战的爆发从反面证明了面对人类共同的问题时共同构建人类命运共同体的必要性。二战首先是由德、日、意法西斯轴心国集团挑起的法西斯侵略战争。面对法西斯国家和它们挑起的战争，当时的国际社会尤其是英、法、美等西方大国，本应携手共同扼制法西斯国家的崛起和扩张。然而，它们为了一己私利，置中国、苏联等国谋求国家安全的努力于不顾，对法西斯国家及其对外扩张普遍实施绥靖政策，致使德、日、意等法西斯国家迅速崛起并逐步扩张，最终导致二战全面爆发。

　　另一方面，第二次世界大战的胜利从正面证明了面对人类共同的问题时共同构建人类命运共同体的必要性。九一八事变揭开了反法西斯的二战的序幕。七七事变是中国全面抗战的开始，世界反法西斯战争的东方主战场由此开启。面对法西斯战争这一当时人类共同敌的人，只有世界各国携手共同抵抗才能取得反法西斯战争的胜利。为此，中国首倡建立世界反法西斯联盟。1942年1月1日，美、英、苏、中等26个反法西斯国家共同签署《联合国家宣言》，世界反法西斯联盟正式形成。可以说，世界反法西斯联盟就是二战时期的人类命运共同体。它团结了世界所有反法西斯国家的力量，是反法西斯的第二次世界大战胜利的基本保证，对战胜法西斯轴心国集团起到了决定性作用。

　　自15世纪地理大发现以来，世界整体联系越来越密切。反法西斯的第二次世界大战有力地促进了世界历史整体发展。人类已成为一个利益相连、相互依存、休戚与共的命运共同体。以史为鉴，面对当前战后世界和平受到的严峻挑战，世界各国唯有树立人类命运共同体意识，携手合作共同构建人类命运共同体，才能凝聚起强大合力继续维护来之不易的战后世界和平。共同构建人类命运共同体是继续维护战后世界和平的必由之路。

　　综上所述，反法西斯的第二次世界大战是人类历史上最重大的事件之一，是世界历史发展进程的一座里程碑。第二次世界大战的胜利开启了战后世界历史的新时代，对世界的和平、发展与进步产生了广泛和深远的历史影响。作为第二次世界大战的重要组成部分，中国抗日战争开辟了世界反法西斯战争的东方主战场，为第二次世界大战的胜利和战后世界和平作出了重大贡献，对中国历史发展乃至世界历史进程都产生了重大影响。

当今世界正经历百年未有之大变局，第二次世界大战胜利开启的战后世界和平受到严峻挑战。为了继续维护来之不易的战后世界和平，推动建设持久和平、共同繁荣的和谐世界，世界各国应当携手合作共同构建人类命运共同体。在抗日战争胜利基础上成立的中华人民共和国，始终是战后世界和平的坚定维护者，为维护战后世界和平作出了重大贡献。新时代的中国一如既往地坚持走和平发展道路，坚决捍卫反法西斯的第二次世界大战和中国抗日战争的胜利成果，必将为战后世界和平事业做出新的更大的贡献。

在纪念中国人民抗日战争暨世界反法西斯战争胜利 75 周年座谈会上的讲话

（2020 年 9 月 3 日）

习近平

同胞们，同志们，朋友们：

今天，我们在这里隆重集会，纪念中国人民抗日战争暨世界反法西斯战争胜利 75 周年。

75 年前的今天，中国人民同世界人民一道，以顽强的意志和英勇的斗争，彻底打败了法西斯主义，取得了正义战胜邪恶、光明战胜黑暗、进步战胜反动的伟大胜利！

75 年前的今天，中国人民经过 14 年不屈不挠的浴血奋战，打败了穷凶极恶的日本军国主义侵略者，取得了中国人民抗日战争的伟大胜利！

这是近代以来中国人民反抗外敌入侵持续时间最长、规模最大、牺牲最多的民族解放斗争，也是第一次取得完全胜利的民族解放斗争。这个伟大胜利，是中华民族从近代以来陷入深重危机走向伟大复兴的历史转折点，也是世界反法西斯战争胜利的重要组成部分，是中国人民的胜利、也是世界人民的胜利。

中国人民抗日战争的伟大胜利，将永远铭刻在中华民族史册上！永远铭刻在人类正义事业史册上！

在这里，我代表中共中央、全国人大、国务院、全国政协、中央军委，向全国参加过抗日战争的老战士、老同志、爱国人士和抗日将领，向为中国人民抗日战争胜利建立了历史功勋的海内外中华儿女，致以崇高的敬意！向支援和帮助过中国人民抗日战争的外国政府和国际友人，表示衷心的感谢！向为了胜利而壮烈牺牲的所有英灵，向惨遭侵略者杀戮的死难者，表示深切的哀悼！

同胞们、同志们、朋友们！

中华文明生生不息5000多年，中国人民以非凡的创造力为人类文明进步作出了不可磨灭的贡献。但是，1840年以后，由于列强的侵略和封建统治的腐朽，中国饱经沧桑磨难，中国人民遭受深重苦难。日本对华持续侵略是近代以来中国历史上最黑暗的一页，日本反动统治者一次次侵略中国，1894年挑起甲午战争，1895年侵占台湾和澎湖列岛，1900年伙同其他帝国主义列强侵入北京，1904年发动日俄战争、侵犯中国东北领土和主权，1914年侵占青岛，1915年提出"二十一条"，1931年策动九一八事变、侵占中国东北全境，1935年制造华北事变，1937年7月7日以炮轰宛平县城和进攻卢沟桥为标志发动全面侵华战争，妄图变中国为其独占的殖民地，进而吞并亚洲、称霸世界。日本军国主义的野蛮侵略给中国人民造成空前巨大的灾难，激起了中国人民的顽强反抗。

九一八事变后，中国人民就在白山黑水间奋起抵抗，成为中国人民抗日战争的起点，同时揭开了世界反法西斯战争的序幕。七七事变后，抗击侵略、救亡图存成为中国各党派、各民族、各阶级、各阶层、各团体以及海外华侨华人的共同意志和行动，中国由此进入全民族抗战阶段，并开辟了世界反法西斯战争的东方主战场。

在艰苦卓绝的抗日战争中，全体中华儿女为国家生存而战、为民族复兴而战、为人类正义而战，社会动员之广泛，民族觉醒之深刻，战斗意志之顽强，必胜信念之坚定，都达到了空前的高度。杨靖宇、赵尚志、左权、彭雪枫、佟麟阁、赵登禹、张自忠、戴安澜等殉国将领，八路军"狼牙山五壮士"、新四军"刘老庄连"、东北抗联八位女战士、国民党军"八百壮士"等众多英雄群体，就是千千万万抗日将士的杰出代表。中国人民以铮铮铁骨战强敌、以血肉之躯筑长城、以前仆后继赴国难，谱写了惊天地、泣鬼神的雄壮史诗。

中国人民抗日战争的伟大胜利，彻底粉碎了日本军国主义殖民奴役中国的图谋，有力捍卫了国家主权和领土完整，彻底洗刷了近代以来抗击外来侵略屡战屡败的民族耻辱！

中国人民抗日战争的伟大胜利，重新确立了中国在世界上的大国地位，中国人民赢得了世界爱好和平人民的尊敬，中华民族赢得了崇高的民族声誉！

中国人民抗日战争的伟大胜利，坚定了中国人民追求民族独立、自由、解放的意志，开启了古老中国凤凰涅槃、浴火重生的历史新征程！

同胞们、同志们、朋友们！

——中国人民抗日战争胜利是以爱国主义为核心的民族精神的伟大胜利。爱国主义是我们民族精神的核心，是中国人民和中华民族同心同德、自强不息的精神纽带。面对国家和民族生死存亡，全体中华儿女同仇敌忾、众志成城，奏响了气吞山河的爱国主义壮歌。爱国主义是激励中国人民维护民族独立和民族尊严、在历史洪流中奋勇向前的强大精神动力，是驱动中华民族这艘航船乘风破浪、奋勇前行的强劲引擎，是引领中国人民和中华民族迸发排山倒海的历史伟力、战胜前进道路上一切艰难险阻的壮丽旗帜！

——中国人民抗日战争胜利是中国共产党发挥中流砥柱作用的伟大胜利。中国共产党自成立之日起就把实现中华民族伟大复兴作为自己的历史使命，捍卫民族独立最坚定，维护民族利益最坚决，反抗外来侵略最勇敢。在抗日战争时期，在民族危亡的历史关头，中国共产党以卓越的政治领导力和正确的战略策略，指引了中国抗战的前进方向，坚定不移推动全民族坚持抗战、团结、进步，反对妥协、分裂、倒退。中国共产党高举抗日民族统一战线的旗帜，坚决维护、巩固、发展统一战线，坚持独立自主、团结抗战，维护了团结抗战大局。中国共产党人勇敢战斗在抗日战争最前线，支撑起中华民族救亡图存的希望，成为全民族抗战的中流砥柱！

——中国人民抗日战争胜利是全民族众志成城奋勇抗战的伟大胜利。中国共产党坚持动员人民、依靠人民，推动形成了全民族抗战的历史洪流。毛泽东同志在全国抗战开始后就明确提出："我们主张全国人民总动员的完全的民族革命战争，或者叫作全面抗战。因为只有这种抗战，才是群众战争，才能达到保卫祖国的目的。"中国共产党坚持兵民是胜利之本，提出和实施持久战的战略总方针和一整套人民战争的战略战术，敌后根据地军民广泛开展伏击战、破袭战、地雷战、地道战、麻雀战等游击战的战术战法，使日本侵略者陷入了人民战争的汪洋大海之中。中国共产党领导开辟的敌后战场和国民党指挥的正面战场协力合作，形成了共同抗击日本侵略者的战略局面。中国人民抗日战争胜利是全体中华儿女勠力同心、以弱胜强的雄浑史诗，显示了中国人民和中华儿女坚不可摧的磅礴力量！

——中国人民抗日战争胜利是中国人民同反法西斯同盟国以及各国人民并肩战斗的伟大胜利。中国人民永远不会忘记，世界上爱好和平与正义的国家和人民、国际组织等各种反法西斯力量对中国人民抗日战争给予的宝贵援助和支持。苏联给予中国抗战有力的物资支持，美国"飞虎队"冒险开辟驼峰航线，朝鲜、越南、加拿大、印度、新西兰、波兰、丹麦以及德国、奥地利、罗马尼亚、保加利亚、日本等国的一大批反法西斯战士直接投身中国抗战。加拿大医生白求恩、印度医生柯棣华不远万里来华救死扶伤，法国医生贝熙叶开辟运输药品的自行车"驼峰航线"，德国的拉贝、丹麦的辛德贝格在南京大屠杀中千方百计保护中国难民，英国的林迈可、国际主义战士汉斯·希伯等记者积极报道和宣传中国抗战壮举。他们的感人事迹和崇高品格永远铭记在中国人民心中！

中国人民在抗日战争的壮阔进程中孕育出伟大抗战精神，向世界展示了天下兴亡、匹夫有责的爱国情怀，视死如归、宁死不屈的民族气节，不畏强暴、血战到底的英雄气概，百折不挠、坚忍不拔的必胜信念。伟大抗战精神，是中国人民弥足珍贵的精神财富，将永远激励中国人民克服一切艰难险阻、为实现中华民族伟大复兴而奋斗。

同胞们、同志们、朋友们！

中国和日本是近邻。保持中日长期和平友好关系，符合两国人民根本利益，符合维护亚洲和世界和平稳定的需要。在两国 2000 多年的交往历史上，和平友好是主流。中日友好关系发展到今天的水平，来之不易。我们应该以历史眼光和全球视野思考和谋划两国关系，坚持在相互尊重、求同存异基础上，积极推动构建携手合作、互利双赢的新格局，推动两国关系沿着正确轨道持续向前发展。

正确对待和深刻反省日本军国主义的侵略历史，是建立和发展中日关系的重要政治基础。日本军国主义惨无人道的侵略行径、令人发指的屠杀罪行、野蛮疯狂的掠夺破坏，给中国人民和广大亚洲国家人民带来了惨绝人寰的灾难。事实不容抹杀，也是抹杀不了的。任何否认侵略历史甚至美化侵略战争和殖民统治的言论，都不能不引起中国人民和亚洲国家人民的极大愤慨、严厉谴责、高度警惕。

前事不忘，后事之师。我们纪念中国人民抗日战争和世界反法西斯战争的胜利，谴责侵略者的残暴，强调牢记历史经验和教训，不是要延续仇恨，而是要唤起善良的人们对和平的向往和坚守，是要以史为鉴、面向未来，共同珍爱和平、维护和平，让中日两国人民世世代代友好下去，让世界各国人民永享和平安宁。

同胞们、同志们、朋友们！

中国人民抗日战争胜利 75 年来，中国发生了翻天覆地的变化。中国共产党团结带领全国各族人民发愤图强、艰苦创业，创造了举世瞩目的发展成就，成功开辟了中国特色社会主义道路，中国特色社会主义进入新时代，脱贫攻坚战、全面建成小康社会胜利在望，中华民族伟大复兴迎来了光明前景。全体中华儿女为之感到无比自豪！

我们也清醒认识到，在前进道路上，我们仍然会面临各种各样的风险挑战，会遇到各种各样的荆棘坎坷。我们要弘扬伟大抗战精神，以压倒一切困难而不为困难所压倒的决心和勇气，敢于斗争，善于创造，锲而不舍为实现中华民族伟大复兴而奋斗，直至取得最后的胜利。

——实现中华民族伟大复兴，必须坚持中国共产党领导。办好中国的事情，关键在党。只要我们深入了解中国近代以来的历史就不难发现，鸦片战争以后的很长时间里，中国呈现各自为政、一盘散沙的乱象，这是日本军国主义敢于发动全面侵华战争的重要原因。如果没有中国共产党领导，完成民族独立和解放的任务就可能拖得更久、付出的代价更大，我们的国家更不可能取得今天这样的发展成就、更不可能具有今天这样的国际地位。坚持党的全面领导，是国家和民族兴旺发达的根本所在，是全国各族人民幸福安康的根本所在。我们要聚精会神抓好党的建设，使我们党越来越成熟、越来越纯洁、越来越强大、越来越有战斗力。全国各党派、各团体、各民族、各阶层、各界人士要紧密团结在党中央周围，万众一心向前进。任何人任何势力企图歪曲中国共产党的历史、丑化中国共产党的性质和宗旨，中国人民都绝不答应！

——实现中华民族伟大复兴，必须坚持走中国特色社会主义道路。道路问题直接关系党和人民事业兴衰成败。中国特色社会主义道路是党和人民历经千辛万苦、克服千难万险取得的宝贵成果。中国特色社会主义道路，开拓于中国人民共同奋斗，扎根于中华大地，是给中国人民带来幸福安宁的正确道路。无论遇到什么风浪，在坚持中国特色社会主义道路这个根本问题上都要一以贯之，决不因各种杂音噪音而改弦更张。随着新时代坚持和发展中国特色社会主义的伟大实践不断向前，我们的道路必将越走越宽广，我们的制度必将越来越成熟。任何人任何势力企图歪曲和改变中国特色社会主义道路、否定和丑化中国人民建设社会主义的伟大成就，中国人民都绝不答应！

——实现中华民族伟大复兴，必须坚持以人民为中心。人民是历史的创造者，是决定党和国家前途命运的根本力量。中国共产党来自人民、植根人民，初心和使命是为中国人民谋幸福、为中华民族谋复兴，根本宗旨是全心全意为人民服务。我们要坚持一切为了人民、一切依靠人民，保持同人民的血肉联系，紧紧依靠人民开拓事业新局面，促进全体人民共同富裕。任何人任何势力企图把中国共产党和中国人民割裂开来、对立起来，中国人民都绝不答应!

——实现中华民族伟大复兴,必须坚持斗争精神。中国共产党和中国人民是在斗争中成长和壮大起来的,斗争精神贯穿于中国革命、建设、改革各个时期。我国正处于实现中华民族伟大复兴关键时期,改革发展正处在攻坚克难的重要阶段,在前进道路上,我们面临的重大斗争不会少。我们必须以越是艰险越向前的精神奋勇搏击、迎难而上。凡是危害中国共产党领导和我国社会主义制度的各种风险挑战,凡是危害我国主权、安全、发展利益的各种风险挑战,凡是危害我国核心利益和重大原则的各种风险挑战,凡是危害我国人民根本利益的各种风险挑战,凡是危害我国实现"两个一百年"奋斗目标、实现中华民族伟大复兴的各种风险挑战,只要来了,我们就必须进行坚决斗争,毫不动摇,毫不退缩,直至取得胜利。历史必将证明,中华民族走向伟大复兴的历史脚步是不可阻挡的。任何人任何势力企图通过霸凌手段把他们的意志强加给中国、改变中国的前进方向、阻挠中国人民创造自己美好生活的努力,中国人民都绝不答应!

——实现中华民族伟大复兴,必须坚定不移走和平发展道路。近代以后,中国人民遭受列强的侵略、凌辱、掠夺达百年以上,但中国人民不是从中学到弱肉强食的强盗逻辑,而是更加坚定了维护和平的决心。人类命运休戚与共,各国人民应该秉持"天下一家"理念,共同推动构建人类命运共同体。中国人民热爱和平、珍惜和平,把维护世界和平、反对霸权主义和强权政治作为自己的神圣职责,坚决反对动辄使用武力或以武力威胁处理国际争端,坚决反对打着所谓"民主"、"自由"、"人权"等幌子肆意干涉别国内政。中国人民将一如既往同各国人民携手努力,为创造人类美好未来而不懈奋斗。任何人任何势力企图破坏中国人民的和平生活和发展权利、破坏中国人民同其他国家人民的交流合作、破坏人类和平与发展的崇高事业,中国人民都绝不答应!

同胞们、同志们、朋友们!

鉴往事,知来者。全党全军全国各族人民,海内外所有中华儿女,要更加紧密地团结起来，弘扬伟大抗战精神，向着中华民族伟大复兴的光辉彼岸奋勇前进。这是对为夺取中国人民抗日战争胜利献出生命的所有先烈、对为中华民族独立和中国人民解放献出生命的所有英灵的最好告慰。

【中国共产党新闻网，2020年9月3日，http：//cpc.people.com.cn。】

在纪念中国人民抗日战争暨世界反法西斯战争胜利 70 周年大会上的讲话

(2015 年 9 月 3 日)

习近平

全国同胞们，

尊敬的各位国家元首、政府首脑和联合国等国际组织代表，

尊敬的各位来宾，

全体受阅将士们，

女士们、先生们，同志们、朋友们：

今天，是一个值得世界人民永远纪念的日子。70 年前的今天，中国人民经过长达 14 年艰苦卓绝的斗争，取得了中国人民抗日战争的伟大胜利，宣告了世界反法西斯战争的完全胜利，和平的阳光再次普照大地。

在这里，我代表中共中央、全国人大、国务院、全国政协、中央军委，向全国参加过抗日战争的老战士、老同志、爱国人士和抗日将领，向为中国人民抗日战争胜利作出重大贡献的海内外中华儿女，致以崇高的敬意！向支援和帮助过中国人民抵抗侵略的外国政府和国际友人，表示衷心的感谢！向参加今天大会的各国来宾和军人朋友们，表示热烈的欢迎！

女士们、先生们，同志们、朋友们！

中国人民抗日战争和世界反法西斯战争，是正义和邪恶、光明和黑暗、进步和反动的大决战。在那场惨烈的战争中，中国人民抗日战争开始

264

时间最早、持续时间最长。面对侵略者，中华儿女不屈不挠、浴血奋战，彻底打败了日本军国主义侵略者，捍卫了中华民族5000多年发展的文明成果，捍卫了人类和平事业，铸就了战争史上的奇观、中华民族的壮举。

中国人民抗日战争胜利，是近代以来中国抗击外敌入侵的第一次完全胜利。这一伟大胜利，彻底粉碎了日本军国主义殖民奴役中国的图谋，洗刷了近代以来中国抗击外来侵略屡战屡败的民族耻辱。这一伟大胜利，重新确立了中国在世界上的大国地位，使中国人民赢得了世界爱好和平人民的尊敬。这一伟大胜利，开辟了中华民族伟大复兴的光明前景，开启了古老中国凤凰涅槃、浴火重生的新征程。

在那场战争中，中国人民以巨大民族牺牲支撑起了世界反法西斯战争的东方主战场，为世界反法西斯战争胜利作出了重大贡献。中国人民抗日战争也得到了国际社会广泛支持，中国人民将永远铭记各国人民为中国抗战胜利作出的贡献！

女士们、先生们，同志们、朋友们！

经历了战争的人们，更加懂得和平的宝贵。我们纪念中国人民抗日战争暨世界反法西斯战争胜利70周年，就是要铭记历史、缅怀先烈、珍爱和平、开创未来。

那场战争的战火遍及亚洲、欧洲、非洲、大洋洲，军队和民众伤亡超过1亿人，其中中国伤亡人数超过3500万，苏联死亡人数超过2700万。绝不让历史悲剧重演，是我们对当年为维护人类自由、正义、和平而牺牲的英灵、对惨遭屠杀的无辜亡灵的最好纪念。

战争是一面镜子，能够让人更好认识和平的珍贵。今天，和平与发展已经成为时代主题，但世界仍很不太平，战争的达摩克利斯之剑依然悬在人类头上。我们要以史为鉴，坚定维护和平的决心。

为了和平，我们要牢固树立人类命运共同体意识。偏见和歧视、仇恨和战争，只会带来灾难和痛苦。相互尊重、平等相处、和平发展、共同繁荣，才是人间正道。世界各国应该共同维护以联合国宪章宗旨和原则为核心的国际秩序和国际体系，积极构建以合作共赢为核心的新型国际关系，共同推进世界和平与发展的崇高事业。

为了和平，中国将始终坚持走和平发展道路。中华民族历来爱好和平。无论发展到哪一步，中国都永远不称霸、永远不搞扩张，永远不会把自身曾经经历过的悲惨遭遇强加给其他民族。中国人民将坚持同世界各国人民友好相处，坚决捍卫中国人民抗日战争和世界反法西斯战争胜利成果，努力为人类作出新的更大的贡献。

中国人民解放军是人民的子弟兵，全军将士要牢记全心全意为人民服务的根本宗旨，忠实履行保卫祖国安全和人民和平生活的神圣职责，忠实执行维护世界和平的神圣使命。我宣布，中国将裁减军队员额 30 万。

女士们、先生们，同志们、朋友们！

"靡不有初，鲜克有终。"实现中华民族伟大复兴，需要一代又一代人为之努力。中华民族创造了具有 5000 多年历史的灿烂文明，也一定能够创造出更加灿烂的明天。

前进道路上，全国各族人民要在中国共产党领导下，坚持以马克思列宁主义、毛泽东思想、邓小平理论、"三个代表"重要思想、科学发展观为指导，沿着中国特色社会主义道路，按照"四个全面"战略布局，弘扬伟大的爱国主义精神，弘扬伟大的抗战精神，万众一心，风雨无阻，向着我们既定的目标继续奋勇前进！

让我们共同铭记历史所启示的伟大真理：正义必胜！和平必胜！人民必胜！

【人民网，2015 年 9 月 3 日，http：//people.com.cn。】

共同构建人类命运共同体

——在联合国日内瓦总部的演讲

（2017年1月18日）

习近平

尊敬的联合国大会主席汤姆森先生，

尊敬的联合国秘书长古特雷斯先生，

尊敬的联合国日内瓦总部总干事穆勒先生，

女士们，先生们，朋友们：

一元复始，万象更新。很高兴在新年伊始就来到联合国日内瓦总部，同大家一起探讨构建人类命运共同体这一时代命题。

我刚刚出席了世界经济论坛年会。在达沃斯，各方在发言中普遍谈到，当今世界充满不确定性，人们对未来既寄予期待又感到困惑。世界怎么了、我们怎么办？这是整个世界都在思考的问题，也是我一直在思考的问题。

我认为，回答这个问题，首先要弄清楚一个最基本的问题，就是我们从哪里来、现在在哪里、将到哪里去？

回首最近100多年的历史，人类经历了血腥的热战、冰冷的冷战，也取得了惊人的发展、巨大的进步。上世纪上半叶以前，人类遭受了两次世界大战的劫难，那一代人最迫切的愿望，就是免于战争、缔造和平。上世纪五六十年代，殖民地人民普遍觉醒，他们最强劲的呼声，就是摆脱枷锁、争取独立。冷战结束后，各方最殷切的诉求，就是扩大合作、共同发展。

这100多年全人类的共同愿望，就是和平与发展。然而，这项任务至今远远没有完成。我们要顺应人民呼声，接过历史接力棒，继续在和平与发展的马拉松跑道上奋勇向前。

人类正处在大发展大变革大调整时期。世界多极化、经济全球化深入发展，社会信息化、文化多样化持续推进，新一轮科技革命和产业革命正在孕育成长，各国相互联系、相互依存，全球命运与共、休戚相关，和平力量的上升远远超过战争因素的增长，和平、发展、合作、共赢的时代潮流更加强劲。

同时，人类也正处在一个挑战层出不穷、风险日益增多的时代。世界经济增长乏力，金融危机阴云不散，发展鸿沟日益突出，兵戎相见时有发生，冷战思维和强权政治阴魂不散，恐怖主义、难民危机、重大传染性疾病、气候变化等非传统安全威胁持续蔓延。

宇宙只有一个地球，人类共有一个家园。霍金先生提出关于"平行宇宙"的猜想，希望在地球之外找到第二个人类得以安身立命的星球。这个愿望什么时候才能实现还是个未知数。到目前为止，地球是人类唯一赖以生存的家园，珍爱和呵护地球是人类的唯一选择。瑞士联邦大厦穹顶上刻着拉丁文铭文"人人为我，我为人人"。我们要为当代人着想，还要为子孙后代负责。

女士们、先生们、朋友们！

让和平的薪火代代相传，让发展的动力源源不断，让文明的光芒熠熠生辉，是各国人民的期待，也是我们这一代政治家应有的担当。中国方案是：构建人类命运共同体，实现共赢共享。

理念引领行动，方向决定出路。纵观近代以来的历史，建立公正合理的国际秩序是人类孜孜以求的目标。从360多年前《威斯特伐利亚和约》确立的平等和主权原则，到150多年前日内瓦公约确立的国际人道主义精神；从70多年前联合国宪章明确的四大宗旨和七项原则，到60多年前万隆会议倡导的和平共处五项原则，国际关系演变积累了一系列公认的原则。这些原则应该成为构建人类命运共同体的基本遵循。

主权平等，是数百年来国与国规范彼此关系最重要的准则，也是联合国及所有机构、组织共同遵循的首要原则。主权平等，真谛在于国家不分大小、强弱、贫富，主权和尊严必须得到尊重，内政不容干涉，都有权自主选择社会制度和发展道路。在联合国、世界贸易组织、世界卫生组织、世界知识产权组织、世界气象组织、国际电信联盟、万国邮政联盟、国际移民组织、国际劳工组织等机构，各国平等参与决策，构成了完善全球治理的重要力量。新形势下，我们要坚持主权平等，推动各国权利平等、机会平等、规则平等。

日内瓦见证了印度支那和平问题最后宣言的通过，见证了冷战期间两大对峙阵营国家领导人首次和解会议，见证了伊朗核、叙利亚等热点问题对话和谈判。历史和现实给我们的启迪是：沟通协商是化解分歧的有效之策，政治谈判是解决冲突的根本之道。只要怀有真诚愿望，秉持足够善意，展现政治智慧，再大的冲突都能化解，再厚的坚冰都能打破。

"法者，治之端也"。在日内瓦，各国以联合国宪章为基础，就政治安全、贸易发展、社会人权、科技卫生、劳工产权、文化体育等领域达成了一系列国际公约和法律文书。法律的生命在于付诸实施，各国有责任维护国际法治权威，依法行使权利，善意履行义务。法律的生命也在于公平正义，各国和国际司法机构应该确保国际法平等统一适用，不能搞双重标准，不能"合则用、不合则弃"，真正做到"无偏无党，王道荡荡"。

"海纳百川，有容乃大。"开放包容，筑就了日内瓦多边外交大舞台。我们要推进国际关系民主化，不能搞"一国独霸"或"几方共治"。世界命运应该由各国共同掌握，国际规则应该由各国共同书写，全球事务应该由各国共同治理，发展成果应该由各国共同分享。

1862 年，亨利·杜楠先生在《沙斐利洛的回忆》中追问：能否成立人道主义组织？能否制定人道主义公约？"杜楠之问"很快有了答案，次年，红十字国际委员会应运而生。经过 150 多年发展，红十字成为一种精神、一面旗帜。面对频发的人道主义危机，我们应该弘扬人道、博爱、奉献的精神，为身陷困境的无辜百姓送去关爱，送去希望；应该秉承中立、公正、独立的基本原则，避免人道主义问题政治化，坚持人道主义援助非军事化。

女士们、先生们、朋友们！

大道至简，实干为要。构建人类命运共同体，关键在行动。我认为，国际社会要从伙伴关系、安全格局、经济发展、文明交流、生态建设等方面作出努力。

——坚持对话协商，建设一个持久和平的世界。国家和，则世界安；国家斗，则世界乱。从公元前的伯罗奔尼撒战争到两次世界大战，再到延续40余年的冷战，教训惨痛而深刻。"前事不忘，后事之师。"我们的先辈建立了联合国，为世界赢得70余年相对和平。我们要完善机制和手段，更好化解纷争和矛盾、消弭战乱和冲突。

瑞士作家、诺贝尔文学奖获得者黑塞说："不应为战争和毁灭效劳，而应为和平与谅解服务。"国家之间要构建对话不对抗、结伴不结盟的伙伴关系。大国要尊重彼此核心利益和重大关切，管控矛盾分歧，努力构建不冲突不对抗、相互尊重、合作共赢的新型关系。只要坚持沟通、真诚相处，"修昔底德陷阱"就可以避免。大国对小国要平等相待，不搞唯我独尊、强买强卖的霸道。任何国家都不能随意发动战争，不能破坏国际法治，不能打开潘多拉的盒子。核武器是悬在人类头上的"达摩克利斯之剑"，应该全面禁止并最终彻底销毁，实现无核世界。要秉持和平、主权、普惠、共治原则，把深海、极地、外空、互联网等领域打造成各方合作的新疆域，而不是相互博弈的竞技场。

——坚持共建共享，建设一个普遍安全的世界。世上没有绝对安全的世外桃源，一国的安全不能建立在别国的动荡之上，他国的威胁也可能成为本国的挑战。邻居出了问题，不能光想着扎好自家篱笆，而应该去帮一把。"单则易折，众则难摧。"各方应该树立共同、综合、合作、可持续的安全观。

近年来，在欧洲、北非、中东发生的恐怖袭击事件再次表明，恐怖主义是人类公敌。反恐是各国共同义务，既要治标，更要治本。要加强协调，建立全球反恐统一战线，为各国人民撑起安全伞。当前，难民数量已经创下第二次世界大战结束以来的历史纪录。危机需要应对，根源值得深思。如果不是有家难归，谁会颠沛流离？联合国难民署、国际移民组织等要发挥统筹协调作用，动员全球力量有效应对。中国决定提供2亿元人民币新的人道援助，用于帮助叙利亚难民和流离失所者。恐怖主义、难民危机等问题都同地缘冲突密切相关，化解冲突是根本之策。当事各方要通过协商谈判，其他各方应该积极劝和促谈，尊重联合国发挥斡旋主渠道作用。禽流感、埃博拉、寨卡等疫情不断给国际卫生安全敲响警钟。世界卫生组织要发挥引领作用，加强疫情监测、信息沟通、经验交流、技术分享。国际社会应该加大对非洲等发展中国家卫生事业的支持和援助。

——坚持合作共赢，建设一个共同繁荣的世界。发展是第一要务，适用于各国。各国要同舟共济，而不是以邻为壑。各国特别是主要经济体要加强宏观政策协调，兼顾当前和长远，着力解决深层次问题。要抓住新一轮科技革命和产业变革的历史性机遇，转变经济发展方式，坚持创新驱动，进一步发展社会生产力、释放社会创造力。要维护世界贸易组织规则，支持开放、透明、包容、非歧视性的多边贸易体制，构建开放型世界经济。如果搞贸易保护主义、画地为牢，损人不利己。

经济全球化是历史大势，促成了贸易大繁荣、投资大便利、人员大流动、技术大发展。本世纪初以来，在联合国主导下，借助经济全球化，国际社会制定和实施了千年发展目标和2030年可持续发展议程，推动11亿人口脱贫，19亿人口获得安全饮用水，35亿人口用上互联网等，还将在2030年实现零贫困。这充分说明，经济全球化的大方向是正确的。当然，发展失衡、治理困境、数字鸿沟、公平赤字等问题也客观存在。这些是前进中的问题，我们要正视并设法解决，但不能因噎废食。

我们要从历史中汲取智慧。历史学家早就断言，经济快速发展使社会变革成为必需，经济发展易获支持，而社会变革常遭抵制。我们不能因此跚蹒不前，而要砥砺前行。我们也要从现实中寻找答案。2008年爆发的国际金融危机启示我们，引导经济全球化健康发展，需要加强协调、完善治理，推动建设一个开放、包容、普惠、平衡、共赢的经济全球化，既要做大蛋糕，更要分好蛋糕，着力解决公平公正问题。

去年9月，二十国集团领导人杭州峰会聚焦全球经济治理等重大问题，通过《创新增长蓝图》，首次将发展问题纳入全球宏观政策框架，并制定了行动计划。

——坚持交流互鉴，建设一个开放包容的世界。"和羹之美，在于合异。"人类文明多样性是世界的基本特征，也是人类进步的源泉。世界上有200多个国家和地区、2500多个民族、多种宗教。不同历史和国情，不同民族和习俗，孕育了不同文明，使世界更加丰富多彩。文明没有高下、优劣之分，只有特色、地域之别。文明差异不应该成为世界冲突的根源，而应该成为人类文明进步的动力。

每种文明都有其独特魅力和深厚底蕴，都是人类的精神瑰宝。不同文明要取长补短、共同进步，让文明交流互鉴成为推动人类社会进步的动力、维护世界和平的纽带。

——坚持绿色低碳，建设一个清洁美丽的世界。人与自然共生共存，伤害自然最终将伤及人类。空气、水、土壤、蓝天等自然资源用之不觉、失之难续。工业化创造了前所未有的物质财富，也产生了难以弥补的生态创伤。我们不能吃祖宗饭、断子孙路，用破坏性方式搞发展。绿水青山就是金山银山。我们应该遵循天人合一、道法自然的理念，寻求永续发展之路。

我们要倡导绿色、低碳、循环、可持续的生产生活方式，平衡推进2030年可持续发展议程，不断开拓生产发展、生活富裕、生态良好的文明发展道路。《巴黎协定》的达成是全球气候治理史上的里程碑。我们不能让这一成果付诸东流。各方要共同推动协定实施。中国将继续采取行动应对气候变化，百分之百承担自己的义务。

瑞士军刀是瑞士"工匠精神"的产物。我第一次得到一把瑞士军刀时，我就很佩服人们能赋予它那么多功能。我想，如果我们能为我们这个世界打造一把精巧的瑞士军刀就好了，人类遇到了什么问题，就用其中一个工具来解决它。我相信，只要国际社会不懈努力，这样一把瑞士军刀是可以打造出来的。

女士们、先生们、朋友们！

中国人始终认为，世界好，中国才能好；中国好，世界才更好。面向未来，很多人关心中国的政策走向，国际社会也有很多议论。在这里，我给大家一个明确的回答。

第一，中国维护世界和平的决心不会改变。中华文明历来崇尚"以和邦国"、"和而不同"、"以和为贵"。中国《孙子兵法》是一部著名兵书，但其第一句话就讲："兵者，国之大事，死生之地，存亡之道，不可不察也"，其要义是慎战、不战。几千年来，和平融入了中华民族的血脉中，刻进了中国人民的基因里。

数百年前，即使中国强盛到国内生产总值占世界30%的时候，也从未对外侵略扩张。1840年鸦片战争后的100多年里，中国频遭侵略和蹂躏之害，饱受战祸和动乱之苦。孔子说，己所不欲，勿施于人。中国人民深信，只有和平安宁才能繁荣发展。

中国从一个积贫积弱的国家发展成为世界第二大经济体，靠的不是对外军事扩张和殖民掠夺，而是人民勤劳、维护和平。中国将始终不渝走和平发展道路。无论中国发展到哪一步，中国永不称霸、永不扩张、永不谋求势力范围。历史已经并将继续证明这一点。

第二，中国促进共同发展的决心不会改变。中国有句古语叫"落其实思其树，饮其流怀其源"。中国发展得益于国际社会，中国也为全球发展作出了贡献。中国将继续奉行互利共赢的开放战略，将自身发展机遇同世界各国分享，欢迎各国搭乘中国发展的"顺风车"。

1950年至2016年，中国累计对外提供援款4000多亿元人民币，今后将继续在力所能及的范围内加大对外帮扶。国际金融危机爆发以来，中国经济增长对世界经济增长的贡献率年均在30%以上。未来5年，中国将进口 8 万亿美元的商品，吸收 6000 亿美元的外来投资，中国对外投资总额将达到 7500 亿美元，出境旅游将达到 7 亿人次。这将为世界各国发展带来更多机遇。

中国坚持走符合本国国情的发展道路，始终把人民权利放在首位，不断促进和保护人权。中国解决了 13 亿多人口的温饱问题，让 7 亿多人口摆脱贫困，这是对世界人权事业的重大贡献。

我提出"一带一路"倡议，就是要实现共赢共享发展。目前，已经有 100 多个国家和国际组织积极响应支持，一大批早期收获项目落地开花。中国支持建设好亚洲基础设施投资银行等新型多边金融机构，为国际社会提供更多公共产品。

第三，中国打造伙伴关系的决心不会改变。中国坚持独立自主的和平外交政策，在和平共处五项原则基础上同所有国家发展友好合作。中国率先把建立伙伴关系确定为国家间交往的指导原则，同 90 多个国家和区域组织建立了不同形式的伙伴关系。中国将进一步联结遍布全球的"朋友圈"。

中国将努力构建总体稳定、均衡发展的大国关系框架，积极同美国发展新型大国关系，同俄罗斯发展全面战略协作伙伴关系，同欧洲发展和平、增长、改革、文明伙伴关系，同金砖国家发展团结合作的伙伴关系。中国将继续坚持正确义利观，深化同发展中国家务实合作，实现同呼吸、共命运、齐发展。中国将按照亲诚惠容理念同周边国家深化互利合作，秉持真实亲诚对非政策理念同非洲国家共谋发展，推动中拉全面合作伙伴关系实现新发展。

第四，中国支持多边主义的决心不会改变。多边主义是维护和平、促进发展的有效路径。长期以来，联合国等国际机构做了大量工作，为维护世界总体和平、持续发展的态势作出了有目共睹的贡献。

中国是联合国创始成员国，是第一个在联合国宪章上签字的国家。中国将坚定维护以联合国为核心的国际体系，坚定维护以联合国宪章宗旨和原则为基石的国际关系基本准则，坚定维护联合国权威和地位，坚定维护联合国在国际事务中的核心作用。

中国-联合国和平与发展基金已经正式投入运营，中国将把资金优先用于联合国及日内瓦相关国际机构提出的和平与发展项目。随着中国持续发展，中国支持多边主义的力度也将越来越大。

女士们、先生们、朋友们！

对中国来讲，日内瓦具有一份特殊的记忆和情感。1954年，周恩来总理率团出席日内瓦会议，同苏联、美国、英国、法国等共同讨论政治解决朝鲜问题和印度支那停战问题，展现和平精神，为世界和平贡献了中国智慧。1971年，中国恢复在联合国的合法席位、重返日内瓦国际机构后，逐步参与裁军、经贸、人权、社会等各领域事务，为重大问题解决和重要规则制定提供了中国方案。近年来，中国积极参与伊朗核、叙利亚等热点问题的对话和谈判，为推动政治解决作出了中国贡献。中国先后成功向国际奥委会申办夏季和冬季两届奥运会和残奥会，中国10多项世界自然遗产和文化自然双重遗产申请得到世界自然保护联盟支持，呈现了中国精彩。

女士们、先生们、朋友们！

中国古人说："善学者尽其理，善行者究其难。"构建人类命运共同体是一个美好的目标，也是一个需要一代又一代人接力跑才能实现的目标。中国愿同广大成员国、国际组织和机构一道，共同推进构建人类命运共同体的伟大进程。

1月28日，中国人民将迎来农历丁酉新年，也就是鸡年春节。鸡年寓意光明和吉祥。"金鸡一唱千门晓。"我祝大家新春快乐、万事如意！

谢谢大家。

【新华网，2017年1月19日，http://www.xinhuanet.com。】

参考文献

一、中文文献

1. 中共中央文献编辑委员会编：《毛泽东选集》第 1—3 卷，人民出版社 1991 年版。

2. 中共中央文献研究室编：《毛泽东外交文选》，中央文献出版社、世界知识出版社 1994 年版。

3. 中共中央马克思、恩格斯、列宁、斯大林著作编译局编译：《列宁全集》第 30、31 卷，人民出版社 1985 年版。

4. 中共中央马克思、恩格斯、列宁、斯大林著作编译局编译：《斯大林文选(1934—1952)》上册，人民出版社 1962 年版。

5. 中共中央文献编辑委员会编：《刘少奇选集》(上卷)，人民出版社 1981 年版。

6. 中华人民共和国外交部编：《周恩来外交文选》，中央文献出版社、世界知识出版社 1990 年版。

7. 北京大学法律系编：《毛泽东同志国际问题言论选录》，世界知识出版社 1959 年版。

8. 北京大学历史系编：《第三世界的兴起》，人民出版社 1978 年版。

9.《德黑兰　雅尔塔　波茨坦会议记录摘编》，上海人民出版社 1974 年版。

10.《战后世界历史长编》第一编第一分册，上海人民出版社 1975

年版。

11.《中国共产党第十九次全国代表大会文件汇编》，人民出版社 2017 年版。

12.《中美关系史资料汇编》第一辑，世界知识出版社 1957 年版。

13.《日本问题文件汇编》，世界知识出版社 1955 年版。

14.《日本政府机构》，上海人民出版社 1977 年版。

15.《国际条约集》(1917—1923)，世界知识出版社 1961 年版。

16.《国际条约集》(1934—1944)，世界知识出版社 1961 年版。

17.《国际条约集》(1945—1947)，世界知识出版社 1959 年版。

18. 陈乐民主编：《战后英国外交史》，世界知识出版社 1994 年版。

19. 方连庆等主编：《战后国际关系史(1945—1995)》(上)，北京大学出版社 1999 年版。

20. 傅启学：《中国外交史》(下册)，台湾"商务印书馆" 1983 年版。

21. 高岱、郑家馨：《殖民主义史》(总论卷)，北京大学出版社 2003 年版。

22. 高金钿、江凌飞、邹征远：《和平与发展——当代世界的主题》，解放军出版社 1988 年版。

23. 郭汝瑰、黄玉章主编：《中国抗日战争正面战场作战记》(下册)，江苏人民出版社 2002 年版。

24. 韩洪文：《20 世纪的和平研究》，当代中国出版社 2002 年版。

25. 洪霞编著：《和平之途——当代世界移民问题问题与种族关系》，南京出版社 2006 年版。

26. 胡德坤、韩永利：《中国抗战与世界反法西斯战争》，社会科学文献出版社 2005 年版。

27. 胡德坤、韩永利主编：《第二次世界大战与世界历史进程》，武汉大学出版社 2002 年版。

28. 胡德坤、罗志刚：《第二次世界大战与战后世界性社会进步》，湖北人民出版社 1993 年版。

29. 胡德坤：《中日战争史（1931—1945）》，武汉大学出版社 2005 年版。

30. 黄光耀：《负重的和平鸽——20 世纪人类追寻和平的艰难历程》，重庆出版社 2000 年版。

31. 黄光耀：《联合国与世界和平》，重庆出版社 2004 年版。

32. 金挥、陆南泉、张康琴主编：《苏联经济概论》，中国财政经济出版社 1985 年版。

33. 李宝俊：《当代中国外交概论》，中国人民大学出版社 1999 年版。

34. 李巨廉：《血碑：震撼全球的两次世界大战》，西苑出版社 2000 年版。

35. 李巨廉：《战争与和平——时代主旋律的变动》，学林出版社 1999 年版。

36. 李世安：《太平洋战争时期的中英关系》，中国社会科学出版社 1994 年版。

37. 李铁城：《联合国五十年》，中国书籍出版社 1995 年版。

38. 李铁城主编：《联合国的历程》，北京语言学院出版社 1993 年版。

39. 李铁城、陈鲁直主编：《联合国与世界秩序》，北京语言学院出版社 1993 年版。

40. 刘炳范：《战后日本文化与战争认知研究》，中国社会科学出版社 2003 年版。

41. 刘成、金燕、魏子仁编著：《和平之困——20 世纪战争与谈判》，南京出版社 2006 年版。

42. 刘金质：《冷战史》（上），世界知识出版社 2003 年版。

43. 刘晓莉：《第二次世界大战与联合国的成立》，武汉大学 2006 年博士学位论文，胡德坤教授指导。

44. 刘绪贻、杨生茂主编：《战后美国史 1945—1986》，人民出版社 1989 年版。

45. 彭明主编：《中国现代史资料选辑（1937—1945）》（上册），中国人民大学出版社 1989 年版。

46. 彭训厚、苑鲁、谢先辉主编：《第二次世界大战与人类持久和平》，重庆出版集团 & 重庆出版社 2007 年版。

47. 齐世荣主编：《世界通史资料选辑·现代部分》第一分册，商务印书馆 1998 年版。

48. 齐世荣、廖学盛主编：《二十世纪的历史巨变》，人民出版社 2000 年版。

49. 齐涛主编：《世界通史教程》(现代卷)，山东大学出版社 2001 年版。

50. 秦孝仪主编：《中华民国重要史料初编——对日抗战时期》第三编，《战时外交》(一)、(三)，中国国民党中央委员会党史委员会编印 1981 年版。

51. 荣孟源主编：《中国国民党历次代表大会及中央全会资料》(下册)，光明日报出版社 1985 年版。

52. 沈志华主编：《苏联历史档案选编》第 16—18 卷，社会科学文献出版社 2002 年版。

53. 石源华：《中华民国外交史》，上海人民出版社 1994 年版。

54. 孙颖、黄光耀主编：《世界当代史》，中国时代经济出版社 2003 年版。

55. 王绳祖：《国际关系史》(第四卷：1917—1929 年)，世界知识出版社 1995 年版。

56. 王绳祖主编：《国际关系史》(第六卷：1939—1945 年)，世界知识出版社 1995 年版。

57. 王绳祖主编：《国际关系史》(十七世纪中叶—1945 年)，法律出版社 1986 年版。

58. 王斯德、钱洪主编：《世界当代史(1945—1991)》(修订版)，高等教育出版社 1993 年版。

59. 王希亮：《战后日本政界战争观研究》，社会科学文献出版社 2005

年版。

60. 王宇博、张嵩：《和平之殇——人类历史上的战争灾难》，南京出版社 2006 年版。

61. 吴鑫：《论第二次世界大战与战后战争制约机制》，中国人民解放军军事科学院 1999 年硕士论文，支绍曾研究员指导。

62. 吴友法：《德国现当代史》，武汉大学出版社 2007 年版。

63. 吴于廑、齐世荣主编：《世界史》（现代史编：上、下卷），高等教育出版社 1994 年版。

64. 习近平：《决胜全面建成小康社会 夺取新时代中国特色社会主义伟大胜利——在中国共产党第十九次全国代表大会上的讲话》，人民出版社 2017 年版。

65. 奚广庆、王谨主编：《西方新社会运动初探》，中国人民大学出版社 1993 年版。

66. 熊伟民：《和平之声——20 世纪的反战反核运动》，南京出版社 2006 年版。

67. 颜声毅：《现代国际关系史》，知识出版社 1984 年版。

68. 叶惠芬编：《中华民国与联合国史料汇编·筹设篇》，"国史"馆 2001 年版。

69. 章伯锋、庄建平主编：《抗日战争》第四卷《外交》上卷，四川大学出版社 1997 年版。

70. 张锡昌、周剑钦：《战后法国外交史》，世界知识出版社 1993 年版。

71. 中国人民解放军军事科学院军事历史研究部：《中国抗日战争史》（下卷），解放军出版社 1994 年版。

72. 中国社会科学院近代史研究所译：《顾维钧回忆录》第四、五分册，中华书局 1986、1987 年版。

73. ［德］K. 蒂佩尔斯基希著，赖铭传译：《第二次世界大战史》，解放军出版社 1992 年版。

74.[荷]格劳秀斯著，A.C. 坎贝尔英译，何勤华等译：《战争与和平法》，上海人民出版社 2005 年版。

75.[加]卡列维·霍尔斯蒂著，王浦劬译：《和平与战争：1648—1989 年的武装冲突与国际秩序》，北京大学出版社 2005 年版。

76.[加纳]克瓦米·恩克鲁玛：《恩克鲁玛自传》，世界知识出版社 1960 年版。

77.[挪]约翰·加尔通著，陈祖洲等译：《和平论》，南京出版社 2006 年版。

78.[美]阿瑟·林克、威廉·卡顿著，刘绪贻等译：《1900 年以来的美国史》(中册)，中国社会科学出版社 1983 年版。

79.[美]爱德华·麦克诺尔·伯恩斯、菲利普·李·拉尔夫著，罗经国等译：《世界文明史》第 4 卷，商务印书馆 1988 年版。

80.[美]保罗·肯尼迪著，陈景彪等译：《大国的兴衰——1500—2000 年的经济变迁与军事冲突》，国际文化出版公司 2006 年版。

81.[美]C.E. 布莱克、E.C. 赫尔姆赖克：《二十世纪欧洲史》(下)，人民出版社 1984 年版。

82.[美]大卫·巴拉什、查尔斯·韦伯著，刘成等译：《积极和平——和平与冲突研究》，南京出版社 2007 年版。

83.[美]戴维·霍罗威茨：《美国冷战时期的外交政策：从雅尔塔到越南》，上海人民出版社 1974 年版。

84.[美]富兰克林·德·罗斯福著，关在汉编译：《罗斯福选集》，商务印书馆 1989 年版。

85.[美]H. 斯图尔特·休斯著，陈少衡等译：《欧洲现代史》，商务印书馆 1984 年版。

86.[美]哈里·杜鲁门：《杜鲁门回忆录》第 1、2 卷，生活·读书·新知三联书店 1974 年版。

87.[美]汉斯·摩根索著，卢明华等译：《国际纵横策论——争强权、求和平》，上海译文出版社 1995 年版。

88.[美]科佩尔·S. 平森著,范德一译:《德国近现代史——它的历史和文化》(下册),商务印书馆1987年版。

89.[美]帕尔默·科尔顿著,孙福生等译:《近现代世界史》(下册),商务印书馆1988年版。

90.[美]舍伍德著,福建师范大学外语系编译室译:《罗斯福与霍普金斯——二战时期白宫实录》(下册),商务印书馆1980年版。

91.[美]斯塔夫里阿诺斯著,吴象婴等译:《全球通史:1500年以后的世界》,上海社会科学院出版社1992年版。

92.[美]威廉·哈代·麦克尼尔著,叶佐译:《美国、英国和俄国:它们的合作和冲突(1941—1946年)》(上、下册),上海译文出版社1978年版。

93.[美]维农·麦凯著,北方编译社译:《世界政治中的非洲》,世界知识出版社1965年版。

94.[美]小约瑟夫·奈著,张小明译:《理解国际冲突:理论与历史》,上海人民出版社2002年版。

95.[美]伊利奥·罗斯福著,李嘉译:《罗斯福见闻秘录》,新群出版社1949年版。

96.[美]约翰·科斯特洛著,王伟等译:《太平洋战争1941—1945》(上册),东方出版社1985年版。

97.[日]服部卓四郎著,张玉祥等译:《大东亚战争全史》(第1册),商务印书馆1984年版。

98.[日]吉田茂《十年回忆》第1卷,世界知识出版社1963年版。

99.[日]吉田裕著,刘建平译:《日本人的战争观:历史与现实的纠葛》,新华出版社2000年版。

100.[日]井上清、铃木正四著,杨辉译:《日本近代史》(下),商务印书馆1972年版。

101.[日]日本历史学研究会编,金锋等译:《太平洋战争史》第4、5卷,商务印书馆1963年版。

102. ［日］入江昭著，李静阁等译：《20 世纪的战争与和平》，世界知识出版社 2005 年版。

103. ［日］田中正俊著，罗福惠等译：《战中战后：战争体验与日本的中国研究》，广东人民出版社 2005 年版。

104. ［日］猪口邦子著，刘岳译：《战争与和平》，经济日报出版社 1991 年版。

105. ［苏］《第二次世界大战史（1939—1945）》第 11、12 卷，上海译文出版社 1989 年版。

106. ［苏］安·安葛罗米柯：《永志不忘——葛罗米柯回忆录》（上卷），世界知识出版社 1989 年版。

107. ［苏］C. A. 戈尼昂斯基等著，武汉大学外文系等译：《外交史》第四卷（下），生活·读书·新知三联书店 1980 年版。

108. ［苏］C. B. 克里洛夫：《联合国史料》第一卷，中国人民大学出版社 1955 年版。

109. ［苏］萨纳柯耶夫·崔布列夫斯基编：《德黑兰、雅尔塔、波茨坦会议文件集》，生活·读书·新知三联书店 1978 年版。

110. ［苏］瓦·米·别列日柯夫：《外交风云录》，世界知识出版社 1981 年版。

111. ［苏］瓦·米·别列日科夫：《我是斯大林的译员——外交史的篇章》，上海译文出版社 1991 年版。

112. ［苏］瓦·伊·崔可夫著、万成才译：《在华使命——一个军事顾问的笔记》，新华出版社 1980 年版。

113. ［苏］维·萨·科瓦尔著，毕世良等译：《他们想夺取我们的胜利果实》，世界知识出版社 1965 年版。

114. ［苏］亚·尤·施皮尔特著，何新译：《第二次世界大战中的非洲》，世界知识出版社 1961 年版。

115. ［匈］西克·安德烈著，吴中译：《黑非洲史》第 3 卷上册，上海译文出版社 1980 年版。

116. [英]安东尼·艾登：《艾登回忆录：清算》(中册)，商务印书馆1976年版。

117. [英]哈罗德·麦克米伦：《麦克米伦回忆录》第2卷，商务印书馆1982年版。

118. [英]华尔脱斯著，封振声译：《国际联盟史》(下卷)，商务印书馆1964年版。

119. [英]理查德·克罗卡特著，王振西主译：《50年战争》，新华出版社2003年版。

120. [英]罗素著，秦悦译：《中国问题》，学林出版社1996年版。

121. [英]琼斯等著，复旦大学外文系英语教研组译：《国际事务概览：1942—1946年的远东》(下)，上海译文出版社1979年版。

122. [英]温斯顿·丘吉尔：《第二次世界大战回忆录》第1、3、6卷，商务印书馆1975年版。

123. [英]温斯顿·丘吉尔：《第二次世界大战回忆录》第5卷，南方出版社2003年版。

124. 胡锦涛：《国际关系民主化是世界和平重要保证》，《人民日报》2001年11月6日。

125. 胡锦涛：《努力构建持久和平、共同繁荣的和谐世界》，《人民日报》2005年9月19日。

126. 习近平：《顺应时代前进潮流　促进世界和平发展》，《人民日报》2013年3月24日。

127. 习近平：《携手构建合作共赢新伙伴　同心打造人类命运共同体》，《人民日报》2015年9月29日。

128. 徐蓝：《从两次世界大战看二十世纪的战争与和平》，《光明日报》2001年5月8日。

129.《大公报》1945年5月28日，1942年10月12日。

130.《新华日报》1942年11月10日。

131. 本刊记者：《邓小平纵论国内外形势》，《瞭望》周刊1985年第

37 期。

132. 金通艺：《中日事件失败后国联应如何改造》，《东方杂志》30 卷 14 号。

133. 曹胜强：《雅尔塔体系刍议》，《聊城师范学院学报》(哲学社会科学版)1993 年第 3 期。

134. 蔡德贵：《中国和平文化》，《学术月刊》2003 年第 2 期。

135. 戴德铮、阮建平：《国际格局与世界和平》，《世界经济与政治》2001 年第 3 期。

136. 方华、甘爱兰：《走向新世纪的不结盟运动》，《国际资料信息》2006 年第 12 期。

137. 顾莹惠：《中国与美英苏发起成立联合国》，《民国春秋》1994 年第 6 期。

138. 郭灵凤：《战争、和平与"基督教共同体"》，《欧洲研究》2005 年第 2 期。

139. 胡德坤：《论反法西斯的第二次世界大战对战后世界的影响》，《武汉大学学报》(哲学社会科学版)1995 年第 4 期。

140. 金重远：《第二次世界大战中的德国问题》，《复旦学报》(社会科学版)1993 年第 1 期。

141. 李世安：《从国际体系的视角再论雅尔塔体系》，《世界历史》2007 年第 4 期。

142. 刘成：《西方国家和平研究综述》，《国外社会科学》2005 年第 2 期，第 25-26 页。

143. 潘兴明：《丘吉尔的战时帝国政策与非殖民化》，《学海》2004 年第 2 期。

144. 乔志忠：《论联合国的成立及其作用》，《集宁师专学报》2005 年第 3 期。

145. 徐蓝：《凡尔赛-华盛顿体系与两次世界大战之间的国际关系》，《历史教学问题》2000 年第 3 期。

146. 徐蓝:《雅尔塔遗产:和平与发展的空间》,《世界知识》2000 年第 16 期。

147. 徐晓明:《世界和平的主要方案——汉斯·摩根索的世界和平观研究》,华东理工大学学报(社科版)2001 年第 3 期。

148. 杨和平:《第二次世界大战与战后和平》,《西华师范大学学报》(哲学社会科学版)2006 年第 5 期。

149. 杨和平:《雅尔塔体制"瓦解"质疑》,《信阳师范学院学报》(哲学社会科学版)2002 年第 2 期。

150. 张浩:《雅尔塔体制与战后世界格局讨论会述要》,《世界史研究动态》1991 年第 2 期。

151. 张盛发:《雅尔塔体制的形成与苏联势力范围的确立》,《历史研究》,2000 年第 1 期。

152. 人民网, http://www. people. com. cn。

153. 新华网, http://www. xinhuanet. com。

154. 中国共产党新闻网, http://cpc. people. com. cn。

二、英文文献

1. U. S. Department of State, *Postwar Foreign Policy Preparation*, *1939-1945*, Washington D. C.: United States Government Printing Office, 1950.

2. U. S. Department of States, *Making the Peace Treaties 1941-1947*, Washington D. C.: Government Printing Office, 1947.

3. U. S. Department of States, *Foreign Relations of the United States*, 1943, *The Conference at Cairo and Tehran*, Washington D. C.: Government Printing Office, 1961.

4. U. S. Department of States. *Foreign Relations of the United States*, *1944*, Vol. 1, *General*, Washington D. C.: Government Printing Office, 1966.

5. U. S. Department of States, *Foreign Relations of the United States*, *1945*, *The Conference at Yalta*, Washington D. C.: Government Printing

Office, 1972.

6. U. S. Department of States, *Foreign Relations of the United States*, *The Conferences at Malta and Yalta*, 1945, Washington D. C. : Government Printing Office, 1955.

7. U. S. Department of States, *Foreign Relations of the United States*, *1945*, Vol. 1, *Diplomatic Papers*: *The Conference of Berlin*, Washington D. C. : Government Printing Office, 1968.

8. Aray, Raymond, *Peace*, *Needs and Utopia*, Duntroon: Mimeo Royal Military College, 1984.

9. Barash, David P. & Webel, Charles P. , ed. , *Peace and Conflict Studies*, London: Sage Publications Ltd, 2002.

10. Becker, W. H. etc. , ed. , *Economic and World Power*, New York: Columbia University Press, 1984.

11. Bono, E. , ed. , *Conflict*: *A Better Way to Resolve Them.* New York: Penguim, 1987.

12. Boulding, K. E. , *Stable Peace*, Austin, Texas: University of Texas Press, 1978.

13. Byrnes, James, *Speaking Frankly*, New York: Harper & Row, 1947.

14. Campbell, Thomas M. , *the Masquerade Peace*: *America's U. N. Policy*, *1944-1945*, Tallahassee, Florida: Florida State University Press, 1973.

15. Ceadel, Martin, *Thinking about Peace and War*, Oxford: Oxford University Press, 1987.

16. Churchill, Winston S. , *The Second World War*, Vol. 4, London: Toronto: Cassell & Co. , Ltd. , 1950.

17. Churchill, Winston, *Winston Churchill*: *His Complete Speeches*, Vol. 6. London, 1974.

18. Clemens, Diane S. , *Yalta*, New York: Oxford University Press, 1970.

19. Crockatt, Richard, *The Fifty Years War: The United States and the Soviet Union in World Politics 1941-1991*, Routledge, 1995.

20. Curle, A. , *Another Way: Positive Response to Contemporary Violence*, Oxford: Jon Carpenter Publishing, 1995.

21. Darwin, John, *Britain and Decolonisation: The Retreat from Empire in the Post-War World*, New York: St. Martin's Press, 1988.

22. Domael, Armand Van, *Bretton Woods, Birth of a Monetary System*, London: Macmillan Press, 1978.

23. Dreyer, Ronald, *Namibia and Southern Africa: Regional Dynamics of Decolonization 1945-1990*, New York: Kegan Paul International Ltd. , 1994.

24. Eden, Anthony, *The Reckoning*. Boston: Houghton Mifflin, 1965.

25. Edmonds, Robin, *The big three: Churchill, Roosevelt, and Stalin in Peace and War*, New York: Norton, 1991.

26. Feis, Herbert, *Churchill, Roosevelt, Stalin: The Way They Waged and the Peace They Sought*, Princeton, New Jersey: Princeton University Press; London: Oxford University Press, 1957.

27. Fenno, Richard F. , Jr. , ed. , *The Yalt Conferences*. Boston: D. C. Heath, 1955.

28. Fieldhouse, D. K. , *Black Africa, 1945-1980: Economic Decolonization & Arrested Development*, London: Allen & Unwin Ltd, 1986.

29. Fieldhouse, D. K. , *The Colonial Empire*, London: Macmillan, 1982.

30. Francis, Diana, *People, Peace and Power: Conflict Transformation in action*, London: Pluto Press, 2002.

31. Fry, D. P. & Bjorkqvist, K. , *Cultural Variation in Conflict Resolution: Alternatives to Violence*, Mahwah, NJ: Lawrence Eribaum Associ-

ates, 1997.

32. Gaddis, John L. , *Russia, the Soviet Union, and the United States: an Interpretive History*, McGrawHill, 1990.

33. Gallagher, J. A. , *The Decline, Revival and Fall of the British Empire*, Cambridge: Cambridge University Press, 1982.

34. Gardner, Richard N. , *Sterling-Dollar Diplomacy*, Oxford, London, 1956.

35. George, Lloyed, *Truth of Peace*, Vol. 1, London: Odham's Press, 1938.

36. Goldsworthy, David, *Colonial Issues in British Politics 1945-1961*, Oxford, 1971.

37. Goodrich, Leland M. , ed. , *Documents on American Foreign Relations, July 1941-June 1942*, Boston: World Peace Foundation, 1942.

38. Grimal, Henri, *Decolonization: The British, French, Dutch and Belgian Empires 1919-1963*, Colorado: Westview Press Inc. , 1965.

39. Hancock, W. K. and Gowing, M. M. , *British War Economy*, London: Her Majesty's Stationery Office, 1949.

40. Hathaway, Robert. M. , *Ambiguous Partnership, Britain and America 1944-1947*, New York: Columbia University Press, 1981.

41. Hilderbrand, Robert C. , *Dumbarton Oaks: The Origins of the United Nations and the Search for Postwar Security*, Chapel Hill: University of North Carolina Press, 1990.

42. Hull, Cordell, *Memoirs of Cordell Hull*, Vol. 2, New York: Macmillan, 1948.

43. James, L. , *The Rise and Fall of the British Empire*, New York: St. Martin's Press, 1994.

44. Jeong, Ho-Won, *Peace and Conflict Studies: An Introduction*, England: Ashgate Publishing Ltd, 2002.

45. July, Robert, *A History of the African People*, New York: Waveland Press, 1980.

46. Kegley Jr. Charles W. & Raymond, Gregory A. , *From War to Peace: Fateful Decisions in International Politics*, Beijing: Peking University Press, 2003.

47. Keohane, Robert O. and Nye, Joseph S. , *Power and Interdependence*, Beijing: Peking University Press, 2004.

48. Kolko, Gabrief, *The United States of the War, the World and the United States Foreign Policy, 1943-1945*, New York: New York Press, 1974.

49. Kolko, Gabriel & Kolko, Joyce, *The Limits of Power*, New York: Harper and Row, 1972.

50. Leahy, William D. , *I Was There*, New York: McGraw Hill Book Co. , 1950.

51. Lederach, John Paul, *Building Peace: Sustainable Reconciliation in Divided Societies*, Washington, D. C. : United States Institute Peace Press, 1999.

52. Link, Arthur S. , *Wilson, the Diplomatist, a Look at His Major Foreign Policies*, Baltimore: Johns Hopkins Press, 1957.

53. Mcneil, William Hardy, *America, Britain and Russia, Their Coopera-tion and Conflict, 1941-1946*, London: Oxford University Press, 1953.

54. Morgenthau, Hans J. , Revised by Kenneth W. Thompson, *Politics Among Nations: The Struggle for Power and Peace*, Beijing: Peking University Press, 2004.

55. Morris, Richard B. , *Great Presidential Decisions*, New York: Harper & Row, 1973.

56. Naidu, M. V. , *Collective Security and the United Nations: A Definition of the UN Security System*, London: Macmillan, 1975.

57. Neumann, William L. , *Making the Peace, 1941-1945: the diplomacy*

of the wartime conferences, Washington, D. C. : Foundation for Foreign Affairs, 1950.

58. Nkrumah, Kwame, *Towards Colonial Freedom*, London: Heinemann, 1962.

59. Northedge, F. , *The League of Nations: Its Life and Times, 1920-1946*, New York: Helmes & Meier, 1986.

60. Notter, Harley, *Postwar Foreign Policy Preparation, 1939-1945*. Washington, D. C. : Department of State, 1949.

61. Pressac, J. C. , Auschwitz. Nazism: *A History in Documents and Eye Witness Accounts*, Vol. 2, New York: Beate Klarsfeld Foundation, 1989.

62. Poter, A. N. and Stockwell, A. J. , *British Imperial Policy and Decolonization, 1938-64*, Vol. 1, 1938-51, London: the Macmillan Press, 1987.

63. Rigby, Andrew, *Justice and Reconciliation: After the Violence*, London: Lynne Rienner, 2001.

64. Russel, Ruth B. , *A History of the United Nations Charter*, Washington, D. C. : The Brookings Institution, 1958.

65. Ryan, David and Pungong, Victor, *The United Nations and Decolonization: Power and Freedom*, New York: St, Martin's Press, 2000.

66. Sainsbury, Keith, *Churchill and Roosevelt at War: The War They Fought and The Peace They Hoped to Make*, Macmillan Press Ltd, 1994.

67. Schlesinger Arthur M. , Jr. , *The Dynamics of World Power, A Documentary History of United States Foreign Policy, 1945-1973*, Vol. 1, Western Europe, New York: Chelsea House, 1973.

68. Schlesinger, Stephen C. , *Act of Creation: The Founding of the United Nations: A Story of Superpowers, Secret Agents, Wartime Allies and Enemies, and Their Quest for a Peaceful World*, Boulder, Colorado: Westview Press, 2003.

69. Schwark, Stephen John, *The State Department Plans for Peace*, *1941-1945*, A thesis presented to the Department of Government in partial fulfillment of the requirements for the Degree of Doctor of Philosophy, Harvard University, 1985.

70. Smith, Bradley F. , *The War's Long Shadow*: *The Second World War and its Aftermath*: *China*, *Russia*, *Britain*, *America*, New York: Simon and Schuster, 1986.

71. Springhall, John, *Decolonization since 1945*: *The Collapse of European Overseas Empires*, New York: Palgrave Publishers Ltd. , 2001.

72. Stettinius, Edward R. , *Roosevelt and the Russians*: *The Yalta Conference*, London: Jonathan Cape, 1950.

73. Taylor, A. J. , *The Struggle for Mastery in Europe*, Oxford: Oxford University Press, 1977.

74. Taylor, A. J. P. , *The Origins of the Second World War*, London: Hamish Hamilton, 1961.

75. Thomas, Hodgkin, *Nationalism in Colonial Africa*, London: St. Martin's Press, 1956.

76. Thorne, Christopher, *Allies of a Kind*: *The United States*, *Britain and the War against Japan*, *1941-1945*, London: Hamish Hamilton Ltd. , 1978.

77. Tusa, Ann and Tusa, John, *The Nuremberg Trial*, Macmillan, 1983.

78. Von Oppen, Beate R. , *Documents on Germany under Occupation*, *1945-1954*, London: Oxford University Press, 1955.

79. Weisberger, Bernard A. , *Cold War*, *Cold Peace*: *The United States and Russia since 1945*, American Heritage, 1984.

80. Wilson, Henry S. , *African Decolonization*, London: Edward Arnold, a Division of Hodder Headline PLC, 1994.

81. World Peace Foundation, *Documents on American Foreign Relations 1938-1945*, Vol. 3, July 1940-June 1941, Boston: World Peace Foundation,

1945.

82. WU, Aitchen K. , *China and the Soviet Union*, London: Methuen & Co. Ltd. , 1950.

83. Yergin, Daniel, *Shattered Peace*, Boston: 1977.

84. Zacarias, Agostinho, *The United Nations and International Peacekeeping*, London: Tauris Academic Studies, 1996.

85. Ziegler, David W. , *War*, *Peace*, *and International Politics*, New York: Addison-Wesley Educational Publishers Inc, 1997.